ADMIS FONCTION PUBLIQUE

CONCOURS 2023-2024

8e édition

SURVEILLANT PÉNITENTIAIRE

Tout-en-un

Christophe Blondel-Deblangy
Attaché d'administration hors classe, directeur des services pénitentiaires (2001-2021)

Emmanuel Kerdraon
Responsable de formation et préparateur de concours pour la fonction publique

Pierre-Brice Lebrun
Enseignant en droit

Vuibert

Ressources numériques

En ligne, 11 sujets corrigés,
des ressources complémentaires
et téléchargez gratuitement
20 tutos sur les tests
de raisonnement logique
et un planning personnalisable sur
www.vuibert.fr/site/215830

Crédit photographique : Obalala-photography@Shutter Stock

ISSN : 2109-9305
ISBN : 978-2-311-21583-0

Conception de la couverture et de l'intérieur : Séverine Tanguy
Composition : So'Graph

Site Internet : http://www.vuibert.fr

Sommaire
pour se repérer

Travail réalisé

Compte rendu

PARTIE 2 Réussir les épreuves d'admission

Tests psychotechniques et entretien psychologique

Entretien de personnalité

Votre concours, votre métier
en 10 questions-réponses

1. En quoi consiste le métier de surveillant ?

Les surveillants pénitentiaires, fonctionnaires de l'État de catégorie C, occupent un rôle majeur dans la garde, la préparation à la sortie et la réinsertion des personnes détenues.

A. Un métier qui nécessite à la fois de l'autorité et de l'écoute

Les personnels de surveillance participent à l'exécution des décisions et sentences pénales ainsi qu'au maintien de la sécurité publique. Ils sont le garant de l'ordre et de la discipline dans les établissements pénitentiaires, ils assurent la garde des détenus et sont associés aux modalités d'exécution de la peine et aux actions préparant la réinsertion des personnes placées sous main de justice.

Les personnels de surveillance travaillent en uniforme. L'uniforme symbolise, en premier lieu, l'exercice de l'autorité légitime, que la personne incarcérée doit respecter comme tout citoyen. Il est également l'expression de la nécessaire solidarité qui lie les personnels de surveillance entre eux. Il les identifie comme des agents en charge d'une mission régalienne de l'État. Il montre qu'au travers des fonctions de garde et de réinsertion des personnes qui leur sont confiées par l'autorité judiciaire, les surveillants poursuivent un objectif commun de maintien de la sécurité publique. Pour ces raisons, le surveillant est donc tenu de porter son uniforme avec rigueur et dignité.

Pour certaines missions, les surveillants sont armés. C'est le cas dans les établissements pénitentiaires pour certains postes stratégiques (tenues des postes de sécurité, miradors...) et, lors des missions à l'extérieur des établissements, pour l'escorte des détenus dans les tribunaux (depuis septembre 2011) ou, selon certaines conditions, pendant les extractions dans les établissements de soins.

LA SURPOPULATION CARCÉRALE

Représentant 50 % du budget du ministère de la Justice, les prisons sont sous forte pression, en raison notamment d'un nombre record de détenus.
Fondamental, car il s'agit de garantir à chaque personne incarcérée le droit de disposer d'un espace où elle se trouve protégée d'autrui et peut préserver son intimité, le principe de l'encellulement individuel, proclamé en 1875, voit son application sans cesse reportée.
La surpopulation carcérale est pourtant un mal chronique des prisons françaises.
Au 1er novembre 2022, le nombre de détenus s'élevait à près de 72 809 détenus pour 60 698 places opérationnelles, soit une densité carcérale de 120 %. Le précédent record, 72 575 détenus, datait de mars 2020. Il y a 15 469 détenus en surnombre par rapport aux places disponibles dans les établissements pénitentiaires. 2 225 sont contraints de dormir sur des matelas posés à même le sol.

La surpopulation carcérale

La surpopulation se concentre dans les maisons d'arrêts, qui accueillent les personnes en attente de jugement et celles condamnées à de courtes peines de prison. Dans ces établissements, qui abritent plus des deux tiers de la population carcérale, le taux d'occupation moyen est de 120 %, contraignant deux à trois personnes – parfois plus – à partager une même cellule et plus de 700 personnes à dormir chaque nuit sur des matelas posés au sol. 53 établissements affichent une densité moyenne de 150 %.

Les plans de construction de nouvelles prisons qui se sont succédé depuis les années 1990 n'y ont rien changé. Car « on ne traite alors que les conséquences de la surpopulation, et non pas les mécanismes ou les facteurs qui en sont à l'origine », explique la criminologue belge Sonja Snacken, experte auprès du Conseil de l'Europe. L'inflation carcérale que connaît la France depuis plusieurs décennies est – en effet – avant tout le fruit de politiques pénales qui ont misé sur l'incarcération et une répression croissante des déviances sociales.

Plusieurs facteurs sont avancés pour expliquer l'inflation carcérale :

- le recours fréquent à la détention provisoire (près d'un tiers de la population incarcérée) ;
- l'augmentation du nombre de condamnations à de la prison ferme pour les courtes peines (et ce malgré la consécration par la loi pénitentiaire de 2009 du principe de subsidiarité de la peine d'emprisonnement en matière correctionnelle) ;
- la fin des lois d'amnistie et des grâces présidentielles collectives en 2007 ;
- l'allongement des peines prononcées, conséquence de lois toujours plus répressives (par exemple les peines planchers en 2007). La durée moyenne en détention a ainsi plus que doublé en 35 ans : elle est passée de 4,6 mois en 1980 à 10,3 mois en 2014.

La Contrôleuse générale des lieux privatifs de liberté (CGLPL) constate que la surpopulation aggrave les conditions de détention qu'elle juge donc indignes.

Lors de son installation, lundi 18 juillet 2022, à la Cour de cassation, l'évocation de la condition carcérale par le nouveau premier président a tenu en deux phrases aussi synthétiques que percutantes. « La question des conditions de détention dans les prisons françaises est malheureusement ancienne, mais elle reste un sujet d'actualité qui ne devrait laisser personne indifférent. L'action conjuguée de la Cour européenne des droits de l'homme [CEDH], du Conseil constitutionnel, du Conseil d'État et de la Cour de cassation ne suffit pas à la régler. »

Les droits des détenus ne sont en effet plus garantis, tel le droit à l'encellulement individuel défini par la loi de 2009. Il arrive que trois détenus s'entassent dans 7 m^2. Certains ne disposent même pas de matelas. L'absence d'intimité, les conditions d'hygiène dégradées, les sorties à l'air libre limitées, l'impossibilité d'accéder aux activités et la détérioration de la qualité des soins (dont le non-respect du secret médical) pèsent sur le climat qui règne à l'intérieur des prisons. Les conditions de vie sont propices à l'apparition de tensions, tant entre personnes détenues qu'entre ces derniers et le personnel.

Alors que le nombre de personnes incarcérées décroît en Europe, la France reste l'un des huit pays du Conseil de l'Europe où les prisons sont les plus surpeuplées. Pour la CGLPL, il faut :

- corréler le nombre de personnels pénitentiaires au nombre de détenus ;
- assurer l'encellulement individuel ;
- mettre fin à l'utilisation excessive de la peine d'emprisonnement ;
- interroger le sens des peines courtes ;
- engager une réflexion autour de la régulation pénale afin d'empêcher que le taux d'occupation dépasse les 100 %.

La décision de la Cour européenne des droits de l'homme (CEDH) rendue le 30 janvier 2020 condamne également les conditions de détention et aussi l'absence de voie de recours efficace pour les détenus. La Cour pointe avant tout la surpopulation des prisons françaises et ses graves répercussions.

La loi n° 2019-222 du 23 mars 2019 de programmation 2018-2022 et de réforme pour la justice prévoit :

- d'augmenter le budget de la justice afin de construire 15 000 places de prison supplémentaires d'ici à 2027, de nouveaux types d'établissement et de créer des emplois pénitentiaires ;
- de réviser l'échelle des peines (suppression des peines d'emprisonnement d'un mois, favoriser les travaux d'intérêt général et le placement sous bracelet électronique pour l'exécution des peines comprises entre un et six mois).

Pour en savoir plus :

Rapport du CGLPL : http://www.ladocumentationfrancaise.fr/rapports-publics/184000154-les-droits-fondamentaux-a-l-epreuve-de-la-surpopulation-carcerale.

La CEDH dénonce cette surpopulation chronique. Elle concerne surtout les maisons d'arrêt, qui accueillent les personnes prévenues en détention provisoire et celles dont la peine n'excède pas deux ans. La densité carcérale y atteint 138 %, contre 90 % en centre de détention (où les détenus purgent une peine supérieure à deux ans) et 74 % dans les maisons centrales (réservées aux longues peines). En janvier 2020, 29 % des personnes incarcérées étaient des prévenus.

Le principe du placement en cellule individuelle, inscrit dans la loi depuis 1875 et réaffirmé en 2009, ne s'est jamais concrétisé. Son application a été sans cesse reportée.

Les mesures générales engagées jusqu'ici pour limiter la surpopulation carcérale se sont avérées insuffisantes. La CEDH recommande donc la mise en œuvre d'une politique publique ambitieuse et l'institution de recours préventifs effectifs.

La loi n° 2019-222 du 23 mars 2019 de programmation 2018-2022 et de réforme pour la justice prévoit :

- d'augmenter le budget de la justice afin de construire 15 000 places de prison supplémentaires d'ici à 2027, de nouveaux types d'établissement et de créer des emplois pénitentiaires ;
- de réviser l'échelle des peines (supprimer les peines d'emprisonnement d'un mois, favoriser les travaux d'intérêt général et le placement sous bracelet électronique pour l'exécution des peines comprises entre un et six mois).

Pour en savoir plus :

Rapport du CGLPL : http://www.ladocumentationfrancaise.fr/rapports-publics/184000154-les-droits-fondamentaux-a-l-epreuve-de-la-surpopulation-carcerale.

B. Les surveillants ont pour mission de favoriser la réinsertion et de prévenir la récidive

Les surveillants ne s'occupent pas seulement de la sécurité. Au contact et à l'écoute de la population pénale de façon quotidienne, les personnels de surveillance contribuent à l'action de réinsertion et de prévention de la récidive aux côtés des services pénitentiaires d'insertion et de probation (SPIP) et des partenaires de l'administration pénitentiaire.

Selon un sondage Harris interactive réalisé en juin 2018 pour le barreau de Paris, une majorité de Français estime que l'incarcération en France est un modèle défaillant et que la prison ne remplit pas ses objectifs.

Six Français sur dix se disent d'autre part favorables à des alternatives à la prison : travaux d'intérêt général pour les peines légères des délinquants les plus jeunes, développement de prisons ouvertes où les détenus peuvent circuler librement pendant la journée.

DE NOUVELLES PLACES DE PRISON

La France dispose d'un patrimoine immobilier carcéral qui est plus que centenaire : 70 % des prisons ont été construites au XVIIIe siècle. Elles sont, pour la plupart d'entre elles, dans un état de vétusté « déplorable », selon les mots du garde des Sceaux, Éric Dupont-Moretti.

Pour faire face à l'urgence de réduire la surpopulation carcérale, qui dégrade les conditions de travail des personnels et la prise en charge des détenus, un programme de création de 15 000 places de détention s'échelonne jusqu'en 2027.

Pour cela, 441 millions d'euros seront consacrés au budget du ministère de la Justice en 2023.

À la fin de l'année 2023, 14 établissements pénitentiaires seront livrés, dont 7 structures d'accompagnement vers la sortie (SAS) et 3 centres pénitentiaires. Enfin, sur la cinquantaine de chantiers en cours, la moitié des établissements seront opérationnels en 2024.

C. Un métier qui nécessite de réelles qualités humaines et physiques

L'exercice du métier de surveillant requiert de réelles qualités humaines liées à la nature même de ses missions mais aussi au public auprès duquel il intervient.

Rigueur et stabilité, sens aigu de la communication et de l'autorité, aptitudes au travail de jour comme de nuit sont autant de qualités que doivent posséder les personnels de surveillance.

Par ailleurs, ils doivent être sportifs. En formation initiale ou tout au long de leur carrière, les surveillants sont amenés à pratiquer des activités physiques telles que des techniques d'intervention et de maîtrise, de la self défense et du tir.

Afin de leur permettre de remplir le très large éventail de tâches qui leur est assigné, des connaissances juridiques et techniques leur sont enseignées lors de leur formation à l'École nationale de l'administration pénitentiaire (ENAP). Une formation continue tout au long de la vie professionnelle leur permet de s'adapter constamment à l'évolution de leur métier et de progresser plus rapidement dans leur carrière.

Missions des surveillants pénitentiaires	Savoir-faire et savoir-être indispensables
• Assurer l'ordre dans l'établissement • Contribuer à l'action de prévention de la récidive auprès des détenus • Participer à la sécurité publique	• Rigueur • Sens de la discipline • Stabilité • Sens de l'écoute • Capacité à travailler de jour comme de nuit • Sens du travail en équipe • Disponibilité

Les dispositifs de prévention et de lutte contre la radicalisation en milieu carcéral

Depuis les attentats qui ont touché la France en 2015, de nombreux dispositifs ont été mis en place afin d'agir plus efficacement contre le prosélytisme et la menace terroriste au sein du milieu carcéral, terreau fertile à la « contagion radicale ».

Une centaine de djihadistes français sont sortis de prison en 2018 et 2019, après y avoir purgé leur peine pour des infractions à caractère terroriste (ICT). Les infractions à caractère terroriste désignent un ensemble large d'actes « en relation avec une entreprise individuelle ou collective ayant pour but de troubler gravement l'ordre public par l'intimidation ou la terreur », ainsi que la préparation, le financement et l'apologie de ces actes. Ce chiffre est à mettre en relation avec un total d'environ 500 personnes actuellement détenues pour des ICT. Il ne comprend pas les prisonniers de droit commun radicalisés, estimés à environ un millier derrière les barreaux actuellement, et dont plusieurs dizaines sont sortis de détention au cours des trois dernières années.

Ce thème sera développé en page 255 (N.d.E.).

LES FRANÇAIS ET LA PRISON

Une enquête de la Fondation Jean-Jaurès met en évidence un paradoxe : alors même qu'ils partagent largement un constat dur sur l'état des prisons dans notre pays – en termes de surpopulation carcérale, de prévalence de certaines maladies, etc. –, la plupart des Français estiment que les détenus sont « trop bien traités ».

Un constat alarmant sur la situation des prisons partagé par les Français

En premier lieu, les Français n'ignorent nullement la surpopulation carcérale et ont une appréciation relativement claire de la question de la taille des cellules et de leur taux d'occupation, même si la réalité est encore un peu plus sombre qu'ils ne le pensent. Ainsi, 64 % des Français estiment que la superficie d'une cellule individuelle en prison est de 9 m², et seule une minorité d'entre eux imaginent des cellules de plus de 10 m² (10 %). Or la norme administrative en matière de cellule individuelle est de moins de 11 m², et la réalité est de 9 m² pour deux personnes puisque 79 % des cellules sont occupées par deux détenus et 20 % des cellules sont qualifiées « en surnombre », donc comprenant trois détenus et plus.

De la même façon, une majorité de Français (53 %) estiment que les détenus n'ont pas accès à des sanitaires individuels. Ce qui est largement conforme à la réalité puisque l'ensemble des cellules sont normalement pourvues de toilettes, isolées par une modeste cloison, empêchant ainsi toute intimité dans un encellulement collectif, et ne peuvent donc être considérées comme « individuelles ».

Dernier exemple enfin, les Français jugent à 76 % que les addictions (drogue, alcool, médicaments) sont fréquentes en prison. Ils sont conscients de la prévalence élevée de certaines pathologies, très répandues en prison, en raison de comportements individuels, de la promiscuité et de certaines populations incarcérées.

Au vu de ces données, l'opinion est relativement consciente du problème carcéral – une prise de conscience qui n'est sans doute pas étrangère aux efforts déployés depuis dix ans par le Contrôleur général des prisons et aussi à l'attention que les médias, les réseaux sociaux, les institutions et les centres de recherche portent à tous les sujets relatifs aux prisons. Il paraît dès lors difficile de comprendre pourquoi aucun mouvement large de soutien de l'opinion à une réforme profonde des prisons en faveur d'une plus grande dignité des conditions de vie des détenus et d'une meilleure préparation de la réinsertion ne s'exprime.

L'opinion souhaite majoritairement durcir les conditions de la détention

Les nombreuses réformes pénales entreprises pour améliorer l'état des prisons, qui rencontraient en 2000 une approbation assez large, ne recueillent aujourd'hui plus qu'un soutien minoritaire.

Ainsi, seulement 47 % souhaitent diminuer le nombre de personnes en détention provisoire, contre 64 % en 2000 - un résultat qui, malgré une légère décrispation récente, reflète une conception de la présomption d'innocence par l'opinion qui ne correspond pas à sa définition strictement juridique.

De plus, 4 % seulement se déclarent favorables à l'augmentation du budget des prisons pour améliorer les conditions de vie des détenus, contre 68 % en 2000. Un résultat aisément compréhensible au regard des autres données : en période de tension budgétaire, alors même qu'ils ont le sentiment que les efforts demandés depuis quelques années sont lourds, et que par ailleurs les détenus sont trop bien traités, bien peu de Français semblent prêts à faire des efforts pour améliorer la condition des détenus dans les prisons.

Par ailleurs, seuls 37 % soutiennent l'idée d'augmenter le droit de visite aux détenus (40 points de moins qu'en 2000), et seulement 17 % sont favorables au fait de permettre l'usage d'ordinateur et d'Internet par les détenus pour favoriser leur insertion.

Autre sujet pour lequel on sent que la prison ne doit pas s'ouvrir à l'extérieur : la problématique de la religion en prison. Les débats sur le rôle de la prison comme lieu de radicalisation de certains jeunes musulmans semblent avoir eu un impact sur l'opinion. Une majorité des sondés (53 %) jugent en effet que l'intervention de représentants religieux en prison n'est pas justifiée. Ce résultat montre que le débat n'est à ce stade pas tranché entre la tentation de bannir la religion pour se préserver de la radicalisation et l'idée que les représentants religieux peuvent au contraire jouer un rôle essentiel pour maîtriser et pacifier la situation.

Il existe une exception à la dureté exprimée par l'opinion quant à sa conception de la place de la prison dans la société et de son rôle : elle concerne le sort des personnes condamnées et qui souffrent de troubles psychiques - 64 % des personnes interrogées estiment ainsi que leur place n'est pas en prison.

Une conception très fermée du rôle de la prison s'est imposée, dans laquelle la souffrance et l'isolement doivent participer de la peine

Au regard des données recueillies dans cette enquête, le soutien de l'opinion à une forme de statu quo s'enracine moins dans l'ignorance des réalités carcérales que dans une conception très sévère et punitive du rôle de la prison.

La moitié des répondants à l'enquête estiment que les détenus sont « trop bien traités ».

On constate ainsi que les Français partagent largement une vision de la prison qui n'est pas seulement un « lieu de privation de la liberté », mais qui devrait presque être un lieu de souffrance et de privations. Ainsi, s'ils acceptent en majorité l'idée que les détenus devraient avoir accès à des livres (93 %), une salle de sport (77 %), des sanitaires individuels (76 %) ou à la télévision (61 %), une nette majorité d'entre eux jugent qu'ils ne devraient pas pouvoir accéder à un ordinateur (66 %), à Internet (79 %), à un téléphone portable (87 %). Il ressort donc fortement de cette étude que les Français ne souhaitent pas que soit donnée aux détenus la possibilité de communiquer avec l'extérieur, de s'échapper de l'enfermement.

La plupart des Français jugent que les détenus sont « trop bien traités » en France, et qu'ils sont même responsables en grande partie des difficultés actuelles dans les prisons. En effet, s'ils attribuent pour l'essentiel les difficultés actuelles dans les prisons à la surpopulation (79 % de réponses au total, chaque répondant ayant le droit de citer deux items), ils placent « l'attitude des détenus » en seconde position (à 41 %, soit 17 points de plus qu'en 2000), loin devant « l'état des locaux » (26 %).

L'attitude des surveillants apparaît, quant à elle, marginale aux yeux des interviewés pour expliquer la situation actuelle des prisons. Là encore, on constate une méconnaissance du système carcéral puisque le pivot central en prison est le surveillant dont l'attitude va conditionner en partie l'atmosphère qui va régner au sein de l'établissement pénitentiaire.

De manière globale, interrogés sur ce que la prison doit faire en priorité, la moitié des personnes interrogées répondent « priver les détenus de liberté », contre 45 % qui jugent que son rôle premier est de préparer la réinsertion des détenus dans la société.

Les représentations de l'opinion évoluent donc de plus en plus vers le besoin de sécurité, et vers une conception de la justice où la souffrance humaine participe de la peine.

Pourtant le durcissement souhaité des conditions de vie des détenus a précisément l'effet inverse de celui recherché : un accroissement des violences et de l'insécurité dans notre société.

Les Français voient donc la prison comme un lieu d'enfermement, où la souffrance et l'isolement participent légitimement de la peine. On peut regretter une telle approche, car elle ne permet pas l'individualisation de la prise en charge des détenus, dont on sait qu'elle favorise la réinsertion. Elle maintient la France dans un modèle archaïque qui n'est pas très éloigné de l'image du bagne, mais aussi dans un modèle dépassé au regard des pratiques d'autres pays européens tel le Danemark, dont le quart des détenus sont dans des « prisons ouvertes » et où les taux de récidive sont bien inférieurs aux nôtres ; en 2016, il était de 59 % en France contre 25 % au Danemark.

Mais cette perception des Français interroge surtout sur l'adhésion de la population à une réforme en profondeur du système pénitentiaire. Pour faire accepter les choix budgétaires qui en découlent, il ne suffira pas de s'appuyer sur des arguments humanitaires visant à faire bénéficier nos concitoyens de conditions de vie dignes d'une démocratie du XXIe siècle. C'est probablement une approche utilitariste, du point de vue de la société, qui semble pouvoir convaincre, c'est-à-dire fondée sur la fonction de réinsertion qui atténue la récidive. Mais on voit, là aussi, que les Français ne semblent pas prêts à consentir que l'on y mette les moyens pour y arriver. C'est là un deuxième paradoxe.

2. Quelles sont les conditions d'accès au concours ?

Pour se présenter au concours externe ou interne, le candidat doit :

- posséder la nationalité française ;
- jouir de ses droits civiques ;
- ne pas avoir de mentions portées au bulletin n° 2 du casier judiciaire incompatibles avec l'exercice des fonctions de surveillant (le bulletin n° 2 comporte la plupart des condamnations, à l'exception de celles prononcées à l'encontre des mineurs, des contraventions de police, des condamnations avec sursis, lorsque

le délai d'épreuve a pris fin sans nouvelle décision ordonnant l'exécution de la totalité de la peine).

Les décisions prononçant le suivi socio-judiciaire prévu par l'article 131-36-1 du Code pénal ou la peine d'interdiction d'exercer une activité professionnelle ou bénévole impliquant un contact habituel avec des mineurs figure au bulletin n° 2 pendant la durée de la mesure si elle excède celle du délai d'épreuve.

Notez qu'il est possible de demander au juge, soit au moment de la condamnation, soit par une demande postérieure, que la condamnation ne soit pas inscrite au bulletin n° 2 ;

– être titulaire du brevet des collèges ou d'un diplôme ou titre enregistré et classé au moins au niveau V dans le répertoire national des certifications professionnelles. La condition de diplôme n'est pas opposable aux personnes qui élèvent ou ont élevé trois enfants ou plus et aux sportifs de haut niveau, figurant sur la liste des sportifs de haut niveau fixée chaque année par le ministère de la Jeunesse et des Sports ;

– être âgé de 19 ans au moins et 40 ans au plus au 1er janvier de l'année du concours.

Les candidats qui atteignent la limite d'âge durant une année au cours de laquelle aucun concours n'est ouvert peuvent se présenter au concours suivant.

La limite d'âge supérieure peut être reculée :

– d'un an par enfant ou personne handicapée à charge ;

– d'un temps égal à celui passé sous les drapeaux *(hommes et femmes)* au titre des services militaires ;

– pour les candidats ayant souscrit un engagement dans l'armée : d'un temps égal à celui passé sous les drapeaux dans la limite de 10 ans ;

– d'une durée égale à celle des traitements et soins en faveur des candidats anciens handicapés sans que cette durée ne puisse excéder 5 ans.

La limite d'âge n'est pas opposable aux mères ou pères d'au moins trois enfants, aux personnes élevant seules un ou plusieurs enfants, aux sportifs de haut niveau, aux personnes reconnues travailleurs handicapés, sous réserve qu'elles puissent satisfaire l'engagement de servir l'État pendant trois ans à la date d'entrée en jouissance immédiate de leur pension ;

– se trouver en position régulière au regard du Code du service national ;

– être en mesure d'accomplir tous les gestes professionnels s'agissant du contrôle par l'œilleton. Pour accomplir ces gestes, l'axe des yeux de l'agent doit se situer au minimum à 1,50 m du sol ;

– avoir une acuité visuelle, après correction, au moins égale à quinze dixièmes pour les deux yeux avec un minimum de cinq dixièmes pour un œil, chaque verre correcteur ou lentille ayant un maximum de trois dioptries pour atteindre cette limite de 15 dixièmes ;

– être médicalement apte à un service de jour comme de nuit.

Les conditions 7, 8 et 9 sont contrôlées lors de l'examen médical prévu pour les seuls candidats déclarés admis. Cet examen comporte aussi obligatoirement un dépistage de l'usage de produits illicites dont le résultat doit être négatif.

COMMENT S'INSCRIRE AU CONCOURS ?

Le concours de surveillant pénitentiaire est un concours national (voir ci-dessous) défini par l'arrêté du 27 septembre 2007 relatif aux modalités d'organisation, au programme et à la nature des épreuves du concours pour le recrutement de surveillants de l'administration pénitentiaire (NOR : JUSK0766094A. *JO* n° 231 du 5 octobre 2007).

L'organisation du concours suit un calendrier précis qui comprend :

- une date d'ouverture ;
- une date limite de retrait et de dépôt des dossiers d'inscription ;
- la date des épreuves d'admissibilité ;
- la date des épreuves d'admission.

La demande de dossier d'inscription au concours peut être téléchargée, dès la date d'ouverture du concours, sur le site internet du ministère de la Justice (www.justice.gouv.fr rubrique concours) ou auprès de la direction interrégionale des services pénitentiaires dont dépend le candidat. La liste figure en annexe.
Le dossier de candidature doit être envoyé dûment rempli et complété avant la date limite de dépôt à la direction interrégionale des services pénitentiaires dont dépend le candidat. Au-delà de cette date, l'inscription n'est plus recevable.
Pour obtenir de plus amples renseignements, vous pouvez vous adresser à la **Direction de l'administration pénitentiaire**, Sous-direction des métiers et de l'organisation des services, Bureau Me4 – 13, place Vendôme – 75042 Paris Cedex 01 ou à la Direction interrégionale des services pénitentiaires dont vous dépendez.

Concours local

Depuis 2020, l'administration pénitentiaire propose un concours à affectation locale en Île-de-France. Les candidats s'engagent à travailler pendant six ans dans des établissements spécialement ciblés par ce concours. En contrepartie, une prime de fidélisation (8 000 euros) leur est versée en trois fois, dont la moitié dès le premier mois d'affectation. *Ce concours ayant lieu en même temps que le concours national, les candidats doivent donc choisir entre le concours national et celui à affectation locale.*

Les établissements en Île-de-France concernés sont :

- le centre pénitentiaire de Bois-d'Arcy ;
- le centre pénitentiaire de Fresnes ;
- la maison d'arrêt de Fleury-Mérogis ;
- la maison d'arrêt d'Osny-Pontoise ;
- le centre pénitentiaire de Meaux-Chauconin-Neufmontiers ;
- le centre pénitentiaire de Nanterre ;
- le centre pénitentiaire de Paris-La Santé ;
- le centre pénitentiaire du Sud francilien ;
- la maison d'arrêt de Villepinte.

3. Quelles sont les épreuves du concours ?

Le concours comporte une épreuve écrite d'admissibilité et deux épreuves d'admission (orale et sportive).

Les candidats disposant d'une expérience professionnelle minimale de trois ans en rapport avec les fonctions postulées peuvent opter, au moment de leur inscription au concours, pour une épreuve orale d'admission alternative de substitution consistant en la présentation des acquis de leur expérience professionnelle. Est prise en compte l'expérience professionnelle dans des emplois inscrits dans la filière sécurité du répertoire interministériel de l'État ou en relation avec les métiers de la sécurité ou relevant de l'administration pénitentiaire.

■ **L'épreuve d'admissibilité** *(durée : trois heures, coefficient : 3)* **consiste en :**

– une série de questions à choix multiple ;

– une série de questions de raisonnement logique faisant appel aux qualités d'analyse, d'observation, de déduction et de bon sens du candidat ;

– la rédaction d'un compte rendu établi à partir d'un ou de plusieurs documents relatifs à un événement ou un incident susceptible de survenir à l'occasion de l'exercice des fonctions de surveillant de l'administration pénitentiaire. Il a pour objet de vérifier la capacité du candidat à rendre compte à sa hiérarchie en rédigeant un rapport circonstancié à partir d'un événement ou d'un incident.

Les questions à choix multiple portent sur les domaines suivants :

– l'évolution historique de la France et de l'Europe depuis le début du XXe siècle ;

– les institutions de la France et de l'Europe et les principes de la Ve République ;

– la géographie physique, humaine et économique de la France et de l'Europe ;

– l'actualité récente (relations internationales, vie politique, mouvements culturels, sport, vie quotidienne...).

Cette épreuve est notée de 0 à 20. Toute note inférieure à 5 sur 20 est éliminatoire.

Seuls les candidats ayant obtenu un total de points fixé par le jury peuvent participer aux épreuves d'admission. En effet, il ne suffit pas d'obtenir la moyenne à l'épreuve (c'est-à-dire 10/20) pour être admis à participer aux épreuves orales. Le jury décide d'un nombre de candidats à convoquer aux oraux et fixe, en fonction du nombre de candidats entrant dans cette fourchette, le total de points nécessaire pour parvenir à ce résultat.

Tous les candidats admissibles aux oraux doivent se soumettre à des tests psychotechniques et à un entretien psychologique qui constituent une aide à la décision des groupes d'examinateurs. Toute note inférieure à 10 sur 20 est éliminatoire.

■ **L'épreuve orale** consiste, au choix du candidat déterminé au moment de son inscription au concours :

1. En un entretien de personnalité portant sur son aptitude à exercer les fonctions de surveillant et ses motivations *(durée : 20 minutes maximum, coefficient : 5).*

2. Les candidats ayant au moins trois années d'expérience professionnelle en relation avec les métiers de la sécurité peuvent bénéficier de la reconnaissance des acquis de l'expérience professionnelle. Pour cette épreuve, le candidat doit produire,

au moment de son inscription, un dossier professionnel qui fait apparaître notamment son cursus professionnel, ses motivations personnelles et professionnelles pour l'exercice des fonctions de surveillant de l'administration pénitentiaire. L'entretien avec le jury *(durée : 20 minutes maximum, coefficient : 5)* portera alors exclusivement sur le dossier constitué par le candidat.

Le concours comporte également des épreuves sportives.

4. Comment se déroule la formation ?

La formation des surveillants est définie par l'**arrêté du 26 octobre 2018**.

La durée de la formation statutaire des surveillants est fixée à dix-huit mois. Elle comprend 2 périodes probatoires :

- une période de formation initiale d'une durée de 6 mois en qualité d'élève surveillant ;
- une période de 12 mois en qualité de surveillant stagiaire.

Objectifs de la formation

Cette formation vise l'acquisition et le développement des compétences mobilisées par les élèves surveillants pour exercer les missions du service public pénitentiaire. Elle a pour objectifs :

- la professionnalisation des élèves surveillants pour répondre aux missions du service public pénitentiaire ;
- l'acquisition des compétences essentielles à l'exercice du métier de surveillant, telles qu'identifiées à partir de fiches métiers et déclinées dans le référentiel de formation.

Organisation pédagogique

La formation initiale se déroule à l'École nationale d'administration pénitentiaire (ENAP) située à Agen et au sein des services déconcentrés, selon les modalités pédagogiques choisies par l'École.

La formation repose sur l'alternance entre trois cycles de formation à l'ENAP et deux stages au sein d'établissements pénitentiaires métropolitains distincts (sauf élèves recrutés par voie contractuelle et ayant la qualité de travailleurs handicapés). Le troisième stage consiste en une période d'adaptation à la fonction sur l'établissement d'affectation. Les stages doivent permettre de découvrir et de se former au métier de surveillant pénitentiaire dans des environnements professionnels différents. Cette confrontation à l'hétérogénéité des pratiques alimente l'enrichissement professionnel et participe au développement des compétences attendues.

À l'issue de la formation initiale, l'élève surveillant doit être capable de remplir les fonctions du premier grade ; à cet égard, la formation privilégie :

- l'adhésion aux valeurs de service public et au code de déontologie du service public pénitentiaire ;
- l'acquisition d'un positionnement professionnel adapté dans l'exercice de ses missions ;
- la connaissance des publics et l'intégration dans l'environnement professionnel pénitentiaire ;

– l'acquisition des connaissances juridiques et réglementaires nécessaires à l'exercice des missions ;

– l'apprentissage des techniques et des gestes professionnels indispensables à l'accomplissement du service ainsi qu'au maintien de l'ordre et de la sécurité dans les établissements ou services.

L'école nationale d'administration pénitentiaire définit, conformément aux orientations nationales fixées par le directeur de l'administration pénitentiaire, le schéma de la formation initiale, la progression pédagogique des élèves et établit pour chaque promotion un livret de formation. Ce livret de formation précise :

– le calendrier de la formation ;
– l'architecture des contenus de formation ;
– les modalités d'accompagnement pédagogique des élèves ;
– les modalités d'évaluation des élèves.

Organisation des périodes de stage pratique

Au cours des stages pratiques, les élèves surveillants participent aux missions du service public pénitentiaire dans les services d'accueil, compte tenu des compétences déjà acquises lors des séquences de formation dispensées à l'École.

Afin de favoriser les conditions d'apprentissage, le directeur de l'ENAP décide des affectations sur les lieux de stage, proposés par les directeurs interrégionaux des services pénitentiaires.

Les missions confiées aux élèves lors de leurs stages correspondent à des unités de compétences à acquérir dans le cadre de mises en situation.

Pendant les périodes de stage, les élèves surveillants sont considérés comme des apprenants et ne peuvent en conséquence être assimilés à des fonctionnaires titulaires. À ce titre, ils ne sont donc pas inclus dans l'effectif de l'établissement et bénéficient de mesures de sécurité spécifiques.

Modalités d'évaluation des élèves surveillants

Durant la formation, l'ENAP met en œuvre les modalités d'évaluation définies dans le livret de formation, pour mesurer le niveau d'acquisition des compétences.

Dans les directions interrégionales des services pénitentiaires, le chef de l'unité du recrutement, de la formation et des qualifications anime et coordonne le dispositif d'évaluation durant les stages, en communiquant les éléments constitutifs de l'évaluation pédagogique des apprenants au directeur de l'École.

La nomination en qualité de stagiaire est subordonnée à l'atteinte du niveau d'exigence défini dans le livret de formation.

Nul ne peut être nommé stagiaire si son comportement professionnel est incompatible avec l'exercice des missions de surveillant pénitentiaire. Cette compatibilité est mesurée à l'aide de critères objectifs et d'avis argumentés écrits.

L'aptitude professionnelle des élèves en fin de formation initiale est appréciée par la commission d'aptitude professionnelle.

La commission analyse les résultats obtenus dans les différentes évaluations et le positionnement professionnel des élèves pendant leur formation et établit 3 listes :

– la première comprend les élèves aptes à être nommés stagiaires ;

– la deuxième comprend les élèves pour lesquels un redoublement de la formation est proposé ;

– le troisième comprend les élèves proposés au licenciement ou à la réintégration dans le corps, cadre d'emplois ou emploi d'origine s'il y a lieu.

Les élèves dont la formation a donné satisfaction sont nommés surveillants stagiaires. Le rang de classement est déterminé sur la base des résultats des évaluations.

Formation continue

Au cours de leur période de stage, les surveillants stagiaires bénéficient, au titre de la formation continue, d'au moins 10 jours de formation obligatoire en lien avec les modules du socle commun de formation.

Cette formation est notamment constituée des modules suivants :

- le tir ;
- les techniques d'intervention ;
- la sécurité incendie ;
- la prévention et les secours civiques de niveau 1 (PSC1) ;
- le positionnement professionnel (déontologie).

QUELQUES DONNÉES CONCERNANT LES CANDIDATS AYANT RÉUSSI LE CONCOURS

La 212e promotion de surveillants est entrée en formation le 28 février 2022 pour une durée de six mois. 312 élèves la composent, dont 48 % de femmes et 52 % d'hommes, âgés de 29 ans en moyenne. Les élèves surveillants sont de plus en plus âgés au fil des promotions.

Les élèves célibataires sont majoritaires (64 %), et 42 % des élèves sont parents, de deux enfants en moyenne.

Les nouveaux élèves proviennent en majorité des territoires d'outre-mer. Le département d'outre-mer le plus représenté est la Martinique, avec 9 % des élèves de la promotion qui en sont issus, suivi de La Réunion (8 %) et de la Guadeloupe (7 %).

D'autres régions constituent des viviers importants de recrutement : les plus citées sont Lille (12 %), Rennes (10 %) et, fait rare, Bordeaux (10 %), ainsi que, en fin de classement, Toulouse (3 %).

70 % des élèves sont titulaires du baccalauréat : parmi eux, 51 % sont bacheliers uniquement et 29 % sont diplômés du supérieur.

33 % de la promotion a eu au moins une expérience dans un métier de la sécurité. En tête des expériences, celle d'agent de prévention et de sécurité (16 %), puis celle de militaire (10 %). Les expériences en tant que policier national / gardien de la paix et gendarme sont respectivement citées par 6 % et 5 % des agents. 4 % ont exercé en tant que sapeurs-pompiers, et 2 agents en tant que policiers municipaux.

Les élèves ont pour première perspective professionnelle de monter en grade vers des fonctions d'encadrement.

La 211e promotion de surveillants, entrée en formation le 24 janvier 2022, présente – peu ou prou – les mêmes caractéristiques.

5. Comment se déroule l'année de stage ?

Les élèves dont la scolarité a donné satisfaction sont nommés surveillants stagiaires et affectés selon leur rang de classement dans un établissement pénitentiaire ou tout autre service relevant de l'administration pénitentiaire.

Le rang de classement est établi par ordre décroissant du nombre de capacités obtenues par les élèves.

Les unités de compétences, les modules et les séquences sont classés dans un ordre défini à prendre en compte en cas d'égalité entre plusieurs élèves. En cas d'égalité, l'élève ayant le plus grand nombre de capacités sur la première unité de compétences sera classé devant les autres ex-æquo. En cas d'égalité persistante sur cette unité de compétences, la commission examine pour les ex-æquo à ce stade les unités de compétence par ordre décroissant de priorité. En cas de nouvelle égalité à l'issue du processus sont pris en compte les modules puis les séquences, dans l'ordre défini par le cahier des charges.

Les agents peuvent donc être affectés dans tout établissement pénitentiaire de France (y compris dans les DOM-TOM). Plus généralement, les postes à pourvoir se situent dans les grands établissements, notamment Fleury-Mérogis, Fresnes et la maison d'arrêt de Paris-La Santé ainsi que ceux de la région parisienne (petite et grande couronne).

Les lauréats au concours pourront donc être affectés dans l'un des 183 établissements pénitentiaires en fonctionnement au 1er janvier 2017, se répartissant en trois catégories, en fonction du type de population qu'ils accueillent :

- Les maisons d'arrêt détiennent les prévenus en attente de jugement et les condamnés dont le reliquat de peine n'excède pas deux ans lors de leur condamnation définitive.
- Les établissements pour peine détiennent les personnes condamnées à des peines d'une durée supérieure ou bénéficiaires d'aménagements de peine. Ils s'articulent autour des maisons centrales (MC) où sont incarcérés les détenus condamnés aux peines les plus lourdes, des centres de détention (CD) réservés à des condamnés à des peines plus courtes ou qui témoignent de possibilités concrètes de réinsertion sociale et des centres pénitentiaires (CP), établissements mixtes, qui comprennent au moins deux quartiers différents (maison d'arrêt, centre de détention et / ou maison centrale, semi-liberté, peines aménagées), des centres de semi-liberté où séjournent les condamnés soumis au régime de semi-liberté, qui peuvent exercer durant la journée une activité professionnelle et / ou suivre un enseignement ou une formation hors de l'enceinte pénitentiaire et les centres pour peines aménagées qui reçoivent des détenus volontaires faisant l'objet d'une mesure de semi-liberté ou d'un placement à l'extérieur ainsi que ceux dont le reliquat de peine est inférieur à un an afin de leur permettre de concrétiser un projet de réinsertion.
- Les établissements pénitentiaires pour mineurs (EPM) reçoivent les mineurs de 13 à 18 ans avec une prise en charge pluridisciplinaire (protection judiciaire de la jeunesse, éducation nationale et partenaires de santé) et individualisée.

Les candidates admises au concours sont susceptibles de travailler indifféremment au sein d'une détention « hommes » ou d'une détention « femmes ».

Cette année de stage précède la titularisation. Elle constitue une période probatoire d'une année permettant au lauréat du concours, lorsqu'il est affecté dans son premier poste, de découvrir le milieu professionnel dans lequel il va évoluer et de s'adapter aux pratiques du terrain. Il s'agit pour lui de mettre à profit les enseignements théoriques et les gestes professionnels qu'il a appris lors de sa scolarité.

La période de stage comporte une évaluation à 3, 6 et 9 mois.

L'évaluation prend en compte le comportement du stagiaire et sa maîtrise des gestes professionnels.

LE COMITÉ PÉDAGOGIQUE ET ÉTHIQUE

À l'occasion de leurs missions en établissements pénitentiaires, en services pénitentiaires d'insertion et de probation ou à l'ENAP, les élèves et les stagiaires peuvent s'interroger sur la meilleure décision ou le positionnement à adopter en situation professionnelle. C'est ce qu'on appelle la recherche du « bien agir ». Or dans certains cas, le cadre réglementaire, les bonnes pratiques ou les valeurs ne suffisent pas à objectiver ces débats. L'ENAP s'est donc dotée d'une instance chargée d'apporter un éclairage sur ce type de situation sensible faisant appel à la notion de discernement et à la frontière de différents domaines, en favorisant une approche fondée sur l'éthique.

Le comité éthique et pédagogique :

- analyse sur le plan éthique les situations qui lui sont soumises ;
- détermine les textes et bonnes pratiques de référence en rapport à ces situations ;
- fait des recommandations pour chaque situation ;
- élabore des préconisations plus générales en vue de dynamiser et d'enrichir le questionnement éthique à l'ENAP.

Les outils d'appréciation des grilles d'évaluation sont les suivants :

Élément analysé	Capacités du stagiaire évaluées
Capacité d'investissement du stagiaire	L'esprit d'initiative L'intérêt au travail La capacité d'adaptation Le dynamisme et la vivacité La volonté d'améliorer ses connaissances
Sens de la sécurité	Le sens de la sécurité et de l'observation L'autorité L'ascendant sur la population pénale Le rapport avec la hiérarchie Le sens de la discipline Le rapport avec l'entourage Le sens du travail en équipe
Comportement général du stagiaire	La tenue Le langage La ponctualité La disponibilité
Capacité à mettre en pratique les enseignements acquis au cours de la formation	Connaissances Exécution des tâches

CLASSEMENT ET AFFECTATION

Les élèves sont classés en fonction des résultats obtenus sur l'ensemble des évaluations (épreuves de l'ENAP et positionnement professionnel). En cas d'*ex-æquo* entre deux élèves, ils seront départagés par l'évaluation du positionnement professionnel puis par les autres épreuves dans l'ordre fixé ci-dessus. En cas d'ex-æquo à l'issue de l'ensemble des épreuves, l'élève le plus âgé est le mieux classé.

L'affectation définitive dans un établissement pénitentiaire est décidée en présentiel (en amphithéâtre). Les élèves reçoivent quelques jours avant la liste des postes disponibles. Ils choisissent dans cette liste et selon l'ordre du classement.

6. La titularisation

Le surveillant est titularisé s'il a donné satisfaction, licencié s'il a été défaillant, ou bien sa période de stage peut être prolongée. Si le stagiaire est licencié et qu'il était fonctionnaire titulaire avant d'accepter le concours, il retrouve son emploi d'origine.

A. L'engagement à servir l'État

Le candidat admis au concours s'engage à servir l'État pendant une durée minimale de trois ans à compter de la titularisation. En cas de rupture de son engagement survenant plus de trois mois après la date de sa nomination comme élève surveillant, sauf si la rupture ne lui est pas imputable, le candidat devra rembourser à l'État, dans les conditions fixées par arrêté de la ministre d'État, garde des Sceaux, ministre de la Justice et des Libertés, tout ou partie de la rémunération perçue pendant la durée de la formation compte tenu de la durée des services restant à accomplir.

B. La prestation de serment

Le Code de déontologie du service public pénitentiaire créé par décret du 30 décembre 2010 dispose que le personnel de l'administration pénitentiaire prête serment, lors de sa première affectation au sein de l'administration pénitentiaire, en audience publique devant le président du tribunal de grande instance ou de la cour d'appel dans le ressort desquels se trouve son lieu d'affectation. La prestation de serment renforce la légitimité des personnels pénitentiaires et marque la reconnaissance de leur action en faveur de la société.

La formule de la prestation de serment est la suivante :

« Je jure de bien et loyalement remplir mes fonctions et d'observer les devoirs qu'elles m'imposent dans le strict respect des personnes confiées au service public pénitentiaire et de leurs droits. Je m'engage à me conformer à la loi et aux ordres reçus et à ne faire qu'un usage légitime des pouvoirs qui me sont confiés. »

7. Quel est le statut des personnels de surveillance ?

Comme tous les agents de l'État, les personnels de surveillance se trouvent soumis au statut général de la fonction publique et au statut particulier de l'administration pénitentiaire qui limite notamment le droit de grève.

Ils sont, en outre, régis par un statut spécial : le décret n° 2006-441 du 14 avril 2006.

Les personnels de surveillance bénéficient d'un régime de retraite avantageux leur permettant de cesser leur activité à 50 ans.

NOTE DU FORMATEUR

Au 1er janvier 2022 :

- 235 000 personnes prises en charge par l'administration pénitentiaire ;
- près de 70 000 personnes sous écrou et 162 000 personnes suivies en milieu ouvert ;
- 187 établissements pénitentiaires ;
- 104 services pénitentiaires d'insertion et de probation (Spip) ;
- Plus de 43 300 agents, dont près de 30 000 personnels de surveillance et 5 600 personnels des Spip ;
- 3,9 milliards d'euros de budget dédié à l'administration pénitentiaire pour 2023.

8. Quelle est la rémunération des personnels de surveillance ?

Comme tous les agents de l'État, les surveillants pénitentiaires se trouvent soumis au statut général de la fonction publique et au statut particulier de l'administration pénitentiaire. Ils sont, en outre, régis par un statut spécial : le décret n° 2006-441 du 14 avril 2006, modifié par le décret n° 2019-1038 du 9 octobre 2019.

Rémunération nette mensuelle au 1er janvier 2022 *		
	1er échelon	Dernier échelon
Élève surveillant	1 355 € (hors primes de stage)	
Surveillant	1 796 €	2 511 €
Premier surveillant	2 149 €	2 582 €
Major	2 416 €	2 744 €

* Rémunération nette mensuelle au 1er juillet 2022, y compris primes liées aux fonctions (IFO, ICP ou IFPIP, et PSS), hors heures supplémentaires, dimanches, jours fériés, nuits et primes liées à la situation familiale ou géographique. La rémunération des élèves varie selon qu'ils sont en formation à l'Enap ou en stage.

Si, en début de carrière, l'indice de rémunération est inférieur à celui des gardiens de la paix (parce que le diplôme exigé est aussi d'un niveau inférieur), les indices de fin de carrière sont égaux, voire supérieurs, pour les grades les plus élevés (indice 733 à l'administration pénitentiaire, contre 695 pour un commandant à la Police nationale). Les personnels de surveillance ne sont pas logés à titre gratuit.

9. Qu'est-ce que le Code de déontologie auquel sont soumis les personnels pénitentiaires ?

Le Code de déontologie du service public pénitentiaire fixe les règles que doivent respecter les agents pénitentiaires.

DÉFINITION

La déontologie est l'ensemble des règles de bonne conduite relatives au comportement professionnel. Elle relève à la fois du droit et de la morale. Elle vise à créer un état d'esprit respectueux des personnes et protecteur des libertés individuelles.

Les principales dispositions sont mentionnées aux articles suivants.

Art. 7. – Le personnel de l'administration pénitentiaire est loyal envers les institutions républicaines. Il est intègre, impartial et probe. Il ne se départit de sa dignité en aucune circonstance.

Art. 10. – Le personnel de l'administration pénitentiaire est astreint au devoir de réserve et au respect de la discrétion et du secret professionnels, dans les conditions prévues par les lois et règlements.

Art. 11. – Les personnels de l'administration pénitentiaire se doivent mutuellement respect, aide et assistance dans l'exercice de leurs missions.

Art. 12. – Le personnel de l'administration pénitentiaire ne peut faire un usage de la force que dans les conditions et limites posées par les lois et règlements.

Art. 13. – Le personnel qui serait témoin d'agissements prohibés par le présent code doit s'efforcer de les faire cesser et les porter à la connaissance de sa hiérarchie. Si ces agissements sont constitutifs d'infractions pénales, il les porte également à la connaissance du procureur de la République.

Art. 15. – Le personnel de l'administration pénitentiaire a le respect absolu des personnes qui lui sont confiées par l'autorité judiciaire et de leurs droits. Il s'interdit à leur égard toute forme de violence ou d'intimidation. Il ne manifeste aucune discrimination. Il ne doit user ni de dénomination injurieuse, ni de tutoiement, ni de langage grossier ou familier. Il manifeste le même comportement à l'égard de leurs proches.

Art. 17. – Le personnel de l'administration pénitentiaire doit en toute circonstance se conduire et accomplir ses missions de telle manière que son exemple ait une influence positive sur les personnes dont il a la charge et suscite leur respect.

Art. 18. – Outre les informations auxquelles est tenue l'administration pénitentiaire à l'égard des personnes dont elle a la charge, le personnel est tenu de rappeler à ces personnes, en tant que de besoin, leurs droits et leurs devoirs ainsi que les sanctions ou mesures dont elles peuvent faire l'objet dans les conditions prévues par les textes. Pendant toute la durée de leur placement, il veille à permettre à ces personnes, dans le respect des lois et règlements, l'exercice de leurs droits.

Art. 19. – Le personnel de l'administration pénitentiaire ne peut occuper les personnes qui lui sont confiées à des fins personnelles, ni accepter d'elles, directement ou indirectement, des dons et avantages de quelque nature que ce soit.

Il ne peut se charger d'aucun message et d'aucune mission, acheter ou vendre aucun produit ou service pour le compte des personnes qui lui sont confiées.

Il ne peut leur remettre ni recevoir d'elles des sommes d'argent, objets ou substances quelconques en dehors des cas prévus par la loi.

Il ne doit permettre ni faciliter aucune communication non autorisée par les textes entre personnes détenues ou entre les personnes détenues et l'extérieur.

Il ne doit pas agir, que ce soit de façon directe ou indirecte, auprès des personnes qui lui sont confiées pour influer sur leurs moyens de défense ou le choix de leurs défenseurs.

Art. 20. – Le personnel de l'administration pénitentiaire ne peut entretenir sciemment avec des personnes placées ou ayant été placées par décision de justice sous l'autorité ou le contrôle de l'établissement ou du service dont il relève, ainsi qu'avec leurs parents ou amis, des relations qui ne seraient pas justifiées par les nécessités du service. Lorsqu'il a eu de telles relations avec ces personnes antérieurement à leur prise en charge par le service ou l'établissement dont il relève, il en informe dans les plus brefs délais le responsable du service ou de l'établissement.

Art. 24. – Tout agent de l'administration pénitentiaire doit se conformer aux instructions de son supérieur hiérarchique, sauf dans le cas où l'ordre est manifestement illégal et de nature à compromettre gravement un intérêt public.

Si l'agent croit se trouver en présence d'un tel ordre, il a le devoir de faire part de ses objections à l'autorité qui l'a donné, en indiquant expressément la signification illégale qu'il attache à l'ordre litigieux.

Si l'ordre est maintenu et que, malgré les explications ou l'interprétation qui en ont été données par le supérieur hiérarchique, l'agent persiste dans sa contestation, il doit être pris acte de son opposition. Il en est rendu compte à l'autorité supérieure.

Tout refus d'exécuter un ordre qui ne répondrait pas aux conditions ci-dessus engage la responsabilité de l'intéressé.

10. Quelles sont les possibilités de promotion ?

Les métiers des personnels de surveillance offrent une grande diversité de postes à des niveaux de responsabilité différents.

En outre, le personnel de surveillance se compose d'un corps de personnels de catégorie C (surveillants, surveillants principaux, premiers surveillants et majors) et d'un corps de personnels de catégorie B (lieutenants, capitaines et commandants pénitentiaires). Le surveillant a donc la possibilité de progresser et de devenir, par concours, examen ou à l'ancienneté, surveillant brigadier, premier surveillant, major, lieutenant, capitaine ou commandant pénitentiaire.

Une promotion interne permet :

– l'accès au grade de premier surveillant par concours professionnel ou au choix ;

– l'accès au corps de commandement du personnel de surveillance (lieutenant pénitentiaire) par concours interne ;

– l'accès par concours interne aux autres corps de personnels des services déconcentrés de l'administration pénitentiaire (secrétaire administratif, conseiller d'insertion et de probation, directeur des services pénitentiaires).

Le statut des personnels de surveillance, en vigueur depuis avril 2006, leur permet d'évoluer plus rapidement vers des postes d'encadrement (premiers surveillants et majors) puis d'accéder à des postes de commandement (lieutenant, capitaine, commandant pénitentiaires). Ils peuvent être amenés à assurer les fonctions de chef d'établissement dans des maisons d'arrêt et établissements pour peine de moins de 200 places.

Les surveillants peuvent par sélection interne avoir accès à des fonctions spécialisées telles que moniteur de sport, chargé d'application informatique, membre d'une équipe régionale d'intervention et de sécurité (ERIS), formateur.

Les surveillants peuvent, après cinq ans d'ancienneté dans le corps (périodes de formation comprises), par une validation des compétences sous forme d'unités de valeur, devenir surveillants brigadiers.

Le surveillant brigadier est un surveillant expérimenté auquel sont confiées plus de responsabilités, mais il n'est pas le supérieur hiérarchique des autres surveillants.

Les surveillants et surveillants brigadiers peuvent, après six ans d'ancienneté, par concours interne, atteindre le premier niveau des postes d'encadrement, celui de **premier surveillant**. Après treize ans de service au sein de l'administration pénitentiaire dont quatre ans dans son grade, le premier surveillant peut devenir, par examen des capacités professionnelles, **major pénitentiaire**.

Les premiers surveillants et majors pénitentiaires ont pour mission principale d'encadrer une équipe en détention. Les premiers surveillants peuvent occuper des fonctions spécialisées telles que formateur du personnel, référent local informatique, coordinateur du service des sports. Les majors peuvent être responsables de secteurs particuliers, gérer les équipements et les matériels de sécurité…

Les premiers surveillants et majors pénitentiaires âgés de 38 ans au moins, après quinze ans de service dont cinq ans d'encadrement, peuvent devenir au choix **lieutenants pénitentiaires**. C'est le premier niveau du corps de commandement. Au bout de deux ans, ils peuvent être promus **capitaines pénitentiaires**. Ces derniers, après six ans, peuvent accéder par un examen professionnel au grade de **commandant pénitentiaire**.

5 témoignages

Jérôme, surveillant affecté au vestiaire d'un centre pénitentiaire

« Je suis surveillant depuis 15 ans, dont 6 ans passés à ce poste. Ici nous voyons les détenus à l'arrivée et à la sortie. C'est tout. Nous sommes un point d'entrée. L'accent est mis sur le respect de la procédure qui devient la base de tous nos gestes et l'essence même de notre mission. Nous avons obtenu un label de qualité l'an dernier dans le cadre des règles pénitentiaires européennes. Mon service a fait l'objet d'une reconnaissance par un organsine de certification indépendant. Nous devons repasser un audit début avril pour obtenir une prolongation du label de 3 ans. Je ne suis pas inquiet car nous sommes rodés.

Après mes études de comptable, j'ai fait plusieurs missions d'intérim peu passionnantes. J'ai vite décidé de changer d'orientation et j'ai passé le concours de surveillant. Mon premier poste était dans un greffe. J'aimais les aspects mathématiques de la fonction et les calculs de remises de peines. C'est d'ailleurs un poste vers lequel je retournerai volontiers si j'en ai l'occasion. On suit le détenu via son dossier pénal, ce qui apporte une dimension supplémentaire au métier liée à cette matière technique.

La labellisation n'a pas changé notre façon de travailler. Les gestes sont les mêmes. Les process sont juste plus formels et la traçabilité optimale. Avant, le détenu posait ses affaires dans un carton et nous réalisions le tri après son départ du vestiaire. Maintenant, nous réalisons l'état des lieux de ses affaires en sa présence, nous listons le tout et il signe. Aucune réclamation n'est possible dorénavant à la libération. C'est une garantie pour le détenu comme pour nous.

Aujourd'hui, après 15 ans de pénitentiaire, je m'efforce de faire mon travail du mieux que je peux. Je ne veux pas décevoir ma hiérarchie ni les collègues, ni les autres services qui comptent sur nous.

Tous les soirs je m'entraîne au ping-pong et je participe à des championnats régionaux le week-end. Je pratique depuis 20 ans. C'est la clé de l'équilibre lorsque l'on fait un métier stressant comme le nôtre : un surveillant, encore plus que les autres, a besoin d'une vie familiale stable et d'une activité à côté qui sert de soupape. On ne se laisse pas manger par le boulot. »

Armand, surveillant dans un établissement d'outre-mer

« Je cherchais du travail et un ami m'a parlé des concours du service public. J'en ai passé trois : police, pénitentiaire et gendarmerie. J'ai opté pour la pénitentiaire pour rester chez moi. Outre-mer, le surveillant est respecté, c'est un fonctionnaire qui a sa place dans la société. Il est bien vu. C'est un métier que l'on ne choisit pas toujours mais que l'on apprend à apprécier.

Quand j'ai débuté en 1979, c'était le Moyen Âge. J'ai connu cette époque sans télévision, sans petit déjeuner, sans rien, mais avec la peine de mort. Je me souviens encore d'un condamné à qui les autres détenus disaient qu'il allait se faire couper la tête. À l'époque, aller en prison était une expérience avilissante, vécue comme un déshonneur. Aujourd'hui c'est une expérience presque banale, un passage obligé pour certains qui veulent devenir des caïds.

En tant que surveillant, je dois faire appliquer le règlement mais en restant souple. Il faut trouver le juste équilibre. Avec les détenus, même si je n'excuse rien, j'ai appris à faire la part des choses. Je reste toujours respectueux et je suis toujours ouvert au dialogue. Parler peut tout résoudre. La force doit rester la dernière option. On trouve toujours une faille dans la carapace.

J'essaye d'accéder aux demandes des détenus si leur requête ne met pas en cause la sécurité de la détention et si elle est faisable. Le rôle du surveillant c'est bien sûr de garder, mais aussi de rendre la vie carcérale la moins difficile possible.

Je pars à la retraite bientôt mais mon expérience sert aux jeunes surveillants qui arrivent dans mon établissement. Je ne vais pas laisser un jeune se planter. Je leur dis qu'il ne faut jamais promettre quelque chose et ne pas le faire. Ça crée des tensions. Il faut dire oui ou non et expliquer. Faire ce que l'on dit. C'est l'essentiel. ”

Alain, chef de détention

“ Ma fonction consiste avant tout à écouter, à dialoguer, à favoriser la concertation. Les agents viennent parce qu'ils savent qu'ils vont obtenir une réponse.

J'ai passé plusieurs concours, je suis devenu surveillant à 24 ans. Comme j'étais bien classé, j'ai pu choisir mon affectation et rester dans ma région. Quand je suis partie de la fonderie, mon chef m'a dit qu'il ne me voyait pas « porter les clés » toute ma vie. Il avait raison, j'ai rapidement passé d'autres concours à l'interne. Je suis officier depuis 2000. Je doute toujours. Quand je suis passé premier surveillant, je me demandais si j'allais réussir. Et en fait, à chaque fois tout se passe bien.

Ce que j'aime dans mon métier, c'est le contact avec les partenaires de la détention, être au cœur des choses, participer à l'évolution.

Les évolutions de l'administration offrent de nombreuses opportunités lorsque l'on veut s'impliquer. Il faut juste être honnête et savoir si l'on veut évoluer. Lorsqu'un projet nouveau va voir le jour, les personnels sont nombreux à être candidats pour y participer. Il faut même parfois mettre en place des procédures de sélection, des listes d'attente. De nombreux personnels ont une richesse, une motivation, une véritable envie.

Les personnels sont jeunes, très fiables et motivés. Nous travaillons bien ensemble et je sais pouvoir compter sur eux en toutes circonstances. Certains doivent encore faire leurs preuves. Il faut les laisser se débrouiller car c'est aussi comme cela qu'on apprend. Au début, il faut être indulgent avec ceux qui commettent des erreurs. C'est un métier difficile. Si le personnel est à l'aise et sait qu'il est soutenu, le travail s'en ressent et la détention est calme. À l'inverse, un personnel frustré va créer une atmosphère tendue en détention. ”

Stéphanie, conductrice de chien de recherche dans une brigade cynotechnique

« J'ai 29 ans et je suis la première et la seule femme de la brigade. J'ai connu mon chien et « coéquipier » en avril 2010 à l'école cynotechnique de la police où j'ai reçu ma formation. Mon chien est spécialisé dans la recherche d'armes et d'explosifs.

J'ai d'abord commencé comme chef de rang dans la restauration. Mon bac hôtelier en poche, j'ai accepté un premier poste dans un restaurant gastronomique puis en brasserie, secteur où le stress et l'action prédominent. Malgré l'intérêt de mon travail, il me manquait quelque chose : l'uniforme. Mes parents étaient tous deux militaires de carrière. L'uniforme c'est une histoire familiale, une seconde nature. J'ai passé le concours de surveillant à 26 ans.

J'ai découvert par hasard dans mon ancien établissement une affichette scotchée dans la salle d'appel. C'était la conjugaison parfaite, le métier idéal : conductrice de chien. Un poste qui mixte au quotidien de l'action, la rigueur, le sport et les chiens. En bref, être à mon travail et faire ce que j'aime le plus. Il fallait que je le décroche absolument. Je n'avais pas la formation canine demandée mais j'en ai fait des tonnes dans ma lettre de motivation sur mon expérience et mon amour des chiens qui vaut tout les diplômes du monde. J'ai potassé des livres sur l'élevage, l'anatomie. Je me suis beaucoup préparée et j'ai rapidement convaincu le jury.

Je suis la première femme à intégrer la brigade, on m'observe donc forcément plus que les autres agents. Il fallait que je sois la meilleure. Ma faculté à me concentrer rapidement, la gestion du stress, la rigueur sont des qualités précieuses acquises dans l'hôtellerie. C'est un atout lors des interventions souvent délicates qui peuvent survenir à tout moment. Ici, on dépend du téléphone et des missions. Aucun jour ne se ressemble. Si en entraînement l'ambiance est décontractée, en conditions réelles nous avons une grosse pression. Lorsque l'on fait appel à nous, c'est qu'il y a une suspicion de présence d'un objet illicite ou dangereux. Lorsque nous investissons une zone, pour des raisons de sécurité, nous devons être sûrs qu'aucun élément n'a été oublié. Nous devons être rigoureux et méthodiques. J'indique au chien les endroits à couvrir, à moi de déterminer les méthodes d'investigation. Nous sommes complémentaires. »

Patrick, surveillant affecté à l'unité de visites familiales (UVF) d'une maison centrale

« Je suis entré dans l'administration pénitentiaire par hasard. Après l'armée, j'ai passé des concours. J'ai obtenu celui de surveillant sans aucune idée de ce que j'allais découvrir, sans a priori.

J'ai d'abord travaillé en maison d'arrêt. C'est très stressant.

Maintenant, je m'occupe de détenus condamnés à de longues peines. Il faut être vigilant, observateur. On ne sait pas de quoi notre journée sera faite. La seule certitude, c'est qu'il faut pouvoir compter sur ses collègues, car le risque existe. L'esprit d'équipe est essentiel.

Depuis deux ans, je travaille au sein d'une UVF. Elles permettent aux détenus qui ne sont pas dans les conditions d'obtenir des permissions de sortir de rencontrer leurs familles dans un appartement équipé au sein de la prison. Ces visites durent de 6 à 72 heures, sans la surveillance d'un personnel pénitentiaire. Ce n'est plus un parloir, pas vraiment une sortie mais plutôt une parenthèse hors du quotidien de la détention mais pas très loin non plus.

Surveillant depuis 14 ans, j'ai voulu à 36 ans un poste qui responsabilise. Nous nous occupons des dossiers de A à Z. La direction compte sur nous pour que cela fonctionne. Nous avons un taux d'occupation qui avoisine 95 %. J'ai été surpris par le nombre de détenus. C'était une avancée attendue par beaucoup de détenus parce que, pour certains, leur famille vient de loin, parfois même de l'étranger.

Nous échangeons beaucoup avec les familles et cela nous amène à changer notre regard sur la population pénale. Ce n'est pas facile pour une épouse, une mère ou un enfant de passer une nuit en prison. Nous avons un rôle d'explication et de dédramatisation. Notre présence rassure. Nous sommes en capacité d'intervenir à tout moment au sein de l'unité si un des membres de la famille ou le détenu appelle à l'interphone ou appuie sur le bouton d'alarme.

Mes collègues sont curieux, mes proches aussi. Je leur dis que notre rôle est de réunir les familles, de permettre à ces personnes de voir leurs enfants et de faire en sorte que tout se passe bien durant ces quelques heures. Je suis très fier de participer à mon niveau à ce travail de préparation à la sortie. ”

Auto-évaluation

Questions

Pour chaque question, une seule réponse est correcte.

QCM (institutions)

1 La France est actuellement sous la Ve République parce que :

☐ a. Elle respecte la cinquième Constitution de son histoire
☐ b. La Constitution adoptée en 1789 a été modifiée cinq fois
☐ c. Cinq présidents de la République se sont succédé depuis le général de Gaulle
☐ d. Elle respecte la cinquième Constitution républicaine de son histoire

2 Qui, en France, détermine et conduit la politique de la Nation, dispose de L'administration et de la force armée ?

☐ a. Le peuple
☐ b. Le président de la République
☐ c. Le gouvernement
☐ d. Le Premier ministre

3 L'Union européenne est aujourd'hui composée de :

☐ a. 25 pays depuis l'entrée de la Roumanie
☐ b. 28 pays depuis l'entrée de la Croatie (1er juillet 2013)
☐ c. 27 pays depuis le départ de la Grande-Bretagne (suite au « Brexit »)
☐ d. 26 pays depuis le départ de la Norvège

4 Le tribunal correctionnel juge :

☐ a. Les litiges du quotidien et à la consommation
☐ b. Les petits délits
☐ c. Les crimes les moins importants
☐ d. Les délits

5 La décentralisation correspond :

☐ a. Au transfert d'un certain nombre de pouvoirs et de compétences de l'État aux collectivités territoriales élues
☐ b. Au transfert d'un certain nombre de compétences de l'État aux préfets
☐ c. Au maillage du territoire par un réseau de sous-préfectures et de préfectures qui représentent l'État central
☐ d. À la volonté d'installer des administrations et des grandes écoles en province

Raisonnement logique

6 Trouvez le nombre qui suit : 1 1 2 3 5 3 8 1 ?

☐ a. 7 ☐ b. 8 ☐ c. 9 ☐ d. 10

7 Quelle est la suite logique de : 68 ST - 12 DE - 25 VQ - 43 ?

☐ a. KT ☐ b. IF ☐ c. AE ☐ d. QS

8 Dans 4 ans, Noémie aura la moitié de l'âge de Pierre. Aujourd'hui, Pierre a 14 ans. Quel est l'âge actuel de Noémie ?

☐ a. 5 ans ☐ b. 6 ans ☐ c. 7 ans ☐ d. 8 ans

9 Quel est le domino manquant ?

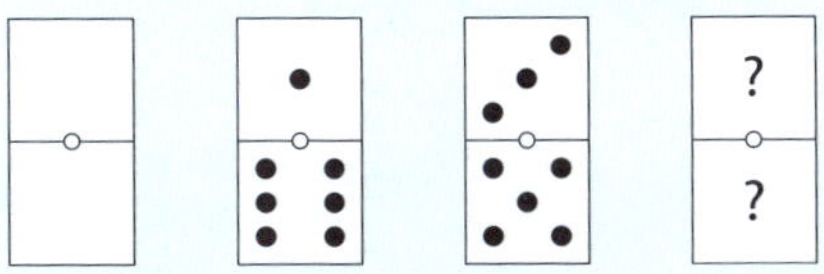

☐ a. 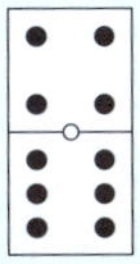

☐ b. 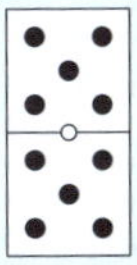

☐ c. 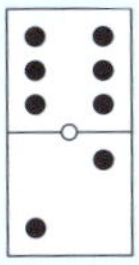

☐ d. 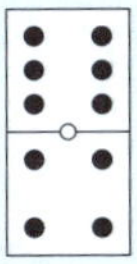

10 Dans un restaurant, un jeune commis fait tomber la pile de 100 assiettes en fin de service du midi. 90 % des assiettes sont cassées. Pour se faire pardonner, il essaie d'en recoller le maximum. Il réussit à en recoller 50 %. Combien dispose-t-il d'assiettes pour faire son prochain service du soir ?

☐ a. 55 ☐ b. 60 ☐ c. 65 ☐ d. 70

Corrigé

QCM (institutions)

1 d. 2 c. 3 b. 4 d. 5 a.

Raisonnement logique

6 c. 7 d. 8 a. 9 d. 10 a.

Score : ____/10

PARTIE 1

Réussir l'épreuve d'admissibilité

QCM (histoire, institutions, géographie, actualité)

DURÉE

3 HEURES

COEFFICIENT

3

Planning de révisions

Ce planning – donné à titre purement indicatif – doit vous aider à vous organiser. Il vous encourage à respecter un rythme qui vous permettra d'étudier tranquillement, de travailler et de retenir le contenu des cours : n'essayez pas d'aller plus vite, mais, s'il vous reste du temps – il vous en restera – pensez à consulter dictionnaires et atlas, à améliorer vos connaissances, à les étayer…

Ce planning vous laisse également le temps de travailler les autres matières, les autres épreuves et les autres contenus détaillés de cet ouvrage.

PÉRIODES	CONTENU DES RÉVISIONS	NOS OUTILS
Périodes 1 à 10 3 mois maximum	Histoire de la France et de l'Europe depuis le début du XXe siècle	Page 44
Période 1 2 semaines	Introduction	Page 40
Période 2 2 semaines	La Troisième République : de la Belle Époque à l'affaire Dreyfus	Page 48
Période 3 1 semaine	La Troisième République : de la Première Guerre mondiale à la Seconde	Page 52
Période 4 1 semaine	La Troisième République : la Seconde Guerre mondiale	Page 58
Période 5 1 à 2 semaine(s)	La Quatrième République	Page 61
Période 6 1 à 2 semaine(s)	La Cinquième République : jusqu'à la présidence de Georges Pompidou	Page 64
Période 7 1 semaine	La Cinquième République : de la présidence de Georges Pompidou à celle de Jacques Chirac	Page 68
Période 8 1 semaine	La Cinquième République : de la présidence de Jacques Chirac à celle d'Emmanuel Macron	Page 72
Période 9 1 semaine	La Cinquième République : de la présidence d'Emmanuel Macron à aujourd'hui	Page 82
Période 10 1 semaine	Relecture et assimilation	
Périodes 11 à 16 2 mois maximum	Institutions de la France et de l'Europe, principes de la Ve République	Page 89
Période 11 1 semaine	La Constitution de la Ve République	Page 90

PÉRIODES	CONTENU DES RÉVISIONS	NOS OUTILS
Période 12 1 semaine	Les institutions de la France	Page 91
Période 13 1 à 2 semaine(s)	La déconcentration et la décentralisation – Les collectivités territoriales	Page 94 Page 95
Période 14 1 semaine	L'organisation judiciaire de la France	Page 101
Période 15 1 semaine	L'Europe et les institutions européennes	Page 104
Période 16 1 semaine	Relecture et assimilation	
Périodes 17 à 20 Un à deux mois	Géographie physique, humaine, économique de la France et de l'Europe	Page 109
Période 17 1 semaine	Introduction + Géographie physique de la France	Page 109
Période 18 1 semaine	Géographie physique de l'Europe	Page 112
Période 19 1 semaine	La population et l'activité économique européennes	Page 114
Période 20 1 semaine	Relecture et assimilation	
Périodes 21 à 26 Un à deux mois	Actualité récente (depuis 2018) : un an par semaine	Page 117

Méthodologie et conseils

Le QCM (questionnaire à choix multiple) des épreuves d'admissibilité du concours de surveillant de l'administration pénitentiaire comporte quinze ou vingt questions de culture générale. Chaque question n'appelle normalement qu'une seule bonne réponse : c'est le cas dans les annales corrigées que vous trouverez en fin de chapitre. Vérifiez néanmoins que c'est toujours le cas dans le questionnaire qui vous sera distribué le jour de l'épreuve : cette précision est apportée dans l'intitulé du sujet.

Vous pouvez, le jour fatidique, vous retrouver devant des questions portant sur :

- l'actualité récente (développée dans cet ouvrage) ;
- les institutions de la France et les principes de la Ve République (développés dans cet ouvrage) ;
- la géographie physique, humaine et économique de la France et de l'Europe (développée dans cet ouvrage) ;
- l'histoire de la France et de l'Europe (il s'agit principalement de l'histoire du XXe siècle : elle est résumée dans cet ouvrage).

1. L'actualité récente

Par « actualité », on entend volontiers : vie politique (élections, fonctions ministérielles, adoption des lois, réformes), relations internationales (traités, conflits, révolutions), mouvements culturels (peinture, musique, cinéma, littérature), événements sportifs, vie quotidienne...

Il est donc indispensable – pour se préparer – de suivre l'actualité de l'année qui précède la date du concours et de réviser l'actualité des dix dernières années (ce que propose cet ouvrage).

On peut, par exemple, conseiller aux candidats de 2023 d'avoir les idées claires sur la guerre en Ukraine et l'élection présidentielle brésilienne, sur les débats éthiques qui accompagnent la Coupe de monde de football au Qatar.

Il est conseillé de varier ses sources d'informations : en lisant plusieurs journaux, en écoutant les informations à la radio, en regardant plusieurs journaux télévisés.

CONSEIL DU FORMATEUR

Il n'est pas nécessaire de lire plusieurs journaux chaque jour, mais il faut lire, trois ou quatre fois dans la semaine, des journaux différents.

Il peut être utile – et c'est souvent très intéressant – de comparer ce que dit d'un même événement tel journal, telle station de radio ou tel journal télévisé : cela permet souvent de mieux le comprendre.

Apprendre, c'est bien, mais comprendre, c'est mieux ! Il est essentiel que cette actualité soit comprise et développée : il sera difficile sinon de répondre à une question. En clair : soyez curieux !

Posez-vous des questions et trouvez les réponses : tentez systématiquement d'en savoir plus (on n'en sait jamais assez), de comprendre ce qui s'est passé (les faits), comment cela s'est passé, et pourquoi cela s'est passé (il faut toujours essayer de remettre l'événement dans son contexte).

On a par exemple pu lire – au hasard des QCM de différents concours et examens – après l'élection à la tête des États-Unis du président Donald Trump, quelques questions périphériques : pour combien de temps est élu le président des États-Unis d'Amérique (quatre ans) ? Combien de mandats a accomplis Barack Obama (deux) ? Dans quelle ville est installée la Maison Blanche (Washington) ? Dans quel État des États-Unis est né Donald Trump (New York, dans le quartier de Queens) ?

2. Compléter l'information

L'information brute ne suffit pas : il faut la compléter, en s'informant, en se renseignant, en se posant des questions sur ce que l'on vient d'entendre, d'apprendre…

Un président ou un roi décède ? On se renseigne : quel pays dirigeait-il ? Quelle est la capitale de ce pays ? Où est-il situé ? Quels sont les pays qui l'entourent ? Est-il bordé par une mer, un océan ?

Ce petit travail est un investissement : non seulement il permet de mieux comprendre l'actualité, mais il consolide la culture générale, que chacun – quel que soit son niveau d'études – doit chaque jour développer…

La culture générale a cela de commun avec le sport : il faut sans cesse s'entraîner, sans jamais baisser la garde.

Comment faire ? On peut utiliser Internet (Google est un moteur de recherche fort utile, et Wikipedia une encyclopédie gratuite assez complète) et fréquenter la bibliothèque. On peut aussi ouvrir plus souvent un dictionnaire (celui des noms communs et celui des noms propres) et consulter régulièrement un atlas ou une mappemonde. Vous pouvez aussi délaisser les chaînes généralistes de télévision pour privilégier les reportages et les débats que l'on trouve sur France 5, sur les chaînes parlementaires ou sur Planète (ce ne sont que des exemples).

3. La culture générale, c'est quoi au juste ?

Il est difficile de définir la culture générale : disons qu'il s'agit de l'ensemble des connaissances que possède un individu, de tout ce qu'il connaît – ou devrait peut-être connaître – dans les domaines qui ne sont pas de sa spécialité (la culture générale n'a pas de visée professionnelle spécifique, contrairement à la culture professionnelle).

La culture générale en droit d'un citoyen qui n'exerce pas une profession juridique est à priori moins importante que la connaissance qu'en a un avocat (mais un avocat spécialisé dans un domaine particulier du droit en a probablement une connaissance plus pointue que son confrère généraliste).

Selon Cicéron, un philosophe romain du dernier siècle avant Jésus-Christ, la culture générale se distingue de l'éducation donnée à l'enfant parce qu'elle doit se poursuivre tout au long de la vie.

Selon Kant, un philosophe allemand du XVIIIe siècle, la culture est ce qui donne à l'homme la possibilité de choisir comment il va mener son existence : en effet, si la culture générale peut faire la différence au moment d'un recrutement, elle fait l'objet d'examens divers. On justifie souvent ces examens en assurant qu'ils démontrent une capacité d'ouverture du candidat (il s'intéresse à beaucoup de choses), une capacité d'analyse et de synthèse, ainsi qu'une saine curiosité et une bonne mémoire.

L'utilité de la culture générale a été remise en cause – c'est dommage – par Nicolas Sarkozy, d'abord en février 2006 à Lyon, alors qu'il était candidat aux élections présidentielles, puis en juillet 2008 lors d'un déplacement en Loire-Atlantique, lorsqu'il a affirmé qu'il n'était pas nécessaire d'avoir lu *La Princesse de Clèves* pour faire un bon agent public : la culture générale permet pourtant de lutter contre la bêtise et l'ignorance, et contre la désinformation.

La culture générale s'enrichit de tout ce que l'on lit (même des romans policiers – comme les romans policiers historiques ou ceux qui se déroulent à l'étranger – apportent d'utiles informations), de tout ce que l'on entend, de tout ce que l'on voit, de tout ce à quoi l'on s'intéresse : le nom de l'interprète du slow de l'été – ou du vainqueur de l'Eurovision – fait ainsi partie de la culture générale, tout comme celui de l'ailier droit d'Arsenal ou du peintre des *Tournesols*...

NOTE DU FORMATEUR

Puisqu'il faut profiter de toutes les occasions, sachez que *La Princesse de Clèves*, que nous avons évoqué plus haut, est un roman publié anonymement en 1678 par Madame de La Fayette. Il est considéré comme l'un des premiers romans d'analyse de l'histoire littéraire française (il peut donc être défini aussi comme un roman historique). Il marque également l'affirmation en littérature de la place des femmes dans la vie culturelle du XVIIe siècle.

4. Profiter de toutes les occasions...

Améliorer sa culture générale est un jeu auquel on prend vite goût : de qui la rue dans laquelle vous habitez porte-t-elle le nom ? Celle où habite votre belle-sœur ? Celle où se trouve votre boulangerie ? Qu'a fait cette personne pour que l'on donne son nom à une rue ? À quelle époque vivait-elle ? Qui était au pouvoir en France à ce moment-là ? Qui l'a précédé, qui lui a succédé ?

Le numéro des départements disparaît petit à petit des plaques d'immatriculation (il est donc difficile de jouer au « jeu des départements » que l'on peut compliquer avec le « jeu des préfectures », voire « des sous-préfectures »), occupez donc vos longs voyages en voiture par le « jeu des capitales ».

Il y a les faciles : Belgique, Espagne, Italie…

Il y a celles qui semblent faciles : Monaco, Brésil, Pays-Bas, Suisse…

Il y enfin celles qui ne sont pas faciles du tout : Kirghizie, Burkina-Faso, Lesotho, Honduras, Moldavie, Namibie…

Améliorer sa culture générale permet aussi de muscler sa mémoire : avoir une bonne mémoire est très pratique dans la vie quotidienne.

5. Fiches ou non ?

Faut-il faire des fiches pour mieux apprendre ? Pas forcément : tout dépend de la manière dont votre mémoire fonctionne. Les fiches ne seront utiles qu'à ceux qui apprennent en écrivant, en lisant et relisant plusieurs fois (ceux qui ont une mémoire visuelle) : aux autres, à ceux qui ont une mémoire par exemple auditive, elles ne serviront pas à grand-chose. Et puis les fiches, il faut les rédiger, les compléter, les classer : cela prend beaucoup de temps…

La première étape est donc de comprendre comment fonctionne votre mémoire : peut-être retenez-vous plus facilement ce que vous entendez ou lisez à voix haute ? Peut-être avez-vous, pour retenir quelque chose, besoin de l'expliquer à quelqu'un ? Dans ce cas, il faut vous trouver un cobaye). Si ce que vous essayez ne fonctionne pas, ne vous entêtez pas : changez de méthode !

CONSEIL DU FORMATEUR

Réservez régulièrement des périodes d'une à deux heures de travail (c'est toujours mieux le matin). Coupez le téléphone. Éteignez la radio et la télévision. Ne vous connectez pas sur Facebook. Ne consultez pas vos mails. Concentrez-vous sur ce que vous avez à faire... Plusieurs périodes dans la semaine sont préférables à une seule journée de travail intensif, mais, si vous ne pouvez pas faire autrement, une courte pause s'impose toutes les deux heures (comme sur l'autoroute). Prenez l'air. Buvez de l'eau. Le chocolat (noir) et les fruits secs sont excellents pour garder la forme !

N'attendez surtout pas le dernier moment pour vous y mettre (respectez en cela le planning de révision : il vous propose une organisation sur six à dix mois) : le cerveau doit digérer les informations qu'il enregistre, cela lui prend du temps (et de l'énergie : mangez des pâtes et du poisson ; évitez les remèdes miracles vendus en pharmacie). Ne vous réservez une semaine pour réviser qu'après avoir étudié : on ne peut réviser que ce que l'on connaît déjà ! Ne confondez surtout pas révision et étude (ou apprentissage) : ce sont deux étapes différentes.

Surtout : ne stressez pas ! Ne vous mettez pas trop la pression (il sera d'autant plus simple de rester zen que vous vous y prendrez à l'avance…) : le cerveau – comme le candidat – travaille mieux dans le calme et la sérénité !

Bon courage !

1. Histoire de la France et de l'Europe depuis le début du XXe siècle

La France emprunte son nom au peuple des Francs, dont la présence est attestée sur les rives du Rhin dès le IIIe siècle après Jésus-Christ (le IIIe siècle s'étend du 1er janvier 201 au 31 décembre 300). Clovis est roi des Francs de 481 à 511. Il fait partie de la dynastie des Mérovingiens, la dynastie qui a régné sur une grande partie de la France et de la Belgique actuelles (et sur une partie de l'Allemagne et de la Suisse) entre la fin de l'Antiquité (la période de l'histoire qui suit la préhistoire : elle commence avec l'invention de l'écriture), et le Moyen Âge (de 500 à 1500 après J.-C.). Clovis et ses fils ont conquis l'ancienne Gaule, sous domination romaine depuis 52 avant J.-C. et la défaite de Vercingétorix à Alésia : la période Gallo-romaine se termine en 486 lors de la bataille de Soissons (où apparaît la légende du fameux vase de Soissons).

Le premier roi de France. Philippe II dit Philippe Auguste (1165-1223) est le premier à se faire appeler roi de France (au lieu de roi des Francs), mais le mot « France » est déjà employé pour désigner l'ensemble du royaume. On le retrouve par exemple dans la *Chanson de Roland*, un poème de la fin du XIe siècle qui raconte la défaite de Roland, officier de Charlemagne, au col de Roncevaux, dans les Pyrénées. Philippe Auguste fait partie de la dynastie des Capétiens, qui a régné sur la France de 987 à 1848 (exception faite de la Révolution et du Premier Empire). Les Capétiens ont succédé aux Carolingiens (751-987), qui doivent leur nom à Charlemagne (742-814).

NOTE DU FORMATEUR

La France est une monarchie jusqu'à ce que la Révolution impose une Constitution, puis proclame la République. Elle deviendra ensuite un Empire (1804-1814), puis de nouveau une monarchie constitutionnelle (de 1814 à 1848) avec Louis XVIII et Charles X (frères de Louis XVI). Louis-Philippe sera le dernier roi des Français (1830 à 1848).

De Louis XIII à Louis XIV. Louis XIII (1601-1643) est le fils d'Henri IV et le père de Louis XIV. Il gouverne avec le cardinal de Richelieu, qui est son principal ministre (c'est sous Louis XIII que se déroule le roman *Les Trois Mousquetaires* d'Alexandre Dumas : d'Artagnan – comme Athos, Portos et Aramis, il a vraiment existé – n'est que Cadet de Gascogne, il devient Mousquetaire du roi à la fin du roman). Louis XIII décide de la construction du château de Versailles, ce n'est d'abord en 1623 qu'un pavillon de chasse, il sera agrandi sur ordre de Louis XIV, surnommé le Roi-Soleil.

Louis XIV (1638-1715) épouse Marie-Thérèse d'Autriche (qui – comme son nom ne l'indique pas – est espagnole). Il gouverne avec Mazarin (1602-1661), puis avec Colbert (1619-1683).

NOTE DU FORMATEUR

C'est l'époque de Jean-Baptiste Poquelin, dit Molière (1622-1673), qui crée *l'École des femmes* en 1662, *Tartuffe* en 1664 et *Le Malade imaginaire* en 1673. La légende raconte que c'est en jouant cette pièce qu'il meurt en sortant de scène, habillé de vert (ce n'est pas vrai mais c'est pour cela que le vert est interdit sur une scène de théâtre).

De Louis XV à Louis XVI. Le fils et les petit-fils de Louis XIV décèdent avant lui (sauf Philippe qui a créé la dynastie des Bourbons en devenant roi d'Espagne en 1700). Louis XV (1710-1774) est le petit-fils de Louis XIV. Il a cinq ans, quand il monte sur le trône. Philippe d'Orléans, neveu de Louis XIV, est régent du royaume de 1715 à 1723, jusqu'à ce que Louis XV devienne majeur (c'est à cette époque que se déroule le roman *Le Bossu*, de Paul Féval, qui met en scène les aventures de Lagardère, qui sauve Aurore de Nevers après l'assassinat du duc de Nevers, inventeur de la célèbre botte).

Le règne de Louis XV (1715-1774) est brillant sur le plan culturel et intellectuel : on dit d'ailleurs du XVIIIe siècle qu'il est celui « des Lumières » (c'est l'époque des philosophes Voltaire, Rousseau et Montesquieu, qui invente le concept de République et de citoyenneté) et de Cesare Beccaria, père spirituel du droit pénal. Le petit-fils de Louis XV lui succède le 10 mai 1774 sous le nom de Louis XVI (1754-1793).

NOTE DU FORMATEUR

On en apprend beaucoup sur cette époque en lisant les romans policiers (très bien documentés) de Jean-François Parot, qui racontent les aventures de Nicolas Le Floch, commissaire de police sous Louis XV et Louis XVI.

De la Révolution à l'Empire. On fixe volontiers le début de la Révolution à la prise de la Bastille (une prison fortifiée construite sur l'actuelle place de la Bastille, à Paris), le 14 juillet 1789. Elle est suivie par le vote de la Déclaration des droits de l'homme et du citoyen (le 26 août 1789), puis par le retour forcé du roi à Paris (le

5 octobre 1789). Le 20 juin 1791, Louis XVI s'enfuit du château des Tuileries : il est arrêté le lendemain à Varennes-en-Argonne (dans la Meuse) et ramené à Paris le 23 juin. La première Constitution de l'histoire de France est adoptée le 3 septembre 1791 : elle transforme la monarchie de droit divin en monarchie parlementaire constitutionnelle. Le 21 janvier 1793, Louis XVI est guillotiné place de la Concorde (c'est alors la place de la Révolution). Son épouse, Marie-Antoinette, sera exécutée le 16 octobre 1793 (leur fils, Louis XVII, qui n'a jamais régné, est mort à la prison du Temple le 8 juin 1795 : il avait dix ans).

La Constitution de l'an I est promulguée solennellement le 24 juin 1793 : elle n'a jamais été appliquée, mais elle est la première Constitution républicaine de l'histoire de France. Elle crée donc la Première République, qui ne verra jamais vraiment le jour : c'est alors l'époque de la Terreur (du 31 mai 1793 au 27 juillet 1794, lors de la chute de Robespierre). Le Directoire succède à la République (le 26 octobre 1795) : le gouvernement est dirigé par cinq Directeurs chargés du pouvoir exécutif. Napoléon Bonaparte, alors général (de retour de la campagne d'Égypte), met fin au Directoire le 9 novembre 1799 pour créer le Consulat : le pouvoir exécutif est partagé entre trois Consuls, dont Napoléon, qui se nomme Premier consul.

Le Premier Empire est proclamé le 18 mai 1804 : Napoléon Bonaparte (1769-1821) devient Napoléon Ier. Il abdique le 11 avril 1814 et il est exilé sur l'île d'Elbe (au large de l'Italie) dont il devient roi : il le restera 300 jours.

Louis XVIII monte sur le trône de France : on appelle cette période la Restauration (de la monarchie).

Napoléon s'enfuit de l'île d'Elbe : il débarque à Golfe-Juan le 1er mars 1815.

Louis XVIII s'enfuit à Gand (Belgique) et Napoléon entre aux Tuileries le 20 mars 1815 : c'est la période que l'on appelle « des Cents-Jours ». Le 18 juin 1815, l'empereur est définitivement vaincu à Waterloo (dans la banlieue de Bruxelles) et exilé sur une île de l'Atlantique Sud, l'île Sainte-Hélène, où il décède le 5 mai 1821. Son corps sera rapatrié le 15 octobre 1840 pour être enterré aux Invalides.

De la Restauration à la Commune de Paris. Trois rois vont se succéder (Louis XVIII, Charles X et Louis-Philippe) avant que ne soit proclamée la Deuxième République le 4 novembre 1848 : leur règne sera perturbé par des soulèvements populaires (comme la révolte des canuts, à Lyon, en novembre 1831). Charles X et Louis-Philippe seront poussés à abdiquer.

NOTE DU FORMATEUR

C'est au cours de l'insurrection républicaine qui a lieu à Paris du 5 au 7 juin 1832 que Gavroche, héros du roman *Les Misérables*, de Victor Hugo, est abattu sur les barricades : la révolte a lieu deux semaines après le décès du président du Conseil (ancien nom du Premier ministre), Casimir Périer, emporté par l'épidémie de choléra qui fera 18 000 morts à Paris.

Louis Napoléon Bonaparte, neveu de l'empereur, est élu président de la République le 10 décembre 1848 : il est le premier président de la République de l'histoire de France. Il renverse la République par un coup d'État le 2 décembre 1851, puis proclame le Second Empire le 2 décembre 1852 et se fait appeler Napoléon III (Napoléon II, surnommé l'Aiglon, fils de Napoléon Bonaparte, est décédé en 1832).

NOTE DU FORMATEUR

Sous le second Empire, la France acquiert Nice (1860), la Savoie et la Haute-Savoie, qui forment le duché de Savoie (1860), dont certains, aujourd'hui encore, réclament l'indépendance.

Napoléon III déclare la guerre aux Prussiens et capitule à Sedan (dans les Ardennes) le 2 septembre 1870 : la Troisième République est proclamée le 4 septembre 1870. Un gouvernement de défense nationale s'installe à l'Hôtel de Ville de Paris : Léon Gambetta et Jules Ferry en font partie. Paris est assiégée tout l'hiver par les Prussiens et souffre de famine. L'Assemblée nationale élue le 8 février 1871 siège à Bordeaux, où s'installe le nouveau gouvernement, dirigé par Adolphe Thiers : les Communards et la bourgeoisie ne sont pas d'acccord sur l'issue de la guerre, et Paris, qui refuse de capituler et de signer la paix, se soulève le 18 mars 1871 lorsque l'armée française tente de la priver de ses canons. Elle se proclame Commune libre et adopte le drapeau rouge. Elle met en place de nombreuses mesures sociales. Thiers lève une armée de 130 000 hommes et, soutenu par les Prussiens, il attaque Paris le 2 avril. Les combats s'éternisent dans ce qui est aujourd'hui la banlieue (Rueil, Courbevoie, Puteaux, Neuilly et Les Moulineaux), ils aboutissent à la Semaine sanglante (du 22 au 28 mai), où les Communards sont écrasés par les Versaillais (les soldats fidèles au gouvernement installé à Versailles). On déplore entre 15 000 et 30 000 victimes, plus 20 000 fusillés (au moins).

NOTE DU FORMATEUR

La basilique du Sacré-Cœur de Montmartre a été construite en 1873, là où le soulèvement communard parisien a débuté, pour « expier les crimes des fédérés » (« les Communards »), qui avaient comme hymne national la chanson *Le Temps des cerises*.

Adolphe Thiers négocie la fin de la guerre avec Bismarck, premier chancelier de l'Empire allemand (de 1871 à 1890).

Le traité de Francfort est signé le 10 mai 1871.

Bismarck exige et obtient des Français :

– une indemnité de guerre de 5 milliards de francs (elle sera payée par le lancement d'emprunts par l'État) ;

– l'Alsace dont Belfort (qui avait vaillament résisté sous le commandement du colonel Pierre Denfert-Rochereau) est détachée pour être rattachée à la Franche-Comté (afin de rester française) ;

– une partie de la Lorraine (l'actuel département de la Moselle) en échange du Territoire de Belfort ;

– un défilé des troupes allemandes sur les Champs-Élysées.

1. La Troisième République

La Troisième République est le régime politique de la France entre 1870 et 1940, lorsque le maréchal Pétain obtient les pleins pouvoirs : elle respecte la troisième Constitution républicaine de l'histoire de France. Le président de la République a un rôle essentiellement représentatif : il ne gouverne pas réellement, c'est le rôle du président du Conseil (du Conseil des ministres), l'ancêtre du Premier ministre. Le président de la République est alors élu par le Parlement réuni en Congrès à Versailles.

A. La Belle Époque (1879-1914)

La Belle Époque est une période de progrès social, technologique et politique partout en Europe. L'expansion économique et l'insouciance (on pense beaucoup à s'amuser) sont rendues possibles par l'espoir que les peuples mettent dans le progrès : il va (enfin) permettre de vivre mieux, en paix.

Le positivisme (la foi en la science) et le scientisme (la science explique tout) font leur apparition : c'est l'age d'or de la révolution industrielle.

Les Expositions universelles de 1889 (présentation de la tour Eiffel) et de 1900 (l'arrivée à Paris – qui devient Ville Lumière – de l'électricité) sont des symboles de la Belle Époque.

C'est l'apogée de l'Art nouveau, un mouvement artistique qui s'appuie sur l'esthétique des lignes courbes : il se caractérise par l'inventivité, la couleur et les ornementations d'inspiration florale ou animalière. Les bouches du métro parisien, réalisées en 1900 par Hector Guimard, sont typiques de cette époque, mais aussi les travaux de Gaudi à Barcelone, de René Lalique et de Victor Horta (Bruxelles), d'Émile Gallé, de Louis Majorelle et des frères Daum (Nancy), ou d'Henri de Toulouse-Lautrec, peintre, illustrateur et lithographe, célèbre pour ses affiches (c'est la grande époque des cabarets de Pigalle et de Montmartre, le Chat Noir et le Moulin Rouge).

En **peinture**, c'est la fin du réalisme (1830-1870), dont se réclament Gustave Courbet, Jean-Baptiste Corot ou Henri Fantin-Latour, et de l'impressionnisme (1870-1890), dont font partie Claude Monet, Auguste Renoir, Camille Pissaro, Paul Cézanne, Édouard Manet ou Edgar Degas, qui ouvre la voie au fauvisme (Henri Matisse), au cubisme (Georges Braque, Picasso), au naturalisme (Van Gogh), au post-impressionnisme (Gauguin, Seurat, le Douanier Rousseau) et à l'expressionnisme (Kandinski, Munch). Le scuplteur Auguste Rodin (1840-1917) présente son *Penseur* au public en 1904, et travaille avec Camille Claudel (1864-1943).

NOTE DU FORMATEUR

Le musée d'Orsay, à Paris, propose ses collections de peinture et de sculpture occidentales de 1848 à 1914 (entrée gratuite pour les demandeurs d'emploi et le premier dimanche de chaque mois, pour tous)...

En **littérature**, on aime l'exotisme de Pierre Loti (1850-1923), les romans d'André Gide (1869-1951) et de Marcel Proust (1871-1922), les œuvres de Guillaume Apollinaire (1880-1918) et d'Anatole France (1844-1924), les pièces de théâtre d'Alfred Jarry (1873-1907)...

Les **jeux Olympiques** d'été se déroulent à Paris (au bois de Vincennes) en 1900, après ceux d'Athènes en 1896 (les premiers de l'ère moderne), avant ceux de Saint Louis (États-Unis) en 1904, d'Athènes (à nouveau) en 1906, de Londres en 1908, de Stockholm en 1912 et d'Anvers (Belgique) en 1920 : ceux de 1916 prévus à Berlin ont été annulés...

NOTE DU FORMATEUR

Pierre de Coubertin a appelé, le 26 novembre 1892, à la rénovation des *JO* (disparus depuis 393 après J.-C.), lors d'un congrès, à la Sorbonne, de l'Union des sociétés françaises de sports athlétiques (sorte de fédération omnisports). Le congrès pour le rétablissement des jeux Olympiques est organisé, toujours à la Sorbonne, du 16 au 23 juin 1894 : les douze pays présents votent à l'unanimité la réhabilitation des Jeux.

La **musique** est marquée par Gabriel Fauré (1845-1924), Claude Debussy (1862-1918), Camille Saint-Saëns (1835-1921), Igor Stravinski (1882-1971), Erik Satie (1866-1925) et Maurice Ravel (1875-1937), dont tout le monde connaît le *Boléro* (il faut, de Camille Saint-Saëns, écouter *Le Carnaval des animaux*, et d'Igor Stravinski, *Le Sacre du printemps*). Dans un autre genre, Mistinguett (1875-1956) et Maurice Chevalier (1888-1972) se produisent à l'Eldorado, aux Folies-Bergères et au Moulin Rouge, Fréhel (1891-1951) est une habituée de l'Olympia, qui a ouvert ses portes le 12 avril 1893...

Les ouvriers représentent alors 30 % de la population (5 millions d'hommes, 2,5 millions de femmes) et les agriculteurs près de 40 %. Les ouvriers s'organisent en syndicats, les idées dites « de gauche », c'est-à-dire socialistes et communistes, progressent, et le droit du travail reconnaît de plus en plus de droits aux salariés.

NOTE DU FORMATEUR

Germinal, le roman d'Émile Zola (1840-1902), évoque les luttes sociales de la fin du Second Empire et les révoltes des mineurs de 1880 et 1884. Il est le treizième épisode des Rougon-Macquart, il y a aussi *L'Assommoir, La Bête humaine, Au Bonheur des dames, Le Ventre de Paris*, etc.

Le chemin de fer se développe (le premier réseau européen a vu le jour entre Saint-Étienne et Andrézieux en 1827). La loi Freyssinet prévoit la construction de 8 800 kilomètres, on compte aujourd'hui 30 000 kilomètres de lignes (35 000 km en comptant les lignes inexploitées, fermées ou déclassées), dont 2 814 km de lignes à grande vitesse (LGV) pour trains à grande vitesse (TGV) (chiffres 2018).

On apprend à maîtriser l'électricité et à transporter le courant électrique. On invente la radio et la téléphonie sans fil (TSF), ainsi que le cinéma (les frères Lumière à Lyon en 1895). Panhard et Levassor, ou les frères Renault améliorent l'automobile en concevant le moteur à explosion (on compte 100 000 voitures en France en 1914). Aux États-Unis, la célèbre Ford T est produite à la chaîne à 16 482 040 exemplaires entre 1908 et 1927. On invente le pneu démontable (Michelin à Saint-Étienne en 1895) et les avions volent de plus en plus loin : Louis Blériot traverse la Manche (1909) et Roland Garros (qui n'a jamais joué au tennis) la Méditerranée (1913). Pierre et Marie Curie isolent le radium de l'uranium (ils obtiennent le prix Nobel en 1903, et Marie Curie en obtiendra un second en 1911).

NOTE DU FORMATEUR

Le prix Nobel est remis pour la première fois en 1901. Il a été créé par Alfred Nobel, inventeur de la dynamite. Le prix Nobel de la paix est remis chaque année à Oslo (Norvège), les autres (physique, chimie, littérature, médecine) à Stockholm (Suède). Les derniers prix Nobel de la paix ont été attribués en 2022 au Centre des libertés civiles (Ukraine), à l'association Mémorial (Russie) et à l'avocat Alès Viktaravitch Bialiatski (Belarus), en 2021 à Dmitri Mouratov (Russie) et Maria Ressa (Philippines) et, en 2020, au Programme alimentaire mondial des Nations unies. Qui a obtenu le prix Nobel de la Paix en 2019 ? en 2018 ?

B. Un empire colonial

La France possède alors un des plus grands empires coloniaux du monde et la colonisation est souvent perçue comme positive : on rend hommage à cet empire au cours des Expositions universelles. La France est présente en Tunisie (depuis 1881), en Algérie (depuis 1830) et au Maroc, à Madagascar (depuis Louis XIV) et en Égypte, où elle lance la construction du canal de Panama (1880), au Tonkin (depuis 1885) et en Afrique. L'Afrique équatoriale française (AEF) s'étend du Sahara au fleuve Congo et au Darfour (Gabon, Congo, Tchad, République centrafricaine), sa superficie atteint 2 500 000 km^2 (soit cinq fois la France). L'Afrique occidentale française (AOF) finit par rassembler la Mauritanie, le Sénégal, le Mali, la Guinée, la Côte-d'Ivoire, le Niger, le Burkina-Faso (ancienne Haute-Volta. et le Bénin (ancien Dahomey) : ces pays obtiendront leur indépendance à la fin des années cinquante.

Les Expositions universelles permettent de présenter les réalisations industrielles des différentes nations qui y participent. La première se déroule à Londres en 1851, la deuxième à New York en 1853, puis à Paris en 1855.

L'Exposition universelle de 1992 a eu lieu à Séville (Espagne) et, celle de 2010, à Shanghai (Chine) et la dernière, en 2021, à Dubaï (Émirats arabes unis) en 2021. La prochaine est prévue à Osaka (Japon) en 2025.

> **NOTE DU FORMATEUR**
> Une Exposition coloniale internationale est organisée à Paris (porte Dorée) en 1931 : elle doit présenter au monde ce qui a été rapporté en France lors des colonisations. Une centaine de Kanaks de Nouvelle-Calédonie sont exposés, dans des cages, puis échangés avec un cirque allemand contre des crocodiles. Cette histoire vraie est racontée dans le roman *Cannibales*, de Didier Daeninckx.

C. Des lois importantes

La loi du 21 décembre 1880 ouvre aux filles l'accès à l'enseignement secondaire public, la loi du 16 juin 1881 rend gratuit l'enseignement primaire, et la loi du 29 mars 1882 rend l'enseignement public, laïc et obligatoire jusqu'à 13 ans (14 ans le 9 août 1936, 16 ans depuis le 6 janvier 1959). La loi du 29 juillet 1881 sur la liberté de la presse est toujours d'actualité, comme la loi du 1er juillet 1901 qui crée les associations à but non lucratif, et la célèbre loi du 9 décembre 1905 de séparation de l'Église et de l'État. En 1884, la liberté syndicale est accordée, et les maires sont élus par les conseils municipaux élus par les électeurs.

D. L'affaire Dreyfus

En 1894, le capitaine d'infanterie Alfred Dreyfus est accusé d'espionnage au profit de l'Allemagne. Il est condamné à la déportation à vie sur l'île du Diable, en Guyane. Les dreyfusards sont persuadés que Dreyfus est innocent (et qu'il a été condamné parce qu'il est juif), les anti-dreyfusards sont convaincus du contraire : ils pensent que le prestige de l'armée et la raison d'État interdisent qu'on remette en cause les décisions de la justice.

Émile Zola publie le 13 janvier 1898 un article à la une de *L'Aurore* (le journal dirigé par Georges Clemenceau) : il accuse l'armée d'avoir condamné un innocent et de ne pas vouloir le reconnaître.

On crée la Ligue des droits de l'homme.

La peine de Dreyfus est ramenée à dix ans de prison après un procès en révision (1899), puis il est gracié par le président de la République et réintégré dans l'armée (1906).

> **NOTE DU FORMATEUR**
> Les Brigades du Tigre (ou Brigades régionales de police mobile), ancêtres de la police judiciaire, sont créées en 1907 par Georges Clemenceau, ministre de l'Intérieur, surnommé « le Tigre ». Elles sont implantées dans les principales villes du pays (on en compte douze, puis treize) et elles sont bien équipées : elles auront même des automobiles à partir de 1910. C'est l'époque des Chauffeurs de la Drôme (une bande de criminels qui, entre 1905 et 1908, s'introduisaient la nuit chez leurs victimes et leur brûlaient les pieds pour leur faire avouer où étaient cachées leurs économies), et de la Bande à Bonnot (des braqueurs anarchistes qui multiplieront les hold-up entre 1911 et 1912).

Les présidents de la Troisième République

Nom	Mandat du	Mandat au	
Adolphe Thiers	31 août 1871	24 mai 1873	
Patrice de Mac-Mahon	24 mai 1873	30 janvier 1879	
Jules Grévy	30 janvier 1879	2 décembre 1887	Premier président à terminer son septennat, il doit démissionner au début du second
Sadi Carnot	3 décembre 1887	25 juin 1894	Il est assassiné place des Cordeliers, à Lyon
Jean-Casimir Périer	27 juin 1894	16 janvier 1895	Record du mandat le plus court : six mois et vingt jours
Félix Faure	17 janvier 1895	16 février 1899	C'est sous sa présidence qu'éclate l'affaire Dreyfus, il meurt à l'Élysée d'une congestion cérébrale
Émile Loubet	18 février 1899	18 février 1906	La loi de séparation de l'Église et de l'État est adoptée et le statut des associations est créé
Armand Fallières	18 février 1906	18 février 1913	Il a comme Premiers ministres Georges Clemenceau, Aristide Briand et Raymond Poincaré
Raymond Poincaré	18 février 1913	18 février 1920	La Première Guerre mondiale éclate pendant son mandat, il sera plus tard deux fois Premier ministre
Paul Deschanel	18 février 1920	21 septembre 1920	Il démissionne au bout de sept mois à cause de problèmes de santé mentale
Alexandre Millerand	23 septembre 1920	11 juin 1924	
Gaston Doumergue	13 juin 1924	13 juin 1931	
Paul Doumer	13 juin 1931	7 mai 1932	Il est assassiné rue Berryer, à Paris
Albert Lebrun	10 mai 1932	11 juillet 1940	Il est réélu en 1939, mais son second mandat prend fin lors de l'arrivée au pouvoir du maréchal Pétain

E. La Première Guerre mondiale

La mobilisation est décrétée le 1er août 1914. La « grande guerre » commence. Elle cause plus d'un million et demi de morts en France (10,5 % de la population active masculine) et trois millions et demi de blessés et de mutilés (9 millions de morts, toutes nations confondues, et environ 20 millions de blessés).

L'Autriche-Hongrie, soutenue par l'Allemagne, déclare à la Serbie (que soutient la Russie) une guerre « préventive » après l'assassinat de l'archiduc d'Autriche François-Ferdinand, prince héritier, et de son épouse à Sarajevo le 28 juin 1914 par un étudiant nationaliste serbe.

La logique des alliances entre États oblige la France à entrer dans la guerre. L'armée allemande attaque la France, elle est vaincue sur la Marne par le maréchal Joffre. La Belgique est occupée, sauf un minuscule territoire, à l'extrême sud-ouest du royaume, protégé des envahisseurs par des inondations provoquées à Nieuport. La guerre s'enlise dans les batailles de tranchées, éprouvantes pour les hommes, que l'on surnomme « les poilus » : le dernier « poilu » français, Lazare Ponticelli, est mort le 12 mars 2008 à l'âge de 110 ans ; le dernier « poilu » allemand, Erich Kästner, est mort le 1er janvier de la même année. Les combats autour de Verdun (1916) et du Chemin des Dames (1917) sont particulièrement meurtriers.

La guerre est mondiale : elle se déroule de l'Atlantique (les U-Boot allemands torpillent le transatlantique *RMS Lusitania* le 7 mai 1915, ce qui contribue à l'entrée en guerre des États-Unis) ; au Moyen-Orient (Lawrence d'Arabie essaie de soulever les tribus arabes pour attaquer les Turcs). Même le Japon, allié de la Grande-Bretagne, déclare la guerre à l'Allemagne et occupe ses lointaines colonies.

L'armistice sera signé le 11 novembre 1918 à côté de Compiègne. Le traité de Versailles redessine les frontières de l'Europe : il sera l'une des causes de la Seconde Guerre mondiale.

NOTE DU FORMATEUR

D'autres événements surviennent pendant cette période, comme le génocide arménien (1915-1916), la révolution russe (février 1917) qui oblige le tsar à abdiquer, ou encore l'épidémie de grippe de 1918, qui fera de 30 à 100 millions de victimes (dont le poète Guillaume Apollinaire et l'écrivain Edmond Rostand).

F. Les Années folles

Les Années folles recouvrent la décennie 1920-1930 : elles se terminent par la crise économique de 1929-1930, appelée « la Grande Dépression », qui dure du krach boursier de Wall Street à la Seconde Guerre mondiale.

La France ne veut plus connaître de guerre meurtrière : les monuments aux morts, les mutilés (les fameuses « gueules cassées ») et les veuves ou orphelins de guerre sont partout. La stratégie militaire vise désormais à épargner les hommes : elle favorise la protection et la défense plutôt que l'attaque. On construit entre 1920 et 1930 un ensemble de fortifications appelé « ligne Maginot » (du nom du ministre de la Guerre) pour protéger le pays : elle longe les frontières avec le Luxembourg, l'Allemagne et l'Italie.

NOTE DU FORMATEUR

Il faudra néanmoins attendre 1948 pour que le ministère de la Guerre devienne le ministère de la Défense (ou « des Armées », de 1958 à 1974).

Le jazz, né en 1917 à La Nouvelle-Orléans (Louisiane), arrive des États-Unis avec les soldats américains, qui apportent avec eux les mélodies de Sydney Bechet (clarinettiste et saxophoniste, 1897-1959) et de Louis Armstrong (trompettiste, 1901-1971), surnommé Satchmo.

Montmartre (rive droite), avec les peintres Modigliani ou Chagall, et Montparnasse (rive gauche), avec ses cafés célèbres (la Coupole, la Closerie des Lilas, etc.) sont le centre de la vie parisienne, culturelle et nocturne.

NOTE DU FORMATEUR

On appelle « génération perdue » *(Lost Generation)* le courant littéraire américain de l'entre-deux-guerres : de nombreux auteurs américains expatriés vivent alors à Paris, comme Ernest Hemingway, Henry Miller ou Scott Fitzgerald (on trouve aussi, dans ce courant, John Steinbeck, Ezra Pound ou T.S. Eliot).

Les premières compagnies aériennes font leur apparition, avec des bombardiers modifiés en avions de ligne. Le 8 février 1919, le constructeur d'avions Farman transporte, pour la première fois, des passagers entre Paris et Londres en 2 heures 37. La compagnie KLM (Pays-Bas) est créée en octobre 1919, la Sabena (Belgique) en mai 1923 et la célèbre Pan Am, aux États-Unis, en 1926. En 1918 est née la Société des lignes Latécoère : elle deviendra la Compagnie générale aéropostale en 1927 (avant de rejoindre Air France à sa création en août 1933). Elle fera voler Jean Mermoz (1901-1936), sur la ligne Toulouse-Barcelone, puis Barcelone-Malaga (1925) et Casablanca-Dakar (1926). Les 10 et 11 octobre 1927, Mermoz réussit un vol sans escale entre Toulouse et Saint-Louis du Sénégal. Il ouvre ensuite de nouvelles liaisons en Amérique du Sud (1928) et survole les Andes le 15 juillet 1929 avec Henri Guillaumet. Il relie la France à la côte brésilienne, *via* le Sénégal, les 12 et 13 mai 1930, puis, en janvier 1933, le Bourget à Buenos-Aires.

NOTE DU FORMATEUR

Henri Guillaumet (1902-1940) est célèbre pour avoir dit, à Antoine de Saint-Exupéry venu le récupérer : « Ce que j'ai fait, je te le jure, jamais aucune bête ne l'aurait fait. » Saint-Exupéry le raconte dans son récit *Terre des hommes* : Henri Guillaumet a marché dans la neige, à travers la cordillère des Andes, pendant cinq jours et quatre nuits, passant trois cols, après s'être écrasé sur un sommet inaccessible le vendredi 13 juin 1930, lors de sa 92e traversée (il franchira 193 fois la cordillère et traversera 12 fois l'Atlantique entre 1938 et 1939).

Antoine de Saint-Exupéry (1900-1944) rejoint Latécoère en 1926. Il transporte le courrier entre Toulouse et le Sénégal avant de rejoindre l'Amérique du Sud en 1929. Il est l'auteur de plusieurs romans et récits, *Le Petit Prince*, *Vol de nuit* et *Courrier Sud*. Son avion – qui avait décollé de Bastia-Poretta (Corse) – a été abattu vers midi par un chasseur allemand le 31 juillet 1944. Des morceaux de son appareil ont été retrouvés en mer au large de Marseille, et remontés en septembre 2003. Le 7 septembre 1998, un pêcheur avait pêché sa gourmette près de l'île de Riou.

Le **spectacle sportif** connaît aussi un vif succès pendant les Années folles : la fréquentation des lieux sportifs augmente et la presse raconte les événements sportifs comme des épopées héroïques (le Tour de France lancé en 1903, les matches de football, de rugby et la boxe). Les jeux Olympiques d'été ont lieu à Paris en 1924 et à Amsterdam en 1928. Les premiers JO d'hiver sont organisés à Chamonix la même année. Il faudra attendre les JO d'hiver de Lillehammer (Norvège) en 1994 pour que les JO d'été et d'hiver soient organisés tour à tour tous les deux ans.

G. La Grande Dépression

Un krach boursier fait trembler la Bourse de New York (appelée « Wall Street ») du 24 au 29 octobre 1929 : le 24 octobre est appelé « jeudi noir ».

Il annonce la fin de cette période d'insouciance : la France ne sera réellement touchée que deux ans plus tard, mais la crise sera plus longue. La **Grande Dépression** s'étend du krach de 1929 à la Seconde Guerre mondiale : c'est la plus importante crise économique, boursière et bancaire du XXe siècle (en France, la production industrielle recule de 25 %). Le Dow Jones chute de près de 90 % en trois ans. On brûle, au Brésil, le café dans les locomotives, à la place du charbon : plus personne ne l'achète et il faut vider les stocks. La crise économique s'accompagne d'une explosion du chômage (25 % de la population des États-Unis et de l'Allemagne sont au chômage). Seule l'Union soviétique (URSS) n'est pas touchée : son système économique est déconnecté des autres (l'URSS est à l'époque dirigée par Staline).

NOTE DU FORMATEUR

Wall Street est le nom de la rue où se situe la Bourse de NYC (New York City), dans le sud de Manhattan, à l'est de Broadway. On y calcule le Dow Jones, un indice boursier (le plus vieux du monde) basé sur les résultats de trente entreprises (il est l'équivalent de notre CAC 40, basé sur les résultats des 40 plus importantes entreprises françaises, CAC signifie « cotation assistée en continu »).

Franklin D. Roosevelt devient président des États-Unis en mars 1933. Il lance des réformes qui ont pour but de réformer l'économie, de réduire le chômage et de compenser les inégalités sociales : on appelle cette période le **New Deal** (la « Nouvelle Donne »). Franklin D. Roosevelt (D pour Delano) est réélu en 1936, 1940 et 1944 (il est le seul à avoir fait quatre mandats).

NOTE DU FORMATEUR

Plusieurs ouvrages de John Steinbeck (qui a reçu le prix Nobel de littérature en 1962) racontent cette difficile période, comme *Les Raisins de la colère* (1939) et *Des souris et des hommes* (1937).

En France, la Troisième République est une République parlementaire : le Parlement a beacoup plus de pouvoirs qu'aujourd'hui, il fait et défait les gouvernements par le système des alliances. La France traverse une période d'instabilité politique, elle souffre d'un certain immobilisme et de l'affairisme de ses dirigeants, souvent soupçonnés de corruption, ce qui n'arrange rien à la situation déjà difficile que traverse le pays.

En janvier 1934, débute l'**affaire Stavisky :** elle aboutira aux émeutes antiparlementaires (et antisémites : Stavisky était juif) du 6 février 1934. Organisées par les ligues d'extrême droite (l'Action française, la Ligue des patriotes, les Croix de Feu...), elles font à Paris 1 435 blessés. Quinze manifestants et un policier sont tués lorsque les manifestants sont empêchés par la gendarmerie mobile de se rendre au palais Bourbon, où siège l'Assemblée nationale. L'affaire Stavisky est une crise politico-économique provoquée par le décès mystérieux d'Alexandre Stavisky, un escroc (il avait émis 235 millions de francs de faux bons au porteur) doté d'excellentes relations dans les milieux de la presse, de la politique, de la police et de la justice.

NOTE DU FORMATEUR

Stavisky est un film d'Alain Resnais, sorti en 1974, qui raconte l'affaire Stavisky : Jean-Paul Belmondo interprète Alexandre Stavisky.

En juillet 1936, éclate la **guerre d'Espagne** : elle oppose de juillet 1936 à avril 1939 les nationalistes catholiques (appelés aussi phalangistes, ou fascistes) aux républicains laïcs (communistes, socialistes, anarchistes...).

C'est une « guerre civile » qui fera au moins 400 000 morts : les Espagnols s'affrontent entre eux, les républicains voulant défendre la jeune République espagnole contre la rébellion nationaliste.

Elle s'achève par la victoire des nationalistes et l'avènement du dictateur Francisco Franco (qui conserve le pouvoir absolu jusqu'à sa mort en 1975).

En novembre 1936, les Madrilènes républicains défendent chèrement chaque rue de la ville aux cris de *« No pasaran ! »* (« Ils ne passeront pas ! »).

Le 26 avril 1937, les nationalistes de la Légion Condor (des volontaires nazis qui pilotent des Messerschmitt) bombardent Guernica (Pays basque) et font près de 2 000 morts : l'événement est rendu célèbre par le tableau de Picasso (1937).

La France et la Grande-Bretagne refusent de prêter main-forte à la jeune République espagnole, mais l'Allemagne de Hitler, le Portugal de Salazar et l'Italie de Mussolini aident massivement les nationalistes (les bombardements italiens de Barcelone en mars 1938 font 3 000 morts). Les républicains reçoivent le soutien de Brigades internationales, formées de 60 000 volontaires de 53 pays différents (15 000 meurent au combat).

La guerre conduit de nombreux Espagnols à quitter leur pays pour se réfugier surtout en France : en mars 1939, on estime qu'il y a 440 000 réfugiés espagnols en France. Les autorités sont débordées, et des milliers de réfugiés se retrouvent regroupés dans des camps de concentration (le terme est employé officiellement à l'époque).

NOTE DU FORMATEUR

Le *Grand Voyage* (1963) de Jorge Semprun et *Tanguy* (1957) de Michel del Castillo, tous deux réfugiés espagnols en France, ou *Le gardien de mon frère* (2010), de Leif Davidsen, racontent ces tragiques événements.

a. Le Front populaire

C'est une coalition des partis dits « de gauche » (le parti communiste, la SFIO, ancêtre du parti socialiste, le parti radical et l'Union socialiste républicaine) qui détiennent la majorité parlementaire en France du 3 mai 1936 (élections législatives) au 10 avril 1938 (démission du second gouvernement de Léon Blum).

Le Front populaire (dont le slogan avant les élections est « Pain, Paix, Liberté ») et les **accords de Matignon** (du 7 juin 1936) bouleversent les rapports sociaux dans le pays. Les salaires sont augmentés de 12 % (en moyenne), la liberté syndicale est accordée, la durée du travail est limitée à 40 heures hebdomadaires, des conventions collectives sont conclues, et quinze jours de congés payés sont accordés à tous. Le réseau ferré français est unifié et la SNCF est créée. La politique économique du Front populaire ne parvient pas à relancer la production et la consommation, elle ne réduit pas le chômage : la hausse des prix annule celle des salaires, le second gouvernement Blum est poussé à la démission.

L'état d'esprit pacifiste qui règne en France atteint son apogée avec la signature des **accords de Munich**, à l'issue de la conférence qui se tient à Munich les 29 et 30 septembre 1938. Ils permettent à Adolf Hitler de prendre possession du territoire des Sudètes (situé en Tchécoslovaquie et revendiqué par l'Allemagne) : la « paix à tout prix » encourage les velléités guerrières de l'Allemagne.

b. La montée du nazisme

Adolf Hitler (1889-1945) a conduit les 8 et 9 novembre 1923 un coup d'État qui a échoué et provoqué l'interdiction du NSDAP. Il est arrêté le 11 novembre et incarcéré dans une prison de Bavière. Le 1er avril 1924, il est condamné à cinq ans de réclusion criminelle pour haute trahison : il purgera à peine un an, pendant lequel il dicte à son secrétaire, Rudolf Hess, son livre *Mein Kampf* (« Mon combat »). Il réorganise son parti et remporte les législatives du 31 juillet 1932. Il est nommé chancelier (Premier ministre) le 30 janvier 1933, en tant que chef du parti national-socialiste des travailleurs allemands (NSDAP), appelé « nazi » *(national-sozialismus)*. Le 27 février, l'incendie du Reichstag (le Parlement allemand), dont personne ne sait encore qui l'a allumé, permet à Hitler de suspendre toutes les libertés civiles garanties par la République de Weimar (qui dirige l'Allemagne depuis 1919). Il élimine un à un ses opposants politiques. Le 2 mai, les syndicats sont dissous et leurs biens saisis. Le 10 mai, Joseph Goebbels, ministre de la Propagande, organise à Berlin une nuit d'autodafé (destruction publique de livres ou de manuscrits par le feu) : les étudiants nazis brûlent des milliers de « mauvais livres » de Marx, Freud, Kant ou Einstein, auteurs juifs, pacifistes, marxistes ou psychanalystes (certains cumulent). Le 14 juillet, le NSDAP devient parti unique. Entre 1933 et 1939, de 150 000 à 200 000 personnes sont internées dans les premiers camps de concentration nazis (Dachau, inauguré le 20 mars), près de 10 000 sont tuées, et des centaines de milliers d'autres fuient l'Allemagne.

NOTE DU FORMATEUR

Adolf Hitler crée le Troisième Reich (30 mars 1933-8 mai 1945). Le Premier Reich (*Reich* veut dire Empire) a été fondé par Otton Ier le 2 février 962 sous le nom de Saint-Empire romain germanique. Le Deuxième Reich a été proclamé le 18 janvier 1871 dans la galerie des Glaces du château de Versailles (où a ensuite été signé le 28 juin 1919 le traité de Versailles qui a mis fin à la Première Guerre mondiale). Hitler se fait appeler « Führer » (Guide).

Hitler porte les effectifs de la Wehrmacht (l'armée allemande) de 100 000 à 500 000 hommes. Il lance un programme de réarmement massif pour équiper la Kriegsmarine (forces navales) et la Luftwaffe (forces aériennes). Le 12 mars 1938, la Wehrmacht entre en Autriche : c'est l'*Anschluss* (« l'annexion »), le rattachement de l'Autriche au Troisième Reich. Le 28 septembre 1938, les accords de Munich permettent l'annexion partielle de la Tchécoslovaquie.

Malgré cela, le 2 janvier 1939, Hitler est élu « homme de l'année 1938 » par le *Time Magazine*. Le 1er septembre 1939, Hitler envahit la Pologne, ce qui, le 3 septembre, déclenche la Seconde Guerre mondiale.

H. La Seconde Guerre mondiale

La France et le Royaume-Uni tentent de secourir la Norvège et le Danemark, que la Wehrmacht attaque le 9 avril 1940 avant de fondre sur les Pays-Bas, la Belgique, le Luxembourg et la France le 10 mai 1940 : c'est la fin de la « drôle de guerre » et le début de l'offensive éclair *(Blitzkrieg)* qui dure cinq semaines. La moitié de la France (zone dite occupée, au nord de la « ligne de démarcation » qui est franchie le 11 novembre 1942) et le Benelux sont occupés par les armées du Reich.

L'armistice est annoncé le 17 juin 1940. Le général de Gaulle, exilé à Londres, lance sur les ondes de la BBC son « appel du 18 juin » appelant les Français à la résistance. Il prend la tête de la France libre et des Forces françaises libres. Il obtient le ralliement de plusieurs colonies françaises en Afrique et met en place un gouvernement provisoire.

L'armistice est signé le 22 juin 1940 dans la clairière de Rethondes (Oise). Il marque la fin de la bataille de France.

Le **maréchal Philippe Pétain**, héros de la Première Guerre mondiale, nommé président du Conseil par le président de la République Albert Lebrun, fait voter le 10 juillet 1940 une loi qui lui donne « les pleins pouvoirs constituants » : la Constitution de la Troisième République est suspendue et Pétain se déclare chef de l'État le 11 juillet. Il instaure le régime de Vichy, qui gouverne la France du 10 juillet 1940 au 20 août 1944 en **collaboration** active avec l'occupant. Il est assisté de deux vice-présidents du Conseil, qui assument successivement les fonctions de Premier ministre, Pierre Laval et François Darland.

NOTE DU FORMATEUR

L'Assemblée nationale donne tout pouvoir au gouvernement de la République, sous l'autorité et la signature du maréchal Pétain, à l'effet de promulguer par un ou plusieurs actes une nouvelle Constitution de l'**État français** : cette Constitution devra garantir les droits du travail, de la famille et de la patrie (article 1 de la loi constituante du 10 juillet 1940).

Le régime de Vichy adopte une loi fixant « le statut des Juifs » (3 octobre 1940) : ceux-ci sont exclus de la fonction publique, de l'armée, de l'enseignement, de la presse, de la radio, du cinéma et des professions libérales. Il prévoit l'internement des Juifs étrangers (4 octobre 1940) dans les camps de Beaune-la-Rolande, Pithiviers, Jargeau (Loiret) et Saint-Cyprien (Pyrénées-Orientales), gardés par la gendarmerie nationale. Il organise des rafles dès le 13 mai 1941 (la plus célèbre est en 1942 la **rafle du Vel' d'Hiv** – pour Vélodrome d'Hiver – à laquelle ne participe aucun soldat ou policier allemand. et, du 5 septembre 1941 au 15 janvier 1942, une exposition antisémite de propagande boulevard des Italiens (Paris) intitulée « Le Juif et la France ». Il impose aux Juifs le port de l'étoile jaune (20 mai 1942). Il réprime durement, avec ses Milices (à partir de janvier 1943), police supplétive de la Gestapo, les mouvements de Résistance.

NOTE DU FORMATEUR

Guy Môquet (1924-1941) est un militant communiste arrêté le 13 octobre 1940 par la police française pour avoir distribué des tracts. Il est transféré au camp de Châteaubriant (Loire-Atlantique) placé sous l'autorité du sous-préfet de Châteaubriant et surveillé par la gendarmerie nationale. Il est livré aux Allemands et fusillé le 22 octobre 1941 en répression de l'assassinat par la Résistance d'un colonel allemand.

Jean Moulin (1899-1943), sous-préfet d'Eure-et-Loir à Chartres (1939), révoqué par le régime de Vichy et placé en disponibilité, est chargé en 1943 par le **général de Gaulle** de créer le Conseil national de la Résistance. Il est arrêté le 21 juin 1943 à Caluire-et-Cuire (Rhône). Il est interrogé au fort Montluc (Lyon) par Klaus Barbie, qui dirige la Gestapo (*Geheime Staatspolizei*, police secrète d'État). Il meurt dans le train qui le conduit à Berlin, où il doit de nouveau être interrogé.

NOTE DU FORMATEUR

La guerre est vraiment mondiale : l'Axe (Allemagne, Italie et Japon) se bat contre les Alliés (États-Unis, Royaume-Uni, Canada, France libre, URSS…) à travers toute la planète.

Les Alliés débarquent en Sicile le 10 juillet 1943 : c'est l'opération Husky. L'ouverture d'un second front est depuis longtemps réclamée par Staline.

Le 25 juillet 1943, Benito Mussolini, « Il Duce », est emprisonné sur ordre du roi Victor-Emmanuel III (il est libéré sur l'ordre d'Hitler le 12 septembre).

Le 3 septembre, les Alliés débarquent dans le sud de la péninsule et remontent vers le Nord : il leur faudra deux ans pour libérer l'Italie.

NOTE DU FORMATEUR

Le 20 juillet 1944, des officiers de la Wehrmacht tentent sans succès d'assassiner Adolf Hitler, c'est l'opération Walkyrie, qui échoue : le Führer n'est que légèrement blessé et les conjurés, commandés par le colonel von Stauffenberg, sont exécutés.

Le 15 août 1944, les Alliés débarquent en Provence, entre Toulon et Cannes, pour libérer Toulon et Marseille avant d'entreprendre la remontée du Rhône : la Provence est libérée en deux semaines, Digne et Sisteron tombent le 19 août, Gap le 20, Grenoble le 22, Toulon le 23, Montélimar le 28 et Marseille le 29.

Les troupes alliées rejoignent le 12 septembre les troupes du front de l'Ouest, qui ont débarqué le 6 juin 1944 sur cinq plages de la côte normande : Utah Beach, Omaha Beach, Sword Beach, Juno Beach et Gold Beach.

Le 7 août, les Américains reprenennt Brest et Nantes, Le Mans le 9 août, Paris et Lisieux le 25 et Rouen le 30. Les Alliés foncent sur Berlin et subissent une contre-offensive allemande dans les Ardennes (hiver 1944-1945).

NOTE DU FORMATEUR

Deux films célèbres racontent en détail ces événements, *Le Jour le plus long* (1962) et *Paris brûle-t-il ?* (1966).

Sur le front oriental, l'Armée rouge progresse vers l'Ouest : elle entre à Kiev (Ukraine) en novembre 1943, libère Leningrad en janvier 1944 et reprend la Biélorussie (devenue le Belarus) en juin 1944. Elle arrive aux portes de Varsovie, mais elle laisse écraser sans réagir l'insurrection de Varsovie (du 1er août au 2 octobre 1944). Berlin est investie le 30 avril 1945 par les Soviétiques et Hitler se suicide dans son bunker.

L'Allemagne capitule officiellement le 8 mai 1945.

NOTE DU FORMATEUR

Le 6 août 1945, le bombardier US *Enola Gay* largue une bombe atomique de 15 kilotonnes sur Hiroshima (Japon). La ville est rasée. L'explosion fait immédiatement 75 000 morts, 50 000 de plus dans les semaines qui suivent (selon les estimations, la bombe a causé en tout, sur plusieurs années, 250 000 morts). Le 9 août 1945, un autre B-29 lâche une seconde bombe (de 20 kilotonnes) sur Nagasaki (distante d'un peu plus de 400 kilomètres) qui fait 80 000 morts. Le bombardement met fin à la guerre (qui a débuté le 7 décembre 1941 par l'attaque de Pearl Harbor) : le Japon (déjà défait à la bataille d'Okinawa le 21 juin) capitule le 15 août.

Le **Gouvernement provisoire**, composé de communistes, de socialistes et de gaullistes se met en place à Paris, sous la direction du général de Gaulle. Il accorde le droit de vote aux femmes le 21 avril 1944 (elles voteront pour la première fois aux élections municipales des 26 avril et 13 mai 1945). Il promulgue l'ordonnance du 2 février 1945, qui adapte le droit pénal et la procédure pénale aux mineurs, et crée la Sécurité sociale.

2. La Quatrième République

Le Gouvernement provisoire de la République française (GPRF) organise des élections législatives le 21 octobre 1945, en même temps qu'un référendum : les électeurs autorisent l'Assemblée, dont les pouvoirs sont limités dans le temps, à voter une nouvelle Constitution. Elle élit Charles de Gaulle à la tête du Gouvernement provisoire, mais celui-ci démissionne le 20 janvier 1946. Le premier projet de Constitution est rejeté par référendum le 5 mai 1946. L'Assemblée est dissoute, de nouvelles élections législatives ont lieu le 2 juin 1946. La Constitution de la Troisième République est adoptée par référendum le 13 octobre 1946, elle entre en vigueur le 27 janvier 1947. Elle prévoit un régime parlementaire bicaméral fort (bicaméral : qui est composé de deux chambres, l'Assemblée nationale et le Sénat), un chef d'État faible et un gouvernement dirigé par un président du Conseil qui exerce l'essentiel du pouvoir exécutif. Le pouvoir législatif est détenu par les deux chambres : le Conseil de la République, dit « chambre haute » (équivalent du Sénat), et la chambre basse.

Le président de la République est élu pour une durée de sept ans par le Parlement réuni en congrès. Il a un rôle essentiellement représentatif, mais il nomme le président du Conseil et il peut dissoudre par décret la Chambre des députés (la procédure est alors plus encadrée qu'elle ne l'est aujourd'hui). Il signe et ratifie les traités internationaux. Il accrédite les ambassadeurs. Il est le chef des armées, mais ne dispose pas de la force armée. Il préside le Conseil supérieur de la magistrature. Il conserve le droit de grâce et demeure pénalement irresponsable (sauf en cas de haute trahison). Vingt-quatre gouvernements se succèdent sous la Quatrième République (qui ne dure que douze ans), dirigés par seize présidents du Conseil.

Les présidents de la Quatrième République

	Mandat		
Nom	du	au	
Vincent Auriol	16 janvier 1947	16 janvier 1954	Son mandat est marqué par la guerre d'Indochine (1946-1954)
René Coty	16 janvier 1954	8 janvier 1959	Il fait appel au général de Gaulle pour résoudre la crise de 1958 provoquée par la guerre d'Algérie

Les gouvernements de la Quatrième République s'attellent à la reconstruction du pays. Ils ramènent rapidement la croissance. Les secteurs stratégiques sont nationalisés : énergie (on crée les Charbonnages de France, EDF et GDF), transports, assurances, banque. Le plan Marshall (un plan américain mis sur pied pour aider l'Europe à se reconstruire) apporte à la France environ 2,5 milliards de dollars. C'est le début des « Trente Glorieuses », période de forte croissance économique dont bénéficient les pays développés : elle prendra fin avec la crise pétrolière de 1973.

La France entre dans l'**OTAN** (Organisation du traité de l'Atlantique Nord. et accepte le maintien de bases américaines sur son territoire.

La Constitution de 1946 crée l'Union française, qui comprend l'Algérie (avec ses trois départements, Alger, Oran et Constantine), les territoires du Sud (Sahara), les départements ultramarins (Martinique, Guadeloupe, La Réunion, Guyane), les territoires d'outre-mer (AEF, AOF, Océanie), les territoires associés (Cameroun et Togo) et les États associés (Indochine, Maroc, Tunisie). Elle comprend aussi Saint-Pierre-et-Miquelon, la Côte française des Somalis, Madagascar et les Comores, la terre Adélie, les comptoirs des Indes et les protectorats sur la Syrie et le Liban, soit plus de 12 millions de kilomètres carrés répartis en colonies, protectorats et États sous mandat.

Indochine et Algérie

La guerre d'Indochine s'est déroulée de 1946 à 1954 en Indochine française. Les Français occupent la région depuis 1856 « pour protéger les missionnaires », et aussi parce qu'elle est riche en caoutchouc. Les Japonais l'envahissent en 1940 : la guerre d'Indochine est donc une des conséquences de la Seconde Guerre mondiale. La guerre d'Indochine a abouti à l'indépendance du Viêt Nam, du Laos et du Cambodge, anciennes colonies ou protectorats français. Elle a opposé l'armée française (le CEFEO, corps expéditionnaire français en Extrême-Orient) et l'Armée populaire vietnamienne, le bras armé Viet Minh (un mouvement nationaliste communiste) dirigé par Ho Chi Minh qui a unilatéralement proclamé l'indépendance du Viêt Nam le 2 septembre 1945. En 1949, la France fonde l'État du Viêt Nam en regroupant trois de ses colonies (Tonkin, Annam et Cochinchine), et le dote d'une force militaire qu'elle contrôle et équipe : l'Armée nationale vietnamienne. Après la défaite de **Dien Bien Phu** (la bataille se déroule du 13 mars au 7 mai 1954), la France signe les **accords de Genève** le 21 juillet 1954 : ils mettent fin à l'Indochine française et divisent le Viêt Nam en deux (la République démocratique du Viêt Nam au nord, la République du Viêt Nam au sud : ils ne seront réunifiés que le 2 juillet 1976, avec Hanoi comme capitale). La guerre a coûté 100 000 morts à la France et environ 300 milliards de francs.

La **guerre d'Algérie** commence le 1er novembre 1954, à peine terminée la guerre d'Indochine, quand le Front de libération nationale (FLN) déclenche l'insurrection en Kabylie et dans les Aurès.

L'Algérie, depuis 1947, bénéficie d'un statut particulier : une Assemblée algérienne organisée en deux collèges de 60 membres chacun (l'un élu par les musulmans majoritaires, l'autre composé de Français nommés) envoie six députés à l'Assemblée de l'Union française.

NOTE DU FORMATEUR

La Sud-Aviation SE 210 dite Caravelle est un modèle français d'avion civil produit par le constructeur aéronautique Sud-Aviation, ancêtre de l'Aérospatiale (créée en 1970). Le prototype de la caravelle a effectué son premier vol le 27 mai 1955. Air France inaugure la première ligne commerciale en Caravelle le 6 mai 1959 : Rome-Athènes-Istanbul. Malgré une vingtaine d'exemplaires vendus aux États-Unis, la Caravelle (qui peut emmener 139 passagers et 5 membres d'équipage) reste cantonnée aux marchés européens et africains. Elle n'a été construite qu'à 282 exemplaires.

L'Algérie sombre dès 1955 dans la spirale des attentats et de la répression. Le pouvoir civil passe petit à petit la main aux militaires : les parachutistes du général Massu livrent la bataille d'Alger (du 7 janvier au 24 septembre 1957) et utilisent la torture pour obtenir des renseignements.

L'armée prend le pouvoir le 13 mai 1958 à Alger : c'est le putsch d'Alger, ou « putsch des généraux ». Le général Massu prend la tête d'un « Comité de salut public » et demande au président René Coty la formation d'un « gouvernement de salut public ». Le 25 mai, l'opération Résurrection permet l'instauration d'un second Comité de salut public en Corse, contrôlée désormais par les militaires. Face à l'imminence d'un putsch à Paris, le président Coty nomme Charles de Gaulle président du Conseil le 1er juin 1958 : il forme un gouvernement de salut public et annonce la création d'une nouvelle Constitution, qui sonne la fin de la Quatrième République. Au 1er janvier 1958, la France compte 44,3 millions d'habitants dont 11,4 millions (un quart !) ont moins de quinze ans.

NOTE DU FORMATEUR

La France est présente en Algérie depuis que Charles X a envoyé une expédition punitive qui a appareillé de Toulon le 25 mai 1829 (453 navires, 27 000 marins et 37 000 soldats) : le dey d'Alger avait osé demander au consul de France – qui s'était senti insulté – le remboursement d'un prêt consenti à la France en 1798 pour nourrir les soldats de la campagne d'Égypte (1798-1801) menée par Bonaparte. Le dey capitule le 5 juillet. La France se rembourse de ses frais d'expédition en saisissant son trésor (48 millions de francs), mais ne règle toujours pas la facture (encore impayée à ce jour). Les soldats français saccagent Alger. La Tunisie sera conquise en 1891 : elle deviendra un protectorat. Le Maroc sera annexé en 1912.

Le 4 juin, de Gaulle se rend à Alger. Il prononce au balcon du gouvernement général le célèbre « Je vous ai compris » : les Français d'Algérie (que l'on appelle les pieds-noirs) et les partisans de l'Algérie française (dont les harkis, des Algériens qui se sont rangés du côté français) en déduisent qu'il est d'accord avec eux pour que l'Algérie reste française. Le 16 septembre 1959, Charles de Gaulle annonce à la télévision qu'il est favorable à l'autodétermination du peuple algérien. Un référendum est organisé le 8 janvier 1961. Le oui (à l'indépendance de l'Algérie) l'emporte.

NOTE DU FORMATEUR

Youri Gagarine (1934-1968) est un cosmonaute qui a voyagé dans l'espace (une révolution complète autour de la Terre, c'est-à-dire un tour entier), le 12 avril 1961.

Le 22 avril 1961, un nouveau putsch échoue à Alger, à l'initiative de quatre généraux (que de Gaulle baptisera « quarteron de généraux en retraite »). Des Européens d'Algérie créent alors l'OAS (Organisation armée secrète), qui déclenche une insurrection contre l'armée française et organise des attentats en métropole.

L'indépendance de l'Algérie est proclamée le 18 mars 1962 : ce sont les **accords d'Évian**. La guerre d'Algérie a fait 27 500 victimes parmi les militaires (et un millier de disparus), 2 788 tués et 3 000 disparus parmi les Français d'Algérie, environ 250 000 Algériens ont perdu la vie et, après le cessez-le-feu, près de 100 000 harkis.

3. La Cinquième République

Charles de Gaulle charge une équipe conduite par Michel Debré, futur Premier ministre, de préparer un projet de Constitution : il sera approuvé par référendum le 28 septembre 1958. Le président de la République est désormais élu par un collège d'environ 80 000 grands électeurs (députés, sénateurs, conseillers généraux, maires et délégués des conseils municipaux : il n'existe pas encore de conseillers régionaux). Le 21 décembre 1958, Charles de Gaulle est ainsi élu président de la République. Il organise un nouveau référendum le 28 octobre 1962 pour que le président de la République soit désormais élu au suffrage universel direct : il sera réélu de cette manière le 19 décembre 1965 (devant François Mitterrand).

NOTE DU FORMATEUR

C'est la deuxième fois qu'un président de la République française est élu au suffrage universel direct : Louis Napoléon Bonaparte l'a déjà été le 10 décembre 1848 (sans le suffrage des femmes et des militaires, qui n'avaient à l'époque pas le droit de vote).

Les présidents de la Cinquième République

	Mandat		
Nom	du	au	
Charles de Gaulle	8 janvier 1959	28 avril 1969	Il fonde la Cinquième République et est le premier président élu au suffrage universel direct le 19 décembre 1965
Georges Pompidou	20 juin 1969	2 avril 1974	Premier ministre de Charles de Gaulle, il décède en cours de mandat
Valéry Giscard d'Estaing	27 mai 1974	21 mai 1981	
François Mitterrand	21 mai 1981	17 mai 1995	Il est le président de la République à avoir exercé le plus long mandat
Jacques Chirac	17 mai 1995	16 mai 2007	Il nomme Lionel Jospin (PS) Premier ministre (2 juin 1997-6 mai 2002) : c'est la troisième cohabitation
Nicolas Sarkozy	16 mai 2007	15 mai 2012	
François Hollande	15 mai 2012	14 mai 2017	
Emmanuel Macron	14 mai 2017		

NOTE DU FORMATEUR

Le quatrième paragraphe (alinéa. de l'article 7 de la Constitution française prévoit que, « en cas de vacance de la présidence de la République pour quelque cause que ce soit, ou d'empêchement constaté par le Conseil constitutionnel [...], les fonctions du président de la République [...] sont provisoirement exercées par le président du Sénat ». Alain Poher (1909- 1996), président du Sénat du 3 octobre 1968 au 1er octobre 1992, assure deux fois « l'intérim » : du 28 avril au 20 juin 1969, après la démission de Charles de Gaulle (candidat à l'élection présidentielle, il est battu au second tour par Georges Pompidou), du 2 avril au 27 mai 1974, après le décès de Georges Pompidou.

A. Mai 68

Le 3 mai 1968, à l'université de Nanterre, vite rejointe par la Sorbonne, débutent « les événements de mai 1968 ». On divise leur déroulement en trois phases : la période étudiante (du 3 au 13 mai), la période sociale (du 13 au 26 mai) et la période politique (du 27 au 30 mai).

a. Comprendre les origines

Tout commence par une révolte d'étudiants à laquelle se rallient les partis de gauche et les ouvriers. On compte à l'époque 500 000 chômeurs, parmi lesquels beaucoup de jeunes diplômés (ce qui pousse le gouvernement à créer l'ANPE le 13 juillet 1967, devenu Pôle Emploi le 19 décembre 2008). Il existe encore de nombreux bidonvilles, dont celui de Nanterre (Hauts-de-Seine), juste à côté de l'université. L'ORTF (Office de radiodiffusion télévision française) a le monopole de la télévision, donc des informations télévisées : le ministre de l'Information contrôle ce qui est dit à l'antenne. **Les années 1960** sont aussi celles de l'affirmation de la jeunesse en tant que catégorie socioculturelle et politique à part entière : la jeunesse a maintenant sa propre culture, avec une presse spécialisée, des émissions de radio (comme *Salut les copains !*), ou des chanteurs attitrés (Beatles, Rolling Stones, yéyés...). Elle a aussi ses propres revendications, notamment en matière de liberté sexuelle.

La France vient d'autoriser l'usage de la pilule contraceptive, inventée au Mexique douze ans plus tot : c'est la **loi Neuwirth** du 28 décembre 1967, réellement appliquée à partir de 1972 (elle abroge la loi du 31 juillet 1920 qui interdisait toute contraception). La femme peut gérer ses biens, ouvrir un compte en banque et exercer une profession sans l'autorisation de son mari depuis le 13 juillet 1965. Le féminisme se développe des années 1965 à 1975 (son mouvement le plus radical s'appelle MLF, sa première manifestation publique date de 1970). La puissance paternelle (l'autorité du père sur ses enfants) devient l'autorité parentale le 4 juin 1970 (l'autorité des parents sur leur enfant). L'avortement est légalisé le 17 janvier 1975. Le divorce est réformé le 11 juillet 1975 (et l'adultère dépénalisé) : l'épouse est désormais l'égale de l'époux.

Maurice Papon (1910-2007) – tristement célèbre pour son rôle dans la déportation des Juifs bordelais pendant l'Occupation – a été préfet de police de Paris (1958-1967) : il est responsable des tueries du 17 octobre 1961 (une manifestation pacifique d'Algériens réprimée dans le sang) et du métro Charonne (neuf personnes meurent le 8 avril 1962 lors d'une manifestation sauvagement réprimée, organisée par le parti communiste français, alors première force d'opposition).

NOTE DU FORMATEUR

Le roman policier (très bien documenté) *Meurtres pour mémoire*, de Didier Daeninckx, raconte les événements du 17 octobre 1961.

Une partie de la jeunesse est fascinée par les mouvements révolutionnaires (Che Guevara, Fidel Castro, Ho Chi Minh), aux États-Unis le mouvement d'émancipation des Noirs est à son apogée.

Héritier des beatniks des années 1950, le mouvement hippie a débuté en 1960 aux États-Unis. Il s'est diffusé dans le reste du monde occidental. Les hippies, pacifiques et anti-autoritaires, rejettent les valeurs traditionnelles, le mode de vie de leurs parents et la société de consommation : c'est le *Flower Power* (le « pouvoir des fleurs »). Le mouvement a une influence culturelle majeure dans la musique (festival de Monterrey en 1967, de Woodstock et de Wight en août 1969), dans les arts graphiques, avec le psychédélisme, et dans la littérature (Jack Kerouac, Aldous Huxley). Il engendre un retour à la nature (c'est l'arrivée des produits bio, des énergies renouvelables et du recyclage, des communautés qui s'installent dans le Larzac. et entraîne ses fidèles sur la route, vers Goa (Inde) et les fameux 3K (Kuta, Katmandou et Kaboul).

b. Une révolution manquée

En réaction à la fermeture de leurs facultés, les étudiants occupent à Paris le Quartier latin (ainsi appelé parce qu'y est installée l'université de la Sorbonne où les érudits jadis parlaient latin : il correspond à peu près au quartier Saint-Michel-Luxembourg) dans la nuit du 10 au 11 mai : ils dressent plusieurs dizaines de barricades, qui sont prises d'assaut par les CRS. Les étudiants ont leurs leaders, comme Serge July (qui a participé à la création et longtemps dirigé le quotidien *Libération*) ou Daniel Cohn-Bendit, Serge Krivine et Hervé Chabalier (journaliste et écrivain). Le chanteur Renaud, alors âgé de seize ans, sèche les cours et vit pendant trois semaines dans la Sorbonne occupée.

Le lundi 23 mai, une immense manifestation traverse Paris : elle rassemble un million de manifestants (selon la CFDT) ou deux cent mille (selon la préfecture de police) et marque le début de la grève générale, qui paralyse le pays.

Le 27 mai, les accords de Grenelle (rue de Grenelle, à Paris, se trouve le ministère du Travail) sont conclus, après deux jours et deux nuits d'âpres négociations (ils ont été conclus, mais jamais signés) : le SMIG augmente de 25 % et les autres salaires d'environ 10 %.

NOTE DU FORMATEUR

Il ne faut pas confondre le SMIC (salaire minimum interprofessionnel de croissance) et le SMIG (salaire minimum interprofessionnel garanti) : le SMIC a succédé le 2 janvier 1970 au SMIG instauré le 11 février 1950.

Les accords de Grenelle prévoient aussi la création de sections syndicales dans les entreprises (loi du 27 décembre 1968). On a repris par la suite le nom de « Grenelle » pour les importantes consultations publiques (comme le Grenelle de l'environnement). Le 29 mai, le président de la République disparaît 24 heures. On apprendra plus tard qu'il a rejoint Baden-Baden (Allemagne) où est cantonnée l'armée française, pour se donner le temps de la réflexion et prendre conseil auprès du général Massu. Il dissout à son retour l'Assemblée nationale et remporte haut la main les élections législatives du 30 juin 1968, ce qui met un terme à la crise.

NOTE DU FORMATEUR

Le 16 juillet 1969, *Apollo 11* décolle du centre spatial John Kennedy de Cap Canaveral (Floride), avec à son bord Neil Armstrong (commandant), Michael Collins (pilote du module de commande qui restera en orbite) et Edwin Buzz Aldrin (pilote du module lunaire). Le 20 juillet, Armstrong et Aldrin sont les premiers hommes à se poser et à marcher sur la Lune : l'événement est suivi en direct (et en noir et blanc. à la télévision, et Armstrong prononce cette phrase devenue célèbre : « Un petit pas pour l'homme, un grand pas pour l'humanité. »

Le 27 avril 1969, le gouvernement organise un référendum national sur la création de 21 régions ayant des pouvoirs politiques limités et sur la transformation du Sénat en chambre consultative (l'idée est de le fusionner avec le Conseil économique et social). Le « non » l'emporte à 52,41 %.

Le président de la République, qui tenait beaucoup à ce projet, démissionne le soir même (à minuit dix) : « Je cesse d'exercer mes fonctions de président de la République. Cette décision prend effet aujourd'hui à midi. » Il rejoint sa maison de Colombey-les-deux-Églises (Haute-Marne) appelée « la Boisserie » (qui se visite), où il décède le 9 novembre 1970. Il est enterré dans le cimetière de la ville, où un mémorial a été construit (surplombé par une gigantesque croix de Lorraine, symbole de la France libre) : il se visite également (c'est une bonne façon, ludique, de mieux connaître la vie du général de Gaulle et donc de se préparer à l'épreuve et d'enrichir sa culture générale, historique, politique...).

NOTE DU FORMATEUR

Le *Concorde* est un avion de ligne franco-britannique supersonique (capable de se déplacer à une vitesse supérieure à la vitesse du son, soit environ 343 mètres/seconde, c'est-à-dire au moins à Mach 1, 1 224 km/h) construit par Sud-Aviation (comme la *Caravelle*), devenu l'Aérospatiale, et par British Aerospace. Il ressemble beaucoup au *Tupolev* Tu-144 russe, d'ailleurs surnommé Concordski. La vitesse de croisière du *Concorde* est de Mach 2,02 à une altitude variant de 16 000 à 18 000 mètres. Les vols commerciaux du *Concorde* ont débuté le 21 janvier 1976. Ils se sont terminés le 31 mai 2003, après le crash du vol 4590 Air France à Gonesse (Val-d'Oise). Le choc pétrolier (le *Concorde* consomme énormément) ne lui a pas permis de rencontrer le succès commercial escompté (d'autant plus qu'il transporte peu de passagers et que le prix du billet est donc élevé).

B. La présidence de Georges Pompidou (1969-1974)

Georges Pompidou (1911-1974) a occupé six ans les fonctions de Premier ministre (1962-1968) : il détient le record de longévité à ce poste. Il a été remplacé par Maurice Couve de Murville le 21 juillet 1968, ce qui lui a permis d'être réélu député du Lot. Il remporte l'élection présidentielle anticipée devant Alain Poher et Gaston Defferre, le candidat socialiste.

La France connaît alors une forte croissance : le premier *Concorde* vole le 2 mars 1969, Airbus est créé le 18 décembre 1970, la première rame prototype du TGV sort de l'usine de Belfort le 25 octobre 1971 (et débute ses essais le 4 avril 1972 : il atteindra la vitesse de 328 km/h), et le programme spatial européen Ariane est lancé à Bruxelles sur proposition française le 31 juillet 1973 (le premier vol d'Ariane 1 quittera Kourou, en Guyane, le 24 décembre 1979).

Le **premier choc pétrolier** (octobre 1973) assombrit la fin de son mandat : pendant la guerre du Kippour (du 6 au 24 octobre 1973), les pays arabes membres de l'OPEP (l'Organisation des pays exportateurs de pétrole) se réunissent au Koweït pour annoncer un embargo sur les livraisons de pétrole contre « les États qui soutiennent Israël », ce qui fait exploser le prix de l'essence.

Georges Pompidou (qui a décidé de la création du Centre Georges-Pompidou à Paris) décède brutalement à l'Élysée le 2 avril 1974 (il souffre de la maladie de Waldenström, sorte de cancer du sang).

La **SFIO** (section française de l'Internationale ouvrière) de Guy Mollet disparaît le 13 juillet 1969 lors de son congrès d'Issy-les-Moulineaux : elle devient le parti socialiste, dirigé par Alain Savary (futur ministre de l'Éducation, entre 1981 et 1984 ; il créera les ZEP, zones d'éducation prioritaires). Le 13 juin 1971, lors du congrès d'Épinay, François Mitterrand prend le contrôle du parti socialiste. En 1972, le PS définit un programme commun avec le parti communiste, ce qui permet à François Mitterrand d'être le candidat unique de la gauche à l'élection anticipée de 1974.

NOTE DU FORMATEUR

Le TGV est un train à grande vitesse propulsé par des turbines électriques (le prototype sorti des usines de Belfort le 25 octobre 1971 était équipé de turbines à gaz). Exploité en France par la SNCF, il circule à 320 km/h sur des voies réservées appelées « lignes à grande vitesse ». Il a atteint 574,8 km/h le 3 avril 2007 et détient le record du monde de vitesse sur rail. Un record battu le 21 avril 2015 par un train japonais à sustentation électromagnétique (603 km/h).

L'idée du TGV est apparue lorsque le Japon a commencé à construire son réseau ferré à grande vitesse, le Shinkansen (les Allemands ont de leur côté développé leur projet ICE). La construction de la première LGV (Paris-Lyon) est décidée le 5 mars 1974, le premier trajet ouvert aux voyageurs a lieu le 27 septembre 1981.

C. La présidence de Valéry Giscard d'Estaing (1974-1981)

Valéry Giscard d'Estaing (VGE) se présente à l'élection présidentielle anticipée de 1974 : centriste, il bénéficie *in extremis* du soutien de Jacques Chirac (secrétaire général de l'UDR qui deviendra le RPR en 1976) et bat de justesse François Mitterrand au second tour. On se souvient du débat qui l'oppose entre les deux tours au candidadt socialiste : la phrase : « Vous n'avez pas le monopole du cœur, Monsieur Mitterrand » a marqué tous les esprits et lui donne (probablement) un avantage décisif. Il est le plus jeune président de la République : il n'a que 48 ans.

NOTE DU FORMATEUR

Le paquebot *France*, construit aux Chantiers de Saint-Nazaire, a été mis à l'eau le 11 mai 1960. Il est entré en service en janvier 1962 pour assurer au départ du Havre des traversées transatlantiques (et quelques croisières autour du monde). Il a été désarmé en 1974, vendu à un armateur norvégien en 1979 puis à un ferrailleur en 2007 qui, en Inde, a mis deux ans à le dépecer...

Le septennat de Valéry Giscard d'Estaing est marqué par les conséquences des deux chocs pétroliers successifs (1973 et 1979) : c'est la fin de la période des **Trente Glorieuses**, qui dure en fait 28 ans (1945-1973). Le chômage explose. La majorité civile est fixée à 18 ans (21 ans auparavant), la loi dite « Veil » autorise l'avortement sous certaines conditions, le divorce est réformé et le divorce par consentement mutuel est créé, ainsi que le regroupement familial des immigrés. La loi informatique et libertés est votée (1978). Giscard d'Estaing refuse en 1976 sa grâce à Christian Ranucci (l'affaire du pull-over rouge), et son ministre du Travail, Robert Boulin, est probablement assassiné le 30 octobre 1979 : son décès (officiellement, c'est un suicide) n'a jamais réellement été élucidé.

Valéry Giscard d'Estaing a également souffert de ses relations avec Jean-Bedel Bokassa, ancien capitaine de l'armée française, président de la République de Centrafrique (1966-1976) qui s'est autoproclamé empereur (1976-1979) lors d'une cérémonie fastueuse : il lui aurait offert en 1973 des diamants (le *Canard enchaîné* l'a affirmé, mais cela n'a jamais été prouvé).

Jacques Chirac, Premier ministre, démissionne en 1976. Il transforme l'UDR en RPR et conquiert la mairie de Paris : il devient le 25 mars 1977 le premier maire de Paris depuis Jules Ferry, qui a occupé l'Hôtel de Ville du 15 novembre 1870 au 5 juin 1871 (après, Étienne Arago n'a tenu le poste que deux mois et demi). Jacques Chirac est remplacé à l'hôtel Matignon (résidence du Premier ministre) par Raymond Barre.

Le 24 avril 1981, Valéry Giscard d'Estaing arrive en tête du premier tour de l'élection présidentielle. Il n'obtient pas le soutien de Jacques Chirac et ne totalise que 48,24 % des suffrages au second tour face à François Mitterrand. Valéry Giscard d'Estaing est décédé le 2 décembre 2020 à Authon (Loir-et-Cher), où il est inhumé.

D. La présidence de François Mitterrand (1981-1995)

François Mitterrand est élu président de la République le 10 mai 1981 : c'est la première alternance politique de la Cinquième République. Il nomme Pierre Mauroy Premier ministre. Le gouvernement, qui compte quatre ministres communistes, entreprend de grandes réformes, comme la **décentralisation** (confiée à Gaston Deferre, ministre de l'Intérieur, elle débute en 1982), l'**abolition de la peine de mort** défendue par Robert Badinter, garde des Sceaux (la loi sera promulguée le 9 octobre 1981) et l'alignement de la majorité sexuelle à 15 ans pour les relations homosexuelles, comme pour les relations hétérosexuelles (loi Forni, adoptée le 27 juillet 1982), appelé à tort « dépénalisation de l'homosexualité » (elle a été dépénalisée en 1791).

NOTE DU FORMATEUR

On appelle garde des Sceaux le ministre de la Justice parce qu'il conserve symboliquement dans son bureau les sceaux qui permettent de sceller (cacheter) les lois constitutionnelles (on appelle aussi la « Chancellerie » le ministère de la Justice).

Laurent Fabius prend en 1984 la suite de Pierre Mauroy, mais la droite remporte les élections législatives de 1986. Les députés RPR et UDF sont majoritaires, François Mitterrand nomme Jacques Chirac Premier ministre : c'est le début de la première cohabitation, qui dure deux ans (le Premier ministre doit avoir la même « couleur politique » que l'Assemblée nationale).

François Mitterrand est réélu président de la République le 8 mai 1988. Il dissout l'Assemblée nationale, mais n'obtient pas la majorité absolue. Il nomme Michel Rocard Premier ministre : il s'emploie à régler la crise politique en Nouvelle-Calédonie. Elle aboutit avec les accords de Matignon (1988) et l'accord de Nouméa (1998), qui prévoient une indépendance relative de la Nouvelle-Calédonie et un important transfert de compétences au gouvernement calédonien.

NOTE DU FORMATEUR

La Nouvelle-Calédonie est un archipel d'Océanie situé en Mélanésie, dans l'océan Pacifique (1 500 km à l'est de l'Australie), à 17 000 km de la métropole. Sa capitale est Nouméa. Ancien TOM, la Nouvelle-Calédonie est désormais administrée par un gouvernement qui jouit d'une relative indépendance.

Édith Cresson prend en 1991 la place de Michel Rocard (elle est la première femme Premier ministre en France), elle est remplacée au bout de dix mois par Pierre Bérégovoy. Un mois après avoir quitté Matignon, Pierre Bérégovoy se suicide, le 1er mai 1993 près de Nevers, la ville dont il était maire depuis 1983.

Les Français répondent « oui » le 20 septembre 1992 au référendum sur le traité de Maastricht, qui permet, entre autres, l'adoption de l'euro comme monnaie officielle (il n'entrera en circulation en France que le 1er janvier 2002). Le résultat des élections législatives de 1993 impose une nouvelle cohabitation, et François Mitterrand nomme Édouard Balladur Premier ministre.

Le second mandat de François Mitterrand s'achève avec l'élection de Jacques Chirac, le 7 mai 1995. Il n'est plus le seul président de gauche de la France, mais le premier aussi à avoir exercé jusqu'au bout deux septennats. Il décède à Paris le 8 janvier 1996 et est inhumé à Jarnac (Charente), ville où il est né.

Ses deux septennats ont été marqués par de nombreuses affaires, comme celles du *Rainbow Warrior* (une opération des services secrets français qui ont fait couler, le 10 juillet 1985, à Auckland, en Nouvelle-Zélande, le navire de l'organisation écologiste Greenpeace qui faisait route vers Mururoa, pour protester contre les essais nucléaires français) ou des écoutes de l'Élysée (des écoutes téléphoniques illégales, entre 1983 et 1986). Il fait aussi protéger, pendant treize ans par huit gendarmes placés sous la direction de Christian Prouteau, et loge aux frais de la République Mazarine Pingeot, sa fille naturelle, et sa mère, Anne. Un conseiller spécial de François Mitterrand, Marie François Durand de Grossouvre, surnommé « l'homme de l'ombre », s'est suicidé dans son bureau de l'Élysée le 7 avril 1994 : une polémique s'est installée sur son rôle réel et la question habituelle a été posée, sans obtenir de vraie réponse : est-ce réellement un suicide ?

NOTE DU FORMATEUR

La catastrophe de Tchernobyl s'est produite le 26 avril 1986, dans la centrale nucléaire Lénine en Ukraine : le nuage radioactif entraîné par les vents n'a officiellement pas touché la France, ce qui a été évidemment contredit plus tard par les scientifiques.

François Mitterrand entreprend aussi des « **grands travaux** » à caractère culturel, à Paris et en province : la Très Grande Bibliothèque de France, le Grand Louvre et sa pyramide, les colonnes de Buren (dans les jardins du Palais-Royal), la construction de l'Opéra national à la Bastille, La Villette (Cité des sciences et Cité de la musique), le musée d'Orsay (voulu par VGE, il ouvre ses portes le 1er décembre 1986)... Il **libéralise les ondes** et autorise les radios libres, d'abord sans publicité (1981-1982). Il crée la Haute Autorité de la communication pour attribuer en toute transparence les fréquences (elle deviendra la Commission nationale de la communication et des libertés, puis le Conseil supérieur de l'audiovisuel). Il ouvre de nouveaux canaux de diffusion télévisuelle (1984) qui aboutissent à la création de Canal + (1984), à la privatisation de TF1 (1987), à la création de La Cinq (1986-1992) et de M6 (1987), puis de la Cinq (1994) et de la franco-allemande Arte (1992).

E. La présidence de Jacques Chirac (1995-2007)

Jacques Chirac est élu président de la République le 7 mai 1995, face à Lionel Jospin (PS) : il a longtemps été donné battu par Édouard Balladur, qui a failli être le candidat officiel de la droite. Jacques Chirac a fait campagne sur le thème de la « fracture sociale » qu'il faut réduire. Il nomme Alain Juppé Premier ministre (qui cumule ses fonctions avec celles de maire de Bordeaux à partir du 19 juin 1995) : des grèves et des manifestations s'enchaînent du 24 novembre au 15 décembre 1995 contre le plan Juppé (réforme des retraites et de la protection sociale). Ces mouvements sociaux sont les plus importants depuis mai 68.

Jacques Chirac décide de dissoudre l'Assemblée nationale le 21 avril 1997 : de nouvelles élections législatives sont organisées le 25 mai et le 1er juin 1997, elles sont remportées par la gauche plurielle (parti socialiste et écologistes), qui obtient 55 % des sièges à l'Assemblée. La troisième cohabitation (1997-2002) commence lorsque Jacques Chirac nomme Lionel Jospin Premier ministre le 2 juin 1997.

NOTE DU FORMATEUR

Le président de la République peut dissoudre l'Assemblée nationale une fois par an (art. 12 de la Constitution de la Cinquième République), mais le Sénat est indissoluble (il est à noter que le Sénat a été majoritairement « à gauche » une seule fois).

La gauche plurielle remporte toutes les régions (sauf une : l'Alsace) lors des élections régionales de 1998. Elle obtient d'excellents résultats lors des élections européennes de 1999. Elle remporte Lyon, Paris (Bertrand Delanoë, second mandat) et Dijon à l'occasion des élections municipales de 2001, mais perd en même temps un certain nombre de « bastions » : à l'issue du second tour, la droite contrôle 318 municipalités de plus de 15 000 habitants, l'ensemble de la gauche, 259.

En septembre 2000, le mandat présidentiel est réduit à cinq ans par référendum (l'abstention atteint 69,81 %). Les derniers mois du premier septennat de Jacques Chirac sont marqués par l'émotion suscitée par les attentats du 11 septembre 2001 au World Trade Center de New York et par le soutien militaire français lors de la guerre en Afghanistan, déclenchée le 8 octobre 2001 à l'initiative des États-Unis pour mettre un terme au régime des talibans (littéralement : étudiants), accusé de soutenir des mouvements terroristes. Le **1er janvier 2002**, le franc (devenu une division de l'euro le 1er janvier 1999) cesse d'être utilisé : c'est l'entrée en vigueur de l'euro, monnaie unique européenne (utilisée aujourd'hui par 17 pays, auxquels il convient d'ajouter l'Andorre, la principauté de Monaco, San-Marin et le Vatican).

NOTE DU FORMATEUR

L'existence d'une pièce portant le nom de « franc » ou « franc à cheval » est attestée dès le 5 décembre 1360 : il s'agit d'une monnaie d'or à 24 carats qui pèse 3,88 grammes : elle a été émise pour financer la rançon du roi Jean II le Bon (1350-1364), fait prisonnier par les Anglais à la bataille de Poitiers. Le franc a été la monnaie unique et officielle de la France du 7 avril 1795 au 31 décembre 1998.

Le 21 avril 2002, au premier tour de l'élection présidentielle, Jean-Marie Le Pen crée la surprise en éliminant Lionel Jospin (seuls les deux candidats arrivés en tête au premier tour peuvent lors des élections présidentielles se maintenir au second tour) : il était pourtant considéré par les sondages comme « troisième homme » (avec au maximum 14 % des voix). Il arrive en deuxième position avec 16,86 % des suffrages (16,18 % pour Lionel Jospin).

Le 5 mai, lors du second tour, un front se forme pour faire obstacle au FN, l'abstention passe de 28,40 % à 20,29 %, et Jacques Chirac est réélu avec 82,21 % des suffrages (score sans précédent) : il entame son second mandat, premier quinquennat de l'histoire de France. Il obtient la majorité des sièges à l'Assemblée nationale lors des législatives des 9 et 16 juin 2002, et nomme Jean-Pierre Raffarin Premier ministre. Ce dernier est remplacé le 31 mai 2005 par Dominique de Villepin, après le « référendum français sur le traité établissant une Constitution pour l'Europe » qui se déroule le 29 mai 2005 : les Français répondent « non », alors que le gouvernement et le président de la République ont fait campagne pour le « oui ».

Dominique de Villepin met en place le CNE (contrat nouvelles embauches) le 2 août 2005 (il sera déclaré illégal par l'Organisation internationale du travail le 14 novembre 2007 et abrogé le 26 juin 2008) puis, en 2006, le CPE (contrat première embauche), qu'il est obligé de « faire passer en force » à l'Assemblée nationale en engageant la responsabilité du gouvernement (article 49-3 de la Constitution). L'affaire Clearstream 2 (tentative de manipulation de la justice par un petit groupe de politiciens et d'industriels, pour impliquer dans le scandale dit « des frégates de

Taiwan » des personnalités probablement innocentes, afin de les évincer) perturbe les derniers mois du dernier mandat.

Jacques Chirac s'oppose en mars 2003 à la participation de la France à une nouvelle guerre en Irak au côté des États-Unis (Dominique de Villepin, alors ministre des Affaires étrangères, prononce à la tribune de l'ONU un discours remarqué) et reconnaît le 17 juillet 1995 la responsabilité de l'État français dans la déportation des Juifs pendant l'Occupation. Il crée le musée du quai Branly (ou musée des Arts et Civilisations d'Afrique, d'Asie, d'Océanie et des Amériques) qui est inauguré le 20 juin 2006. Jacques Chirac est décédé le 30 septembre 2019 à Paris. Il est inhumé au cimetière du Montparnasse (14e arrondissement).

F. La présidence de Nicolas Sarkozy (2007-2012)

L'élection présidentielle a eu lieu le 22 avril et le 6 mai 2007 : Nicolas Sarkozy (UMP, ex-RPR) devance Ségolène Royal (PS) avec 53,06 % des suffrages exprimés.

François Fillon devient Premier ministre le 17 mai : il le restera jusqu'au 10 mai 2012, quand il remet la démission de son gouvernement, suite à l'élection de François Hollande (PS) à la présidence de la République.

NOTE DU FORMATEUR

Martin Hirsch, ancien président de l'Union centrale de communautés Emmaüs est nommé haut-commissaire aux Solidarités actives. Il démissionne le 22 mars 2010 : on lui doit le revenu de solidarité active (RSA), qui remplace le 1er juin 2009 le revenu minimum d'insertion (RMI) et l'allocation de parent isolé (API). Il est nommé président de l'Agence du service civique le 14 mai 2010.

Les élections législatives ont lieu les 10 et 17 juin 2007 : l'UMP conserve la majorité absolue à l'Assemblée nationale, avec 320 sièges sur 577. François Fillon est reconduit à son poste de Premier ministre.

Une crise financière mondiale débute en juillet 2007 : c'est la crise la plus grave après celle de 1973, plus grave que celle de 1929.

Cette crise de liquidité, de solvabilité des banques et des États entraîne un recul important de l'activité, une hausse considérable de l'endettement public et une raréfaction du crédit aux entreprises. Elle a pour origine le dégonflement de bulles spéculatives et les pertes importantes des établissements financiers américains, provoquées par la crise des *subprimes* (les *subprimes* sont les prêts hypothécaires à risque, à taux variable, consentis aux États-Unis).

La droite (UMP – Nouveau Centre) perd les élections municipales et cantonales des 9 et 16 mars 2008. Un remaniement ministériel a lieu le 18 mars. François Fillon est maintenu à Matignon.

Le Parlement réuni en Congrès adopte, le 21 juillet 2008, une réforme de la Constitution, qui limite notamment le nombre de mandats consécutifs du président de la République à deux, lui permet de pouvoir s'exprimer devant le Congrès, donne des pouvoirs supplémentaires au Parlement et crée le poste de Défenseur des droits qui succède au Médiateur de la République, au Défenseur des enfants, à la

Commission nationale de déontologie de la sécurité (CNDS) et à la Haute Autorité de lutte contre les discriminations et pour l'égalité (HALDE). Dominique Baudis est nommé à ce poste le 22 juin 2011.

La France assure, de juillet à décembre 2008, la présidence tournante du Conseil européen.

L'Union pour la Méditerranée, qui compte 44 membres, dont les 27 membres de l'Union européenne, est officiellement fondée le 13 juillet 2008 : c'est une union politique, énergétique et économique proposée aux pays riverains de la Méditerranée par Nicolas Sarkozy, qui doit renforcer la coopération entre les pays et permettre à Israël de s'asseoir à la même table que les pays arabes.

NOTE DU FORMATEUR

En août 2008, la Géorgie lance une offensive militaire pour reprendre le contrôle de la province de l'Ossétie du Sud, contrôlée par des séparatistes pro-Russes. L'armée russe riposte, puis entre en Géorgie. Le 12 août, Nicolas Sarkozy se rend à Moscou et obtient un accord de paix qui met un terme à la guerre (mais l'armée russe reste en Ossétie du Sud).

Un plan de sauvetage des banques françaises est mis en place en octobre 2008 : l'État garantit pour cinq ans les prêts interbancaires, à hauteur de 320 milliards d'euros, ainsi que la recapitalisation des banques en difficulté à hauteur de 40 milliards d'euros.

Un plan de relance de 26 milliards d'euros est annoncé en décembre 2008, pour assurer le financement des PME (petites et moyennes entreprises).

En avril 2009, la France rejoint l'Organisation du traité de l'Atlantique Nord (OTAN), qu'elle avait quittée en 1966 : l'OTAN est une organisation politico-militaire qui rassemble de nombreux pays occidentaux,en vue d'assurer leur défense commune et la stabilité du continent européen. Son siège a été installé à Londres, puis à Paris : il est à Bruxelles depuis 1966. Le commandement militaire, appelé SHAPE *(Supreme Headquarters Allied Powers Europe)*, a quitté à la même époque Rocquencourt (Yvelines) pour Mons (Belgique), où il se trouve toujours.

Les élections européennes se déroulent en France le 7 juin 2009 : elles permettent d'élire les 72 députés européens (sur 736) qui représentent la France au Parlement européen. Le gouvernement Fillon est remanié le 23 juin : huit de ses membres quittent leurs fonctions (dont Jean-Louis Borloo), autant font leur entrée (dont Frédéric Mitterrand à la Culture et Michel Mercier à la Justice).

NOTE DU FORMATEUR

Le traité de Nice (signé le 26 février 2001) prévoyait que le Parlement européen soit composé (pour la législature 2009-2014) de 736 députés (au lieu de 785), dont 72 Français (au lieu de 78). Une nouvelle distribution, approuvée en octobre 2007, a rééquilibré le nombre de sièges en fonction de l'évolution de la population des États membres et attribué à la France deux nouveaux députés (elle en a donc désormais 74). Cette nouvelle distribution n'est entrée en vigueur que le 1er décembre 2009, six mois après les élections européennes. Les deux députés supplémentaires ont alors été exceptionnellement désignés par l'Assemblée nationale, le 6 décembre 2011.

La TVA dans la restauration passe, le 1er juillet 2009, de 19,6 % à 5,5 % (elle était déjà à 5,5 % dans la restauration « à emporter »).

Le Grenelle Environnement, un ensemble de rencontres politiques et écologiques, se déroule en septembre et octobre 2007 : la loi Grenelle I est adoptée le 23 juillet 2009, la loi Grenelle II le 12 juillet 2010, elles imposent des mesures destinées à lutter contre le réchauffement climatique, pour protéger la biodiversité et réduire les pollutions.

Michel Charasse, ancien ministre de Mitterrand exclu du PS en 2008, est nommé le 12 mars 2010 au Conseil constitutionnel, et le député socialiste Didier Migaud prend la présidence de la Cour des comptes en février 2010 : ces nominations – comme celles de certains ministres – s'inscrivent dans l'ouverture politique (vers la gauche, le centre ou « la société civile ») voulue par le président de la République.

Le 16 juin 2010, Éric Woerth, ministre du Travail, de la Solidarité et de la Fonction publique, annonce, dans le cadre de la réforme des retraites entamée début 2010, le relèvement de l'âge légal de départ à la retraite de 60 à 62 ans : des grèves importantes et des manifestations sont organisées par les principaux syndicats.

Le 13 juillet 2010, conformément à une recommandation du Conseil constitutionnel, la loi accorde aux anciens combattants africains les « mêmes prestations de retraite que leurs frères d'armes français » : les retraites des soldats africains qui ont combattu pour la France n'étaient pas indexées.

François Fillon reprend, à la fin de l'été, le dossier des retraites. Il annonce en septembre quelques aménagements, comme la possibilité pour les personnes présentant un taux d'incapacité d'au moins 10 % (et non plus 20 %) de partir à la retraite dès 60 ans, et l'aménagement des fins de carrière des salariés exposés à des facteurs de pénibilité.

Le 14 novembre 2010, à la faveur d'un remaniement ministériel, Éric Woerth, pris dans les démêlés judiciaires de l'affaire Woerth-Bettencourt et Woerth tout court (hippodrome de Compiègne, etc.), perd son portefeuille ministériel : il est mis en examen début février 2012 pour recel et trafic d'influence passif.

L'élection présidentielle se déroule en Côte-d'Ivoire les 31 octobre et 28 novembre 2010, mais le président sortant Laurent Gbagbo et son adversaire Alassane Ouattara revendiquent tous deux la victoire. S'ensuit une crise politique majeure, qui nécessite l'intervention des Casques bleus de l'Opération des Nations unies en Côte d'Ivoire (ONUCI) en place depuis 2004 : aidés par les forces françaises, ils détruisent les armes lourdes utilisées contre des civils par les partisans de Laurent Gbagbo, qui est arrêté le 11 avril 2011 et incarcéré auprès de la Cour pénale internationale (CPI) à La Haye (Pays-Bas) depuis le 30 novembre 2011.

Nicolas Sarkozy – qui a annoncé en novembre 2007 un renforcement des effectifs militaires français en Afghanistan, porté à 4 000 hommes – déclare à Kaboul le 12 juillet 2011 qu'il faut « savoir finir une guerre » : il annonce le retrait d'un quart des effectifs français avant la fin 2012 : en 2014, tous les soldats français seront rentrés.

Deux plans d'économies sont lancés en août et novembre 2011, de 12 et 7 milliards d'euros (dont fait partie la mise en place d'un taux intermédiaire de TVA à 7 %), pour lutter contre la crise financière qui ne se résorbe pas.

Nicolas Sarkozy soutient la candidature du socialiste Dominique Strauss-Kahn (DSK) au poste de directeur général du Fonds monétaire international (FMI), dans la logique de la politique d'ouverture. DSK devient directeur général du FMI en novembre 2007. Il démissionne en mai 2011 après avoir été inculpé pour agression sexuelle à New York. Christine Lagarde, ministre de l'Économie, des Finances et de l'Emploi du gouvernement Fillon, soutenue par Nicolas Sarkozy, prend la tête du FMI en juillet 2011.

En mars 2011, après les révolutions tunisienne et égyptienne, Nicolas Sarkozy demande le départ du dirigeant libyen Mouammar Kadhafi : il se rend en Libye le 15 septembre, avec Alain Juppé, ministre des Affaires étrangères et européennes, David Cameron, Premier ministre britannique, et Bernard-Henry Lévy, écrivain. Le 20 octobre 2011, Mouammar Kadhafi est arrêté et abattu aux environs de Syrte, sa ville natale.

Depuis 2010, la crise de la dette publique grecque menace la stabilité financière de la zone euro : un premier plan d'aide de 110 milliards d'euros est mis en place par l'Union européenne et le FMI. Un second, de 158,6 milliards d'euros, est décidé en juillet 2011.

Carla Gilberta Bruni Tedeschi, épouse de Nicolas Sarkozy, donne naissance à une fille le 19 octobre 2011.

Le 13 janvier 2012, la France perd sa note financière AAA qui est abaissée d'un cran, à AA+ « avec perspective négative » : la note conditionne les taux d'intérêt de la dette publique : plus la note est basse, plus les taux sont élevés, parce que le risque (de ne jamais être remboursé) est plus grand.

Le 15 février 2012, au journal télévisé de 20 heures (TF1), Nicolas Sarkozy se déclare candidat pour un second mandat à la présidence de la République française. Le slogan de sa campagne est « La France forte »

G. La présidence de François Hollande (2012-2017)

François Hollande s'est installé à l'Élysée le 15 mai 2012 ; il a nommé Jean-Marc Ayrault Premier ministre, qui a constitué un premier gouvernement (du 15 mai au 18 juin 2012), puis un second (du 18 juin 2012 au 31 mars 2014), au lendemain des élections législatives, qui donnent au Parti socialiste la majorité absolue à l'Assemblée nationale. Il sera aussi majoritaire au Sénat entre le 11 octobre 2011 et le 28 septembre 2014 (élections sénatoriales). Gérard Larcher est élu président du Sénat le 1er octobre 2014, en replacement de Jean-Pierre Bel (socialiste).

NOTE DU FORMATEUR

François Hollande est également le 67e coprince français d'Andorre (le chef de l'État français est coprince d'Andorre depuis 1278).

Le 17 mai, les ministres, Premier ministre et président de la République baissent leur salaire de 30 % à l'occasion du premier conseil des ministres, mais plusieurs scandales politiques viennent entacher l'action du Gouvernement : l'affaire Cahuzac (décembre 2012-mars 2013), l'affaire Thomas Thévenoud (août-septembre 2014), etc.

Le mariage (et donc l'adoption) pour les couples de même sexe est, conformément à une des promesses de campagne de François Hollande, adopté le 23 avril 2013 ; après six mois de débats, il est validé par le Conseil constitutionnel et promulgué le 17 mai 2013.

Le 10 janvier 2014, le magazine *Closer* fait état d'une relation entre François Hollande et l'actrice Julie Gayet, qu'il rejoindrait, seul, en scooter.

Le 25 février, François Hollande, s'exprimant à titre personnel, annonce « la fin de sa vie commune » avec sa compagne Valérie Trierweiler, qui publie, le 4 septembre 2014, un livre intitulé *Merci pour ce moment*, dans lequel elle raconte les neuf années de sa relation avec François Hollande, et notamment les dix-huit mois qu'elle a passés à l'Élysée.

Le 31 mars 2014, suite à la défaite de la gauche aux élections municipales, Manuel Valls est nommé Premier ministre par François Hollande pour remplacer Jean-Marc Ayrault ; il est reconduit le 25 août 2014 (il était ministre de l'Intérieur depuis 2012) après un conflit avec certains de ses ministres qui démissionnent – Arnaud Montebourg (ministre de l'Économie, du Redressement productif et du Numérique), Aurélie Filippetti (ministre de la Culture) et Benoît Hamon (ministre de l'Éducation nationale, de l'Enseignement supérieur et de la Recherche). Manuel Valls est classé « à l'aile droite » du Parti socialiste, il inscrit son action économique dans une forme de social-démocratie : quelques parlementaires socialistes, appelés « les frondeurs », s'opposent à sa politique économique et sociale.

En janvier 2015, François Hollande réagit fermement aux attentats de *Charlie Hebdo* et défile à Paris en tête du cortège avec un nombre impressionnant de chefs d'État et de gouvernement (dont certains bafouent chez eux la liberté d'expression), mais sa cote de popularité rechute immédiatement : il lui est principalement reproché de ne pas arriver à « inverser la courbe du chômage » – 236 000 emplois ont été détruits en France entre 2012 et 2014 (74 400 en 2014), et les chiffres du chômage sont catastrophiques (5 290 500 demandeurs d'emploi recensés en métropole en mars 2015, soit une augmentation de 6,7 % sur un an).

Le gouvernement, à deux reprises, utilise l'alinéa 3 de l'article 49 de la Constitution (appelé à tort 49-3), qui lui permet de faire adopter une loi sans discussion ni vote, en posant à l'Assemblée nationale la « question de confiance » (on dit que le gouvernement « engage sa responsabilité »), les députés peuvent lui répondre en adoptant une « motion de censure » qui oblige le gouvernement à démissionner (en pratique, étant issu du parti majoritaire à l'Assemblée, le gouvernement ne risque pas grand-chose). Cette procédure a permis de faire adopter les lois Macron 1 et Macron 2, jugées libérales par l'aile la plus à gauche du Parti socialiste.

NOTE DU FORMATEUR

Emmanuel Macron, énarque, haut fonctionnaire (il a été Inspecteur des finances de 2004 à 2008) et banquier (il a occupé un poste important à la Banque Rothschild de 2008 à 2012) a été secrétaire-général adjoint de l'Élysée (de 2012 à 2014) avant d'être nommé ministre de l'Économie, de l'Industrie et du Numérique le 26 août 2014.

François Hollande doit pendant son mandat faire face à plusieurs attaques terroristes : en 2015, après les attentats de *Charlie Hebdo* et de l'Hyper Cacher, puis du Thalys (21 août), plusieurs fusillades endeuillent Paris et sa périphérie dans la soirée du 13 novembre (Stade de France, Bataclan, terrasses de restaurants). Elles sont menées par trois commandos d'origine belge, et revendiquées par Daech ; en 2016, un prêtre est assassiné à Saint-Étienne-du-Rouvray (76), et une attaque au camion-bélier cause la mort de 86 personnes et fait 458 blessés sur la promenade des Anglais (Nice) le 14 juillet : pour faire face, l'opération Sentinelle (opérationnelle depuis le 12 janvier 2015) est mise en place, et l'état d'urgence est décrété (conformément à une loi du 3 avril 1955).

Un certain nombre de réformes ont été menées pendant le quinquennat de François Hollande, comme la réforme des rythmes scolaires, la réforme de l'enseignement au collège, et – toujours dans l'Éducation – 50 000 postes d'enseignants (prioritairement dans les classes primaires) ont été créés sous les ministères successifs de Vincent Peillon (du 21 mai 2012 au 2 avril 2014), de Benoît Hamon (du 2 avril 2014 au 26 août 2014) et de Najat Vallaud-Belkacem (du 26 août 2014 au 17 mai 2017).

Christiane Taubira, ministre de la Justice (du 16 mai 2012 au 27 janvier 2016), a fait adopter la loi du 15 août 2014 relative à l'individualisation des peines et renforçant l'efficacité des sanctions pénales, qui concerne le mode d'incarcération et de sanction des auteurs de délit (les auteurs de crime ne sont pas concernés) : il s'agit de « punir plus efficacement en adaptant la peine à chaque délinquant afin de mieux prévenir la récidive ». Cette loi contredit et modifie les lois sur la récidive de 2005 et 2007, adoptées par les précédents gouvernements et votées par des majorités de droite.

L'opposition – et une partie de la population – reprochent à Christiane Taubira de « vider les prisons », or le nombre de détenus n'a jamais été aussi important en France (il y avait – d'après les statistiques officielles de l'administration pénitentiaire – 58 402 détenus au 1er janvier 2007, 67 075 au 1er janvier 2014 et 76 601 au 1er janvier 2016).

Christiane Taubira a démissionné. Elle a été remplacée par Jean-Jacques Urvoas (ministre du 27 janvier 2016 au 10 mai 2017), qui a fait adopter la loi du 3 juin 2016 renforçant la lutte contre le crime organisé, le terrorisme et leur financement, et améliorant l'efficacité et les garanties de la procédure pénale.

NOTE DU FORMATEUR

Christiane Taubira était opposée à la proposition de loi visant à retirer la nationalité française aux terroristes binationaux : elle a donc démissionné du gouvernement. Cette mesure semblait massivement approuvée par une l'opinion publique, mais elle était critiquée par une partie de la gauche : elle a fini par être abandonnée.

En 2012, sous l'impulsion de Manuel Valls (ministre de l'Intérieur du 16 mai 2012 au 31 mars 2014) ont été mises en place, en trois vagues (de l'été au mois de décembre), 80 des zones de sécurité prioritaire (ZSP), dans des communes particulièrement affectées par la délinquance et la criminalité .

En matière de défense, il est prévu de supprimer (avant 2019) 34 000 postes dans l'armée, et le projet de deuxième porte-avions est abandonné. Les ventes d'armes ont été particulièrement importantes : la France a vendu 84 Rafale (Inde, Égypte et Qatar), 3 bateaux militaires à l'Égypte, et 12 sous-marins à l'Australie. La France a également vendu pour plus de 10 milliards d'euros d'armes à l'Arabie saoudite, ce qui lui permet de se hisser au 4e rang mondial des exportateurs d'armes (derrière, dans l'ordre, les États-Unis, la Russie et la Chine).

Dès le début de son mandat, François Hollande a retiré les troupes françaises d'Afghanistan. Il a lancé l'opération Serval au Mali, en janvier 2013, pour stopper l'avancée de groupes insurgés islamistes qui contrôlaient le nord du pays et menaçaient Bamako, la capitale. Elle a pris fin le 15 juillet 2014, et l'opération Barkhane, menée en partenariat avec plusieurs pays d'Afrique subsaharienne, a pris le relais pour stabiliser la zone et empêcher un retour des islamistes. Elle est toujours en cours. L'opération Sangaris (du 5 décembre 2013 au 31 octobre 2016) avait pour but d'apaiser des tensions inter-ethniques en République centrafricaine. François Hollande a soutenu les initiatives de Barack Obama et de Donald Trump en Syrie.

NOTE DU FORMATEUR

Au niveau environnemental, plusieurs dossiers ont marqué le quinquennat :

- l'aéroport de Notre-Dame-des-Landes, qui devrait à terme remplacer l'aéroport de Nantes Atlantique, et qui fait de nouveau l'objet d'une procédure de médiation et de réflexion (il est considéré comme une ZAD, « zone à défendre », par un certain nombre de militants écologistes ou anarchistes installés sur place). Le projet a été définitivement abandonné le 17 janvier 2018 ;
- la centrale nucléaire de Fessenheim (après beaucoup d'hésitations, sa mise à l'arrêt définitif a été actée par un décret du 8 avril 2017 : l'autorisation d'exploitation sera abrogée « à compter de la date de mise en service de l'EPR de Flamanville », censée intervenir au plus tôt en 2019). Le second réacteur a été éteint le 29 juin 2020. Le démantèlement de la centrale devrait débuter en 2025, et s'achever en 2041. Il coûtera au moins 500 millions d'euros ;
- la Taxe nationale sur les véhicules de transport de marchandise voulue par le précédent gouvernement, qui en avait confié le recouvrement à une société privée, Écomouv', a été abandonnée. À cause de l'impopularité de son dispositif et d'un certain nombre d'autres difficultés, l'État a rompu le contrat, le 30 octobre 2014, ce qui a coûté environ 800 000 euros (les recettes prévues ont été remplacées par une taxe moins controversée de deux centimes par litre de gazole) ;
- la France a accueilli des délégations du monde entier lors de la Conférence sur le climat de 2015, appelée « COP21 » : un accord a même été signé, que Donald Trump, nouveau président des États-Unis, a annoncé en juin 2017 vouloir dénoncer.

Une autre réforme de taille a été de réduire le « mille-feuille territorial » et le nombre de régions en France : la loi du 16 janvier 2015 a permis la fusion de plusieurs régions entre elles (leur nombre est passé de 22 à 13) et d'augmenter les pouvoirs des régions vis-à-vis des départements, dont l'assemblée délibérante a changé de nom (le conseil général est devenu le « conseil départemental » où siègent des « conseillers départementaux » élus lors des « élections départementales »). Le regroupement des communes en intercommunalité, initié sous le précédent gouvernement, a été poursuivi, et les métropoles ont été créées pour permettre la gestion des zones urbaines autour des très grandes villes et agglomérations (comme la métropole du Grand Paris, ou celle de Lyon, qui rivalise avec le conseil départemental du Rhône).

La présidence de François Hollande a été marquée par plusieurs mouvements sociaux importants : la Manif pour tous (contre la loi Taubira autorisant le mariage homosexuel) ; la contestation contre la construction du barrage de Sivens ; les zones à défendre (ZAD. pour des motifs écologiques (comme la ZAD de Notre-Dame-des-Landes) ; les marches républicaines en réaction aux attentats de janvier 2015 (ces marches républicaines sont les manifestations les plus importantes de l'histoire contemporaine de la France) ; les manifestations contre la loi Travail et Nuit debout, contre la loi dite « El Khomri » ; et le mouvement social en Guyane (2017), qui proteste contre l'insécurité et le manque d'infrastructures dans le département...

H. La présidence d'Emmanuel Macron (2017-2022)

Emmanuel Macron remporte l'élection avec 66,1 % des suffrages exprimés, ce qui représente moins de 44 % des électeurs. Il est élu le 7 mai 2017, le Conseil constitutionnel proclame officiellement son élection le 10 mai et sa présidence commence le 14 mai. Son mandat se terminera au plus tard le 13 mai 2022 (la loi française autorise deux mandats présidentiels successifs : il pourra donc se représenter). Il est le 8e président de la Cinquième République (depuis 1958) et le 25e président de la République française (depuis 1848). Né à Amiens, il est, à 39 ans, le plus jeune président français de l'histoire, le plus jeune dirigeant du G20 (groupe composé de dix-neuf pays et de l'Union européenne dont les ministres, les chefs des banques centrales et les chefs d'État se réunissent chaque année). Il est aussi le plus jeune chef d'État élu démocratiquement (exception faite du micro-État de Saint-Marin, enclavé en Italie). Emmanuel Macron est marié avec Brigitte Trogneux, de 25 ans son aînée.

Lors de son élection, la situation économique mondiale connaît une légère amélioration, le moral des ménages français est au plus haut depuis 10 ans (malgré les attentats), la France bénéficie d'une croissance de 1,1 % (2016), qui devrait se stabiliser aux alentours de 1,6 % durant les 5 ans à venir, ce qui permettrait de faire baisser le chômage à 7,8 % en 2022 (il est à 9,3 % fin avril 2017, soit 3 471 800 demandeurs d'emploi). Le Fonds monétaire international (FMI) estime que la croissance mondiale (3,1 % en 2016) va atteindre 3,4 % en 2017 puis 3,6 % en 2018. Le déficit public de la France a été ramené à 3,4 % du PIB (2016), il était de 4,8 % à la fin de la présidence de Nicolas Sarkozy (le PIB est le produit intérieur brut, un indicateur économique important). La dette de la France est de 2 200 milliards d'euros (2016), soit 96 % du PIB, ce qui est gigantesque (comme si une famille était endettée à hauteur de 96 % de ses revenus) : elle est de 2 299,8 milliards d'euros, soit 99 % du PIB, au deuxième trimestre 2018.

Emmanuel Macron déclare en octobre 2016 que la France avait besoin d'un chef de l'État « jupitérien » (sur le modèle de Charles de Gaulle et François Mitterrand), par opposition au « président normal » que François Hollande voulait incarner (le surnom de Jupiter va lui rester, ce qui n'est pas toujours un compliment : très vite, il sera considéré par une grande partie de l'opinion publique comme déconnecté « de la vraie vie »).

NOTE DU FORMATEUR

Emmanuel Macron présidait le parti politique En marche !, créé en 2016, qui se présente comme « ni à droite, ni à gauche ». Le mouvement est rebaptisé La République en marche (LREM) après l'élection présidentielle, puis Renaissance depuis le 17 septembre 2022. Il présente 511 candidats aux élections législatives et s'allie avec le MODEM de François Bayrou.

Le lundi 15 mai, Édouard Philippe, député-maire Les Républicains (LR) du Havre (Seine-Maritime) est nommé Premier ministre. Il constitue son gouvernement, composé d'anciens membres du Parti socialiste (PS), des Républicains, du centre (MODEM) et de membres de la société civile (les membres de la société civile ne sont ni des élus, ni des acteurs politiques) comme Nicolas Hulot, qui annoncera sa démission le 28 août 2018.

Le gouvernement d'Emmanuel Macron se veut irréprochable, et François Bayrou, ministre de la Justice, prépare un texte sur la moralisation de la vie politique (appelé « pour redonner confiance dans la vie démocratique »), mais *Le Canard enchaîné* fait sur Richard Ferrand, ministre très proche d'Emmanuel Macron, des révélations gênantes dès le 24 mai (Richard Ferrand deviendra néanmoins président de l'Assemblée nationale le 12 septembre 2018), et le procureur de la République de Brest ouvre, le 1er juin, une enquête préliminaire, qui sera classée sans suite.

Les 11 et 18 juin 2017 ont lieu les élections législatives (elles permettent d'élire les députés, qui, avec les sénateurs, composent le Parlement), largement remportées par La République en marche (LREM). L'Assemblée nationale élit François de Rugy (président du Parti écologiste) comme président : il démissionnera le 4 septembre 2018 pour occuper la place de ministre d'État, ministre de la Transition écologique et solidaire, laissée vacante par Nicolas Hulot. Il démissionnera le 16 juillet 2019 suite aux révélations du site d'informations Mediapart sur des dépenses au ministère de la Transition écologique et à la présidence de l'Assemblée nationale (Mediapart sera jugé le 11 février 2021 pour diffamation).

Sitôt installés, Sylvie Goulard, François Bayrou et Marielle de Sarnez (MODEM) démissionnent du gouvernement ; ils sont poursuivis, avec neuf autres responsables du parti centriste, pour abus de confiance : des assistants parlementaires de députés européens rémunérés par l'Union européenne auraient, en réalité, travaillé à Paris et en région, pour le compte du mouvement. Ils seront mis en examen en décembre 2019.

La première réforme voulue par le président Macron modifie en profondeur le Code du travail, en prolongement de la loi dite « El Khomri » (qui s'appelle en fait « loi relative au travail, à la modernisation du dialogue social et à la sécurisation des parcours professionnels ») : les négociations sont menées tout l'été avec les partenaires sociaux, mais Emmanuel Macron fait état de sa volonté de légiférer par ordonnance, c'est-à-dire sans débat au parlement.

Les lois pour la confiance dans la vie politique (une loi organique, une loi ordinaire) sont promulguées en septembre : les conjoints, les parents et les enfants ne peuvent faire partie des collaborateurs des élus et des ministres ; l'indemnité représentative de frais de mandat (IRFM) des parlementaires est remplacée par un remboursement sur notes de frais (auparavant, l'utilisation de cette somme – 6 109,89 euros pour un sénateur, 5 373 euros pour un député – ne devait pas être justifiée), et la réserve parlementaire (un ensemble de subventions qui permettait aux parlementaires de financer des associations et des collectivités de leur circonscription) est supprimée, etc.

En septembre 2017, 2 500 classes de CP sont dédoublées (ou renforcées avec un instituteur supplémentaire dans les zones les plus défavorisées). En septembre 2018, 4 700 classes supplémentaires sont dédoublées, dont 3 200 classes de CP et 1 500 classes de CE1, 3 881 postes d'enseignants supplémentaires sont créés (190 000 élèves profitent de cette mesure voulue par Emmanuel Macron : 12 élèves en CP dans les écoles défavorisées pour que « personne » n'en sorte avec un mauvais niveau en écriture et lecture).

Le 11 juillet, Gérald Darmanin, ministre des Comptes publics, annonce que le budget 2017 de la défense sera réduit de 850 millions d'euros. Le chef d'état-major des armées, le général Pierre de Villiers, expose son désaccord devant la commission de la défense de l'Assemblée nationale. Le 13 juillet, lors du traditionnel discours aux armées, Emmanuel Macron réaffirme son intention de porter à terme le budget de la défense à 2 % du PIB. Il déclare « je suis votre chef » et ajoute qu'il « n'est pas digne d'étaler certains débats sur la place publique ». Le lendemain a lieu le défilé du 14 juillet sur les Champs-Élysées, auquel participe Donald Trump. Le général de Villiers démissionne le mercredi 19 juillet.

Les réformes (et les mouvements sociaux) s'enchaînent : réforme de la SNCF et ouverture à la concurrence du transport ferroviaire (voulue par l'Europe, elle permet aussi à la SNCF de réaliser plus d'1/4 de son chiffre d'affaires hors de France), suppression de l'impôt de solidarité sur la fortune (ISF), remplacé par l'impôt sur la fortune immobilière (IFI) qui concerne 150 000 foyers, mais rapporte cinq fois moins, augmentation de la CSG (prévue pour compenser la baisse des cotisations sociales que le gouvernement va mettre progressivement en place), baisse des dotations budgétaires des collectivités territoriales (13 milliards d'euros), baisse de 5 euros/mois des aides personnelles au logement (APL), etc.

NOTE DU FORMATEUR

Emmanuel Macron est un adepte de la théorie politique et économique dite « du ruissellement », qui défend l'idée que les revenus des individus les plus riches sont réinjectés dans l'économie (d'où l'image du ruissellement : les cours d'eau ne s'accumulent pas au sommet d'une montagne, mais ruissellent vers la base), par leur consommation, leurs investissements et leur épargne. Ils contribuent ainsi à l'activité économique générale et à l'emploi, ce qui justifie les réductions d'impôt qui leur sont consenties (elles ont – d'après cette théorie – un effet bénéfique pour l'économie globale).

Fin 2017, dans la foulée du mouvement #MeToo (en français : moi aussi), Emmanuel Macron annonce des mesures contre le harcèlement et les violences faites aux femmes (création d'un délit d'outrage sexiste, extension des attributions du CSA à internet, allongement à 30 ans après la majorité de la prescription des viols sur mineur, etc.). Ces mesures sont défendues par Marlène Schiappa, secrétaire d'État chargée de l'Égalité femmes-hommes. Les associations féministes pointent l'absence de moyens financiers supplémentaires.

NOTE DU FORMATEUR

Le mouvement #MeToo (appelé parfois en français #BalanceTonPorc), né en 2007 aux États-Unis, s'est largement diffusé sur les réseaux sociaux à partir d'octobre 2017 : il encourage les victimes à dénoncer sur Twitter les agressions sexuelles et le harcèlement dont elles sont victimes, surtout dans le milieu professionnel.

En février 2018, Emmanuel Macron annonce la création prochaine d'un « service national universel » (SNU). Composé de deux semaines de séjour de cohésion (en 3e) et d'une mission d'intérêt général de deux semaines auprès d'une association, d'une administration ou d'un corps en uniforme (soit un mois obligatoire de service civique), il concerne tous les jeunes, filles et garçons, âgés de 15 à 17 ans (qui pourront le prolonger par un engagement de trois mois minimum). Il a été lancé le 16 juin 2019 sur la base du volontariat.

En avril 2018, le ministre de l'Intérieur Gérard Collomb défend le projet de loi « asile et immigration », qui restreint les conditions de l'asile en France et durcit la politique répressive à l'encontre des migrants : la loi du 10 septembre 2018 pour une immigration maîtrisée, un droit d'asile effectif et une intégration réussie, est finalement adoptée par le Parlement le 1er août 2018, et promulguée le 10 septembre 2018.

NOTE DU FORMATEUR

Un projet de loi émane du gouvernement. Il est d'abord présenté puis adopté en Conseil des ministres avant d'être inscrit à l'ordre du jour de l'Assemblée nationale et du Sénat : à l'issue du processus législatif, s'il est adopté par le Parlement, il devient une loi, qui sera promulguée (signée par le président de la République et contresignée par le Premier ministre) puis publiée au *Journal officiel*.

Le 1er juillet 2018, au nom de la sécurité routière, la vitesse sur les routes secondaires à double sens sans séparateur central passe de 90 à 80 km/h : cette mesure très impopulaire aurait été – avec l'augmentation des taxes sur le carburant – un des ferments du mouvement dit « des Gilets jaunes ». La loi d'orientation des mobilités (LOM) a autorisé les départements à revenir aux 90 km/h sur leur réseau routier.

NOTE DU FORMATEUR

Deux taxes principales s'appliquent sur les carburants : la TICPE (taxe intérieure sur la consommation de produits énergétiques) et la TVA (20 % sur le montant hors taxes, et sur celui de la TICPE). La TICPE est un impôt indirect qui s'applique à tous les produits pétroliers (essence, gazole, fioul, etc.), dont le montant est fixe (0,6829 €/l de SP95, de 0,6629 €/l de SP95-E10 et de 0,594 €/l de gazole routier). Une partie de cette taxe est reversée à la région, elle est majorée en Île-de-France pour « financer le développement des transports en commun durables ». Depuis le 1er avril 2014, une contribution climat-énergie (CCE) est intégrée à la TICPE. Elle est calculée par tonne de CO_2 émise.

La réforme du baccalauréat se met en place : les élèves qui entrent en classe de seconde en septembre 2018 passeront en 2021 la première édition du bac nouvelle formule, qui reposera en partie sur les résultats obtenus par l'élève tout au long des années de première et terminale. L'examen final comportera trois épreuves écrites et une épreuve orale de 20 minutes, l'élève présentera un sujet qu'il aura préparé en première et terminale.

Le début de l'été 2018 est marqué par « l'affaire Benalla » qui, le 22 juillet, interrompt l'examen d'une révision constitutionnelle très critiquée par l'opposition : il est entre autres prévu de modifier le mode de scrutin des élections législatives (avec l'introduction d'une dose de proportionnelle), de supprimer la Cour de justice de la République (compétente pour juger les infractions commises par les ministres en exercice, qui relèveraient alors des juridictions de droit commun), de réformer le statut du Conseil supérieur de la magistrature (etc.). L'opposition dénonce la volonté du gouvernement de réduire le pouvoir du législatif au profit de l'exécutif.

L'affaire Benalla démarre donc en juillet 2018 : Emmanuel Macron est confronté à la révélation par la presse de violences commises le 1er mai 2018 par Alexandre Benalla, ex-adjoint au chef de cabinet du président de la République, et ex-salarié du parti En marche ! portant un brassard et un casque de policier. Ces événements conduisent l'Assemblée nationale, puis le Sénat, à créer une commission d'enquête parlementaire. Ils entraînent le licenciement d'Alexandre Benalla. La rentrée voit, le 3 octobre, la démission – après celle de Nicolas Hulot – du ministre de l'Intérieur Gérard Collomb : il veut – c'est la version officielle – se préparer pour les élections municipales à Lyon (dont il est maire depuis 2001). Il est remplacé le 16 octobre par Christophe Castaner (mais le poste reste vacant pendant deux semaines).

NOTE DU FORMATEUR

En septembre 2018, Emmanuel Macron reconnaît la responsabilité de l'État dans la disparition du mathématicien Maurice Audin (1932-1957), torturé et assassiné par l'armée française pendant la bataille d'Alger (lire sur le sujet *L'Affaire Audin*, de Pierre Vidal-Naquet, aux Éditions de Minuit).

Le mouvement dit « des Gilets jaunes » démarre en octobre : des ronds-points et des lieux stratégiques sont bloqués, des péages autoroutiers bloqués et parfois détruits, avant que soient organisées plusieurs manifestations de grande ampleur, à Paris et ailleurs. Les « Gilets jaunes » exigent tout d'abord une baisse du prix des carburants (le gouvernement assure que l'augmentation des taxes sur les carburants a une vocation écologique, et incite la population à changer de voiture, à préférer un véhicule hybride ou électrique), et une amélioration du pouvoir d'achat. Le mouvement n'est pas structuré, les revendications diffèrent d'un endroit à un autre, mais, très vite apparaît la volonté de voir créé un référendum d'initiative citoyenne (RIC. qui permettrait à la population de s'exprimer directement sur un certain nombre de sujets laissés aux mains – en France comme dans toute démocratie représentative – des parlementaires.

NOTE DU FORMATEUR

Le référendum d'initiative citoyenne (RIC. est un dispositif de démocratie directe qui existe, sous différentes formes, dans quelques pays, mais pas en France. Il permet à un certain nombre de citoyens ou d'électeurs, qui réunissent un nombre de signatures fixé à l'avance, d'exiger l'organisation d'un référendum pour statuer sur une proposition de loi (référendum législatif), sur l'abrogation d'une loi votée par le Parlement (référendum abrogatoire), sur une modification de la Constitution (référendum constitutionnel) ou sur la révocation d'un élu (référendum révocatoire).

Le 10 décembre, Emmanuel Macron annonce des mesures de revalorisation des revenus de plusieurs catégories sociales, dont l'augmentation de la prime d'activité pour les salariés au SMIC (environ 100 euros pris sur le budget de l'État), l'annulation rétroactive de la hausse de la CSG pour les retraités les plus modestes et la défiscalisation des heures supplémentaires, mais le mouvement – qui a été catastrophique pour le commerce de proximité en cette période de Noël – ne s'arrête pas : chaque samedi depuis le 17 novembre (Acte I), une manifestation est organisée à Paris et dans d'autres villes de France. Le 1er juin 2019, 9 500 manifestants sont recensés, dont 1 500 à Paris : c'est l'Acte 29 du mouvement. Le 8 février 2020, pour l'Acte 65, 17 500 manifestants défilent : ils étaient 362 600 le 11 janvier 2020 (Acte 61).

La cote de popularité d'Emmanuel Macron, de plus en plus souvent considéré comme « le président des riches », commence à s'effondrer : il entame son mandat avec une cote de popularité d'environ 60 %, mais elle tombe à 40 % après seulement 4 mois. Elle remonte de 5 points en septembre 2017, puis retombe dès juin 2018, pour atteindre 29 % d'opinions favorables en septembre 2018, 23 % à la mi-décembre. La cote d'Édouard Philippe suit la même évolution.

Le 1er janvier 2019, le prélèvement à la source de l'impôt sur le revenu entre en vigueur et, le 15, Emmanuel Macron lance le grand débat national, censé répondre aux revendications populaires. Les élections européennes des 25 et 26 mai 2019 sont le premier scrutin national au suffrage universel direct depuis l'élection d'Emmanuel Macron à la présidence de la République (elles se déroulent désormais à la proportionnelle dans une circonscription nationale unique, et non dans huit circonscriptions régionales, comme auparavant). La France élira 79 députés européens, soit cinq de plus que lors de la précédente législature pour cause de Brexit. La liste du rassemblement national (ex-FN) obtient 23 sièges, comme la liste soutenue par La République en marche (LREM) et le MODEM, Europe Écologie obtient 13 sièges, L'Union de la droite et du centre (dont Les Républicains), 8, La France Insoumise, 6, et la liste Envie d'Europe (dont le Parti socialiste), 6 également.

En juillet 2019, Jean-Paul Delevoye, haut-commissaire à la réforme des retraites, remet au Premier ministre un rapport qui lance le processus de réforme des retraites par répartition (les cotisations des actifs servent à payer les pensions des retraités, selon le principe de solidarité intergénérationnelle). Il est envisagé de supprimer les 18 régimes spéciaux (SNCF, RATP, etc.) et de reporter l'âge de départ à la retraite à taux plein à 64 ans au lieu de 62 ans. Un mouvement social extrêmement important démarre en décembre, et dure jusqu'en février 2020, avec des grèves reconductibles qui s'ajoutent au mouvement des gilets jaunes.

Le 24 janvier, les trois premiers cas de contamination par un nouveau coronavirus (virus à couronne) : la crise de la covid-19 commence. Elle fera une première victime le 25 février.

Le 16 février, Agnès Buzyn, ministre de la Santé, démissionne pour se présenter à l'élection municipale de Paris en remplacement de Benjamin Griveaux (qui s'est retiré de la campagne suite à la diffusion sur le Net d'une vidéo à caractère sexuel). Olivier Véran lui succède au ministère de la Santé. En mars, un confinement est imposé jusqu'au 15 avril, puis jusqu'au 11 mai, mais le premier tour des élections municipales a lieu juste avant, le 15 mars. On reproche au gouvernement sa communication erratique : les masques d'abord présentés comme inutiles deviennent obligatoires.

Le 3 juillet, Édouard Philippe, Premier ministre, démissionne.

Il est remplacé par Jean Castex.

Le nouveau gouvernement est nommé le 5 juillet (les ministres) et le 26 juillet (les secrétaires d'État).

La crise sanitaire, doublée d'une crise économique, impose de nouvelles mesures fin septembre, comme un couvre-feu, puis un nouveau confinement à partir du 30 octobre. Il est remplacé le 15 décembre par un couvre-feu – et quelques restrictions – jusqu'au 7 janvier 2021.

La plupart des projets gouvernementaux et les réformes envisagées sont pour la plupart reportés.

I. La seconde présidence d'Emmanuel Macron (2022-2027)

Le second mandat d'Emmanuel Macron commence le 14 mai 2022. Il a été réélu le 24 avril 2022, avec 58,55 % des voix, face à la candidate du Rassemblement national. Il est le premier président de la Ve République élu au suffrage universel à être réélu hors période de cohabitation (Jacques Chirac et François Mitterrand l'ont été en période de cohabitation), et le premier à effectuer un deuxième quinquennat (François Mitterrand a effectué deux septennats, Jacques Chirac, un septennat et un quinquennat). Il nomme Élisabeth Borne Première ministre le 16 mai 2022, juste après la démission de Jean Castex. Elle entre en fonction le 20 mai et constitue un gouvernement de 47 ministres et secrétaires d'État. Les élections législatives ont lieu les 12 et 19 juin 2022. Le premier tour est marqué par une abstention record de 52,5 %, le second, par une abstention de 53,8 % (inférieure à 2017), et 1,2 million de bulletins blancs. La coalition Ensemble (dont fait partie Renaissance, nouveau nom de En Marche, le parti présidentiel) totalise 250 sièges, la Nouvelle Union populaire écologique et sociale (Nupes), 151, le Rassemblement national, 89, et Les Républicains, 62. Yaël Braun-Pivet (Renaissance) est élue présidente de l'Assemblée nationale le 28 juin. La situation économique causée par la guerre en Ukraine (hausse du prix de l'essence, du gaz et de l'électricité, augmentation des prix, etc.) occupe l'actualité.

2. Institutions de la France et de l'Europe, principes de la Ve République

1. La Constitution de la Ve République

La Constitution est la loi fondamentale de la République : le fonctionnement de l'État et de ses institutions repose sur les principes qu'elle édicte. Elle rappelle dans son Préambule, inspiré de la Déclaration des droits de l'homme et du citoyen (1789), les valeurs du pays et de son peuple.

Elle proclame que la France est une République laïque (elle autorise et respecte toutes les religions) démocratique : la démocratie est le régime politique dans lequel le peuple gouverne (en grec ancien *demos* signifie « peuple »). Le peuple gouverne par l'intermédiaire du vote, qui lui permet d'élire ses représentants ; la France est donc une démocratie représentative.

CONSEIL DU FORMATEUR

Lisez la Constitution de la Cinquième République, en livre de poche à 2 euros, on la trouve aussi sur Internet.

Le droit constitutionnel est le droit objectif qui en découle : il définit le fonctionnement de l'État, de ses institutions et des administrations.

A. Les cinq Constitutions de la République

La France est actuellement sous la Cinquième République parce qu'elle respecte la Cinquième Constitution républicaine de son histoire : la Cinquième République a été proclamée le 22 septembre 1958, et la Constitution promulguée le 4 octobre 1958.

Les Constitutions

Première République	24 juin 1793
Deuxième République	4 novembre 1848
Troisième République	25 février 1875
Quatrième République	27 octobre 1946
Cinquième République	4 octobre 1958

B. La Constitution du 4 octobre 1958

Elle comporte 16 titres et 104 articles. Elle a été modifiée 24 fois depuis sa publication, soit par le Parlement réuni en Congrès, soit directement par le peuple, par référendum. Elle a été rédigée au château de La Celle-Saint-Cloud, dans les Yvelines, sous la direction de Michel Debré, à la demande du général de Gaulle.

Elle impose la **séparation des pouvoirs** :

– le **pouvoir législatif** élabore et vote les lois (il est détenu par le Parlement) ;

– le **pouvoir exécutif** exécute les lois (il est détenu par le gouvernement – dont ne fait pas partie le président de la République – et par ses représentants locaux : le préfet et le maire) ;

– le **pouvoir judiciaire** applique les lois (le pouvoir judiciaire est plutôt une autorité judiciaire).

Elle prévoit que le président de la République est élu au **suffrage universel direct** (il était auparavant élu par le Parlement) : il le sera pour la première fois le 19 décembre 1965.

Elle **augmente les pouvoirs du président de la République** (par rapport à la Constitution de la Quatrième République) en limitant ceux du Parlement :

– elle instaure le **bicamérisme** : le peuple est représenté par les **deux Chambres du Parlement** qu'il a élues directement (l'Assemblée nationale) ou indirectement (le Sénat) ;

– elle crée le **Conseil constitutionnel** pour veiller à la constitutionnalité des lois ;

– elle permet au gouvernement d'intervenir dans l'élaboration des lois (on appelle cela : avoir l'**initiative des lois**).

C. Le Conseil constitutionnel

Il est composé de neuf membres (neuf « sages ») nommés pour neuf ans (leur mandat n'est pas renouvelable) : trois sont nommés par le président de l'Assemblée nationale, trois par le président du Sénat et trois par le président de la République.

Le président du Conseil constitutionnel est l'un des neuf membres, nommé à ce poste par le président de la République. Il dispose d'une voix prépondérante : sa voix a plus de valeur que celle des autres. L'actuel président du Conseil constitutionnel est Laurent Fabius (jusqu'en mars 2025).

Les anciens présidents de la République sont membres à vie du Conseil constitutionnel.

Le Conseil constitutionnel a le pouvoir de déclarer une loi anticonstitutionnelle, il peut alors l'annuler, en totalité ou partiellement : il est le seul à bénéficier d'un droit de veto sur les activités du Parlement, personne ne peut faire appel de ses décisions. Il peut être saisi par le président de la République, par le Premier ministre, par les présidents des deux Assemblées et, depuis une loi du 21 octobre 1974, par 60 députés ou 60 sénateurs. Il a un mois pour statuer et répondre à la question qui lui est posée.

Il établit également la liste des candidats aux élections présidentielles, qu'il contrôle, comme les élections législatives et les élections sénatoriales. Il peut les annuler s'il les estime irrégulières. Il proclame les résultats des élections présidentielles et des référendums.

La révision constitutionnelle du 23 juillet 2008 a créé la saisine du Conseil constitutionnel par voie de **question préalable de constitutionnalité** (art. 61-1 de la Constitution). Chaque citoyen, depuis son entrée en vigueur, le 1er mars 2010, a donc la possibilité de contester, « devant une juridiction relevant du Conseil d'État ou de la Cour de cassation » (art. 23-1 de la Constitution), la constitutionnalité d'une disposition légale « qui porte atteinte aux droits et libertés que la Constitution garantit ».

Le Conseil constitutionnel pourra ainsi annuler la ou les loi(s) qu'il déclarera inconstitutionnelle(s) : il ne pouvait auparavant se prononcer que sur la constitutionnalité d'une loi qui n'était pas encore promulguée.

2. Les institutions de la France

A. Les institutions nationales

Le **président de la République** est le chef de l'État. Il est le garant de l'indépendance nationale, de l'intégrité du territoire, du respect des traités et de l'indépendance de l'autorité judiciaire. Il veille au respect de la Constitution. Il est le chef des armées et décide seul de l'utilisation de l'arme nucléaire, mais c'est le gouvernement qui, selon la Constitution, dispose de la force armée. Il représente la France à l'extérieur, mais ne peut l'engager sans l'accord de son gouvernement ou du Parlement. Il a un pouvoir de nomination important et dispose seul du droit de grâce.

NOTE DU FORMATEUR

Le septennat (sept ans) a été remplacé par le quinquennat (cinq ans) le 2 octobre 2000. Le président des États-Unis d'Amérique est élu pour quatre ans (c'est un quadriennat).

Le président de la République est élu au **suffrage universel direct uninominal à deux tours**. Il est politiquement irresponsable, et le Premier ministre contresigne tous ses actes pour en assumer la responsabilité : c'est le **contreseing ministériel**. Il est aussi pénalement irresponsable et ne peut être jugé pendant son mandat que pour haute trahison, par la **Haute Cour** (ne pas confondre avec la **Cour de justice de la République**, compétente pour juger les membres du gouvernement pour les crimes et les délits commis dans l'exercice de leurs fonctions).

Il promulgue les lois en les signant avant qu'elles ne soient publiées au *Journal officiel* : il n'a pas le droit de refuser de les signer (il ne dispose pas d'un droit de veto).

Il nomme le Premier ministre, mais il ne peut pas le révoquer : il peut seulement lui demander sa démission. Il nomme le gouvernement sur proposition du Premier ministre et préside le Conseil des ministres. Il peut dissoudre l'Assemblée nationale une fois par an, mais jamais le Sénat.

L'article 16 de la Constitution lui permet d'obtenir les pleins pouvoirs lorsque les institutions de la République, l'indépendance de la nation, l'intégrité de son territoire ou l'exécution de ses engagements internationaux sont menacées d'une manière grave et immédiate.

Le **Premier ministre** est le chef du gouvernement. Il dirige à ce titre le pouvoir exécutif. Il présente son programme à l'Assemblée nationale en lui faisant son « discours de politique générale » : les députés peuvent alors le censurer, ce qui oblige le Premier ministre à démissionner. Le Premier ministre contresigne pour en assumer la responsabilité les décrets et les lois que signe le président de la République.

NOTE DU FORMATEUR

Le gouvernement et l'Assemblée nationale doivent être de la même « couleur politique » : on dit que le gouvernement et le Premier ministre sont issus de la majorité parlementaire. Si le gouvernement n'a pas la même appartenance politique que le président de la République, il y a cohabitation : le président est obligé de nommer un Premier ministre accepté par l'Assemblée nationale (c'est arrivé trois fois : Jacques Chirac et Édouard Balladur ont été les Premiers ministres de François Mitterrand et Lionel Jospin a été le Premier ministre de Jacques Chirac).

Le **gouvernement** conduit et détermine la politique de la Nation. sous la direction du Premier ministre ; il est composé des ministres d'État, des ministres, des ministres délégués et des secrétaires d'État. Il est nommé par le président de la République, sur proposition du Premier ministre : le nombre de ministres et de ministères est laissé à l'appréciation du Premier ministre et du président de la République. Le gouvernement se réunit chaque semaine à l'Élysée, sous la présidence du président de la République : c'est le Conseil des ministres qui, présidé par le président de la République, a lieu traditionnellement le mercredi matin. Il soumet des projets de loi au Parlement.

NOTE DU FORMATEUR

Les propositions de loi émanent d'un parlementaire ou de plusieurs, les projets de loi proviennent du gouvernement.

Le **Parlement** est composé de l'Assemblée nationale (577 députés) et du Sénat (348 sénateurs). On dit qu'il est bicaméral (composé de deux chambres). Il exerce le pouvoir législatif.

CONSEIL DU FORMATEUR

Recherchez le nom du président du Sénat et le nom du président de l'Assemblée nationale : de quel département sont-ils les élus ? Qui ont-ils remplacé ?

Les élections		Pour élire	Le mandat	Élisent à leur tour	Renouvellement
locales	municipales	le conseil municipal (la commune)	6 ans	le maire (pour 6 ans)	
	départementales	le conseil départemental (le département)	6 ans	le président du conseil départemental (pour 6 ans)	
	régionales	le conseil départemental (la région)	6 ans	le président du conseil régional (pour 6 ans)	
nationales	législatives	les députés	5 ans	le président de l'Assemblée nationale (pour 5 ans)	
	sénatoriales	les sénateurs	6 ans	le président du Sénat (pour 3 ans)	par moitié tous les 3 ans
	présidentielles	le président de la République	5 ans		
européennes		les députés européens	5 ans	le président du Parlement européen (pour 2 ans 1/2)	

B. Les organes juridictionnels et constitutionnels

Les organes juridictionnels et constitutionnels exercent, au côté du gouvernement, des fonctions consultatives ou contentieuses définies par la Constitution.

- Le **Conseil économique, social et environnemental** (Cese) est une assemblée consultative qui conseille le gouvernement et informe le Parlement, en produisant des rapports et des études.
- Le **Conseil supérieur de la magistrature** (CSM) est le garant de l'indépendance des magistrats du siège (les juges). Il gère leur carrière et leur avancement, il est aussi leur conseil de discipline.
- Le **Conseil d'État** est le conseiller juridique et administratif du gouvernement. Il étudie les projets de loi, d'ordonnances et de décrets. Il est également le juge

suprême des juridictions administratives : il fait office de Cour de cassation pour le droit administratif.

- Le **Tribunal des conflits** examine les conflits d'intérêt entre les juridictions administratives et les juridictions judiciaires (il dit de qui dépend telle ou telle affaire).
- La **Cour des comptes** assiste le Parlement et le gouvernement dans le contrôle de l'exécution des lois de finances. Ele est l'expert-comptable du gouvernement (son commissaire aux comptes). Elle est assistée d'une cour régionale des comptes par région, qui contrôle les comptes des collectivités territoriales.
- Le **Défenseur des droits** a remplacé le Médiateur de la République et le Défenseur des enfants (réforme constitutionnelle du 21 juillet 2008 et loi organique du 29 mars 2011), mais aussi la Commission nationale de déontologie de la sécurité (CNDS) et la Haute Autorité de lutte contre les discriminations et pour l'Égalité (HALDE). Il dispose donc de prérogatives particulières en matière de promotion des droits de l'enfant, de lutte contre les discriminations, de respect de la déontologie des activités de sécurité. Claire Hédon est la Défenseure des droits depuis le 22 juillet 2020. Elle a remplacé Jacques Toubon, en poste depuis 2014.
- Le **Contrôleur général des lieux de privation de liberté** peut visiter à tout moment, sur l'ensemble du territoire français, tout lieu où des personnes sont privées de liberté (depuis une loi du 30 octobre 2007), établissements pénitentiaires, établissements de santé (soins psychiatriques sans consentement), locaux de garde à vue et de rétention douanière, centres et locaux de rétention administrative des étrangers, zones d'attente des ports et aéroports, centres éducatifs fermés (etc.) pour veiller au respect des droits fondamentaux des personnes privées de liberté. Dominique Simonnot est contrôleuse générale depuis le 14 octobre 2020.

C. Les institutions locales

- Les **institutions locales déconcentrées** dépendent de l'État : ce sont les préfectures, les sous-préfectures, les administrations déconcentrées et les chambres régionales des comptes (qui dépendent de la Cour des comptes).
- Les **institutions locales décentralisées** sont autonomes, elles tirent leur légitimité de leur élection : ce sont les conseils régionaux, les conseils départementaux et les communes.

3. La déconcentration et la décentralisation

L'État centralisé s'est déconcentré avant d'entamer un long processus de décentralisation.

A. La centralisation du pouvoir

Avant la Révolution de 1789, la France était un État centralisé : toutes les décisions se prenaient à la cour du roi. Le pouvoir central (le gouvernement) n'avait pas de représentant local : il n'était pas déconcentré.

B. La déconcentration du pouvoir central

Le pouvoir central (le gouvernement) installe, à partir de la Révolution, des préfets sur tout le territoire, pour le représenter localement : le préfet dépend de l'État, fait appliquer ses décisions, lui obéit et lui rend des comptes. Les préfets et les sous-préfets, créés le 22 décembre 1789, sont des autorités déconcentrées : ils représentent le gouvernement à l'échelon local, ils dirigent en son nom ses services déconcentrés.

NOTE DU FORMATEUR

Un gouvernement déconcentré est un gouvernement centralisé qui détache localement une autorité pour le représenter.

C. La décentralisation

La décentralisation débute le 2 mars 1982, sous l'impulsion de François Mitterrand et de Gaston Deferre, ministre de l'Intérieur du gouvernement de Pierre Mauroy. Les lois Deferre prévoient le transfert d'un certain nombre des pouvoirs et des compétences de l'État central aux collectivités territoriales élues.

Les collectivités territoriales jouissent d'une très grande indépendance, une partie importante des décisions n'est plus prise « au centre », par le gouvernement, mais localement, par des assemblées délibérantes élues : la décentralisation rapproche le pouvoir du peuple, des électeurs.

Les compétences transférées sont classées en trois « **blocs de compétences** » (on dit que chaque collectivité est « **chef de file** » dans un ou plusieurs domaines : elle assume un rôle d'impulsion et de coordination) :

- la maîtrise du sol (urbanisme et équipements de proximité) est attribuée à la commune ;
- l'action sociale et la santé, l'équipement rural et les routes départementales sont attribués au département ;
- l'économie et la formation professionnelle sont attribuées à la région.

L'État a conservé certaines de ses missions dites « régaliennes » : l'armée, la collecte des impôts, les affaires étrangères, la police, la justice, l'Éducation nationale, etc.

4. Les collectivités territoriales

Les collectivités territoriales sont essentiellement les **communes** (administrées par les conseils municipaux), les **départements** (administrés par les conseils départementaux) et les **régions** (administrées par les conseils régionaux).

ATTENTION

L'expression « collectivité locale » n'est plus juridiquement correcte : elle a disparu de l'article 34 de la Constitution lors de la révision constitutionnelle du 28 mars 2003. Elle a été remplacée par « collectivité territoriale ».

Leurs compétences sont complémentaires :

– Le **conseil régional** est responsable de la formation professionnelle des adultes, de l'entretien et de la construction des lycées, des résidences universitaires, des parcs naturels régionaux ; il finance et développe les transports en commun (trains régionaux, bus, métros), une partie des routes, rocades et autoroutes et les transports scolaires ; il participe au développement économique.

– Le **conseil départemental** est responsable de l'entretien et de la construction des collèges, de l'aide sociale, de la protection de l'enfance, de la construction et l'entretien des routes départementales.

NOTE DU FORMATEUR

Les conseils généraux sont devenus les conseils départementaux après les élections départementales (ex-élections cantonales) de mars 2015 : ils sont désormais composés de conseillers départementaux (ex-conseillers généraux), élus par binômes.

– La **commune** est responsable de l'entretien et de la construction des écoles élémentaires, de l'état civil et des élections ; elle a des compétences en action sociale, en action économique et en urbanisme, en action culturelle et sportive ; elle intervient sur l'environnement (gestion de l'eau potable, ramassage des ordures ménagères, traitement des déchets et des eaux usées).

NOTE DU FORMATEUR

La protection de l'enfance n'est plus de la compétence de la DDASS (ancienne administration déconcentrée placée sous l'autorité du préfet) depuis le 6 janvier 1986, mais de la compétence du service de l'aide sociale à l'enfance (ASE) qui dépend du conseil départemental. Le 119 est un numéro vert (gratuit et anonyme) qui permet à quiconque d'informer les services de l'ASE de la situation d'un enfant en danger.

Les collectivités territoriales sont des **administrations décentralisées**. Chaque collectivité territoriale est dirigée par une **assemblée délibérante élue** : quand une assemblée délibérante élue prend des décisions, elle **vote des délibérations**. Son élection lui donne sa légitimité : ses décisions sont légales, elles doivent être respectées, puisque ses membres ont été élus par les électeurs.

Les **conseillers municipaux** sont élus lors des **élections municipales** : ils élisent ensuite leur président, qu'on appelle le maire.

Les **conseillers régionaux** et les **conseillers départementaux** sont élus lors des **élections régionales** et des **élections départementales** : ils élisent ensuite leur président.

Le contentieux électoral de ces élections, dites locales (par opposition aux élections nationales), est de la responsabilité des juridictions administratives que sont le tribunal administratif, la cour administrative d'appel et le Conseil d'État.

Les fonctionnaires qui travaillent dans les collectivités territoriales appartiennent à la fonction publique territoriale.

Les fonctionnaires qui travaillent dans les préfectures et dans les administrations déconcentrées appartiennent à la fonction publique d'État.

CONSEIL DU FORMATEUR

La **loi du 13 juillet 1983 portant droits et obligations des fonctionnaires**, qui s'appliquait aux agents des trois fonctions publiques (contractuels, stagiaires et titulaires) est désormais intégrée au nouveau **Code général de la fonction publique** (CGFP), **entré en vigueur le 1er mars 2022**. Il rassemble les quatre lois statutaires de la fonction publique, dites « Le Pors » :

- la **loi du 13 juillet 1983** portant droits et obligations des fonctionnaires, commune aux trois fonctions publiques ;
- la **loi du 11 janvier 1984** portant dispositions statutaires relatives à la **fonction publique d'État** ;
- la **loi du 26 janvier 1984** portant dispositions statutaires relatives à la **fonction publique territoriale** ;
- la **loi du 9 janvier 1986** portant dispositions statutaires relatives à la **fonction publique hospitalière**.

La révision constitutionnelle du 28 mars 2003 a fait des régions des collectivités locales à part entière, au même titre que les communes et les départements : cette révision a modifié l'article 1 de la Constitution, qui précise désormais que « la France est une République indivisible, laïque, démocratique, sociale et décentralisée ».

Le fonctionnement des collectivités territoriales est détaillé dans le **Code général des collectivités territoriales** (CGCT), qui remplace progressivement le Code des communes depuis 1984.

Les collectivités territoriales sont des **personnes morales de droit public** ; les associations et les entreprises sont des **personnes morales de droit privé**. Les services de l'État installés au niveau local ne sont pas des personnes morales : ils ne sont que des administrations déconcentrées.

Les collectivités territoriales détiennent des compétences propres, qui leur sont attribuées par la loi. Elles exercent un pouvoir de décision par l'intermédiaire de la délibération, qui est adoptée au moyen d'un vote : on les appelle des assemblées délibérantes. Leur autonomie administrative leur permet de disposer de leur propre personnel et de leur propre budget.

Le contrôle de l'État central

La collectivité territoriale est une personne morale de droit public : son autonomie lui permet de disposer de son propre personnel et de son propre budget. Les collectivités perçoivent une partie des impôts locaux (taxe d'habitation, taxe foncière, contribution économique territoriale), et des subventions de fonctionnement ou d'investissement versées par l'État. Le préfet et les cours régionales des comptes assurent sur les décisions des collectivités un contrôle *a posteriori*.

Le préfet

Le **préfet** représente localement le pouvoir central, c'est-à-dire le gouvernement et chacun des ministres. Il dirige les administrations déconcentrées et assure le contrôle, au nom de l'État, des collectivités territoriales. Il est un haut fonctionnaire d'État nommé par décret du président de la République, pris en Conseil des ministres : il n'est donc pas élu. Il dépend du ministère de l'Intérieur.

NOTE DU FORMATEUR

Le mot « préfet » est d'origine latine, *praefectus* signifie « placé en tête » (pensez à la proue du navire).

Le préfet existe depuis le 22 décembre 1789, date à laquelle ont été créés les départements. Il s'est appelé « commissaire de la République » de mai 1982 à février 1988. Une femme préfet peut être préfet, ou préfète.

Le préfet a souvent fait ses études à l'ENA, l'École nationale d'administration.

Le préfet n'est pas officier de police judiciaire.

Le préfet du département est installé à la préfecture. Il coordonne l'action des sous-préfets. Il assure le contrôle des communes et du conseil départemental.

Le préfet de région est installé à la préfecture de région. Il coordonne l'action des préfets. Il assure le contrôle de légalité des actes et des délibérations du conseil régional. Il coordonne l'action des préfets. Il cumule les fonctions de préfet de région et de préfet du département dans lequel est située la préfecture de région.

Le préfet est une **autorité déconcentrée** : il dépend de l'État.

NOTE DU FORMATEUR

Le 1er janvier 2022, l'**Institut national du service public** (INSP) a remplacé l'École nationale d'administration (ENA), créée en 1945 par Charles de Gaulle. L'INSP est installé à Strasbourg, dans les locaux de l'ancienne prison pour femmes où l'ENA avait elle-même été délocalisée en 1993.

5. Le découpage du territoire

La France est découpée en régions : il y a une préfecture de région à la tête de chaque région.

Les régions sont découpées en départements : il y a une préfecture à la tête de chaque département.

Les départements sont découpés en arrondissements : il y a théoriquement une sous-préfecture à la tête de chaque arrondissement (elle est installée dans le chef-lieu d'arrondissement).

Les arrondissements sont découpés en cantons (sauf à Paris) : il y a un chef-lieu de canton à la tête de chaque canton.

Les départements sont aussi découpés en communes : les plus grandes peuvent être constituées de plusieurs arrondissements ou de plusieurs cantons.

Les communes sont désormais toutes rassemblées dans des structures intercommunales, qui permettent de mutualiser les moyens et les investissements (ce sont les communautés urbaines de communes ou d'agglomérations).

NOTE DU FORMATEUR

La loi a imposé aux communes de se regrouper au sein d'**établissements publics de coopération intercommunale** (EPCI) pour assurer ensemble certaines prestations (ramassage des ordures ménagères, assainissement, transports urbains, etc.), élaborer des projets de développement économique, d'urbanisme ou d'aménagement (construction et gestion d'un équipement sportif, d'un théâtre, etc.). Il en existe 1 254, dont 21 **métropoles** (hors celle de Lyon, qui réunit les 1 390 240 habitants de 59 communes et bénéficie d'un statut particulier), 14 **communautés urbaines**, 227 **communautés d'agglomération** et 9 922 **communautés de communes** (DGCL, janvier 2022). Toutes les communes appartiennent désormais à un EPCI, à l'exception de quatre communes insulaires isolées, qui regroupent 6 373 habitants (îles de Sein, de Bréhat, d'Ouessant et d'Yeu).

Les collectivités territoriales de la République

L'article 72 de la Constitution définit comme « collectivités territoriales de la République » :

– les 34 955 communes au 1er janvier 2022, plus de 700 communes nouvelles ont été créées entre le 1er janvier 2016 et le 1er janvier 2019, mais 9 seulement au cours de l'année 2021 ;

– les 96 départements de Corse et de métropole ;

– les 5 départements et régions d'outre-mer (DROM : Guadeloupe, Guyane, Martinique, Mayotte (depuis le 31 mars 2011, le processus de départementalisation s'étend jusqu'en 2036) et La Réunion (en Guyane et en Martinique, le département et la région ont fusionné en 2011 en une collectivité unique : l'Assemblée de Guyane et l'Assemblée de Martinique) ;

– les 12 régions de métropole ;

– les 5 collectivités d'outre-mer (COM) : Saint-Pierre-et-Miquelon, Wallis-et-Futuna, la Polynésie française, Saint-Barthélemy et Saint-Martin (ce ne sont plus des TOM depuis la révision du 28 mars 2003) ;

– la Nouvelle-Calédonie (dotée d'un gouvernement autonome, elle bénéficie d'un statut spécial, mais elle vient, par référendum, de refuser son indépendance) ;

– les TAAF, terres australes et antarctiques françaises : elles restent le seul TOM (depuis la loi statutaire du 6 août 1955).

CONSEIL DU FORMATEUR

Situez sur une mappemonde Mayotte, Saint-Pierre-et-Miquelon, Wallis-et-Futuna et la Polynésie française : de quels continents font-ils partie ? Dans quel(s) océan(s) sont-ils ? Quels sont les pays les plus proches ? Où se trouve l'île Sainte-Hélène qui a accueilli Napoléon Bonaparte en exil ?

NOTE DU FORMATEUR

La loi du 28 février 2017, dite loi relative au statut de Paris et à l'aménagement métropolitain, est venue moderniser l'organisation administrative de la Ville de Paris, qui datait de la Révolution française (à l'exception de l'instauration de l'élection du maire de Paris au suffrage universel en 1977 : avant cette date, Paris était une ville sans maire, elle était dirigée par un préfet). Le 1er janvier 2019, la ville et le département ont été fusionnés : Paris est devenue une collectivité unique à statut particulier qui exerce les compétences de la commune et du département. Les quatre arrondissements centraux (1er, 2e, 3e et 4e arrondissements) vont être regroupés : lors des prochaines élections municipales, les habitants de ces quatre arrondissements éliront un seul Conseil d'arrondissements (et non plus quatre), ils n'auront plus qu'un seul maire d'arrondissements (les 4 arrondissements ne garderont que leur périmètre géographique). Le maire de Paris a désormais des pouvoirs comparables à ceux des autres maires de France, dans les domaines de la circulation, de la lutte contre l'habitat indigne, des nuisances sonores, des affaires funéraires, de la police des baignades ou encore la délivrance des titres d'identité (ces responsabilités étaient auparavant dévolues aux services de la préfecture de Police). Le rôle des maires d'arrondissements va être renforcé, par exemple dans le domaine de la propreté.

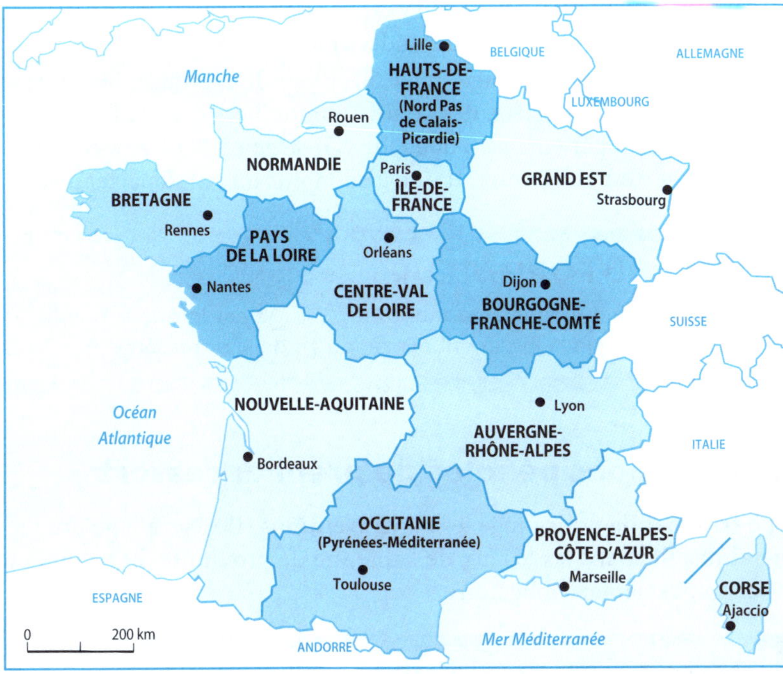

CONSEIL DU FORMATEUR

Révisez votre géographie française : les régions, les préfectures des régions, les départements, les préfectures des départements... Attention aux pièges ! Si Reims est la plus grande ville de la Marne, elle n'en est pas la préfecture ! et Brive-la-Gaillarde, en Corrèze ?

6. L'organisation judiciaire de la France

Les juridictions du premier ressort sont celles qui jugent en premier lieu, avant un éventuel appel et un possible pourvoi.

Les mineurs relèvent en premier ressort de juridictions spécialisées.

A. Les juridictions civiles du premier ressort

Le tribunal de grande instance (TGI) s'appelle tribunal judiciaire depuis le 1er janvier 2020, et le tribunal d'instance (TI) est désormais une antenne de proximité du tribunal judiciaire. Les juges d'instance qui siègent au tribunal judiciaire s'appellent maintenant les **juges des contentieux de la protection**.

■ L'**antenne de proximité du tribunal judiciaire** juge, quel qu'en soit le montant, les litiges nés des crédits à la consommation et les litiges entre propriétaire et locataire, les funérailles, les tutelles et l'émancipation. Il juge aussi les autres litiges inférieurs à 10 000 euros. L'avocat n'y est pas obligatoire. Il siège à juge unique. Il y en avait jadis un par chef-lieu d'arrondissement.

■ Le **tribunal judiciaire** juge, quel qu'en soit le montant, les litiges nés de la construction, de la propriété, des crédits immobiliers et de la famille. Il juge aussi les autres litiges supérieurs à 10 000 euros. Il siège en audience collégiale de trois juges, l'avocat y est obligatoire. Il y en a au moins un par département.

NOTE DU FORMATEUR

L'appel est impossible si le montant du litige est inférieur à 4 000 euros (on dit alors que le jugement est rendu en dernier ressort).

B. Les juridictions pénales du premier ressort

■ Le **tribunal de police** juge les **contraventions**. Il siège à juge unique. Il est en général installé dans les locaux de l'antenne de proximité du tribunal judiciaire. L'avocat n'y est jamais obligatoire.

NOTE DU FORMATEUR

On ne paye pas une contravention : on la commet. La contravention est commise par un contrevenant qui contrevient : il est passible d'une amende (qu'il lui faudra payer).

Le ministère public est représenté par le commissaire de police, appelé l'officier près le ministère public (le maire peut aussi, en théorie, assumer ce rôle). Le tribunal de police statue en dernier ressort pour les contraventions des quatre premières classes.

NOTE DU FORMATEUR

Les audiences des tribunaux français sont publiques : assistez, près de chez vous, à un procès pénal au tribunal correctionnel, à une audience civile du tribunal judiciaire...

■ Le **tribunal correctionnel** juge les **délits**. Il siège en audience collégiale de trois juges, mais il existe des procédures « à juge unique ». Il est installé dans les locaux du tribunal judiciaire. Le ministère public est représenté par le procureur de la République ou l'un de ses substituts. L'avocat n'y est jamais obligatoire.

■ La **cour d'assises** juge les **crimes**. Elle siège, dans les locaux du tribunal judiciaire, en audience collégiale de trois juges et de six jurés, tirés au sort sur les listes électorales des élections nationales. Le ministère public est représenté par le procureur général de la cour d'appel, par l'un de ses avocats généraux, par le procureur de la République ou par l'un de ses substituts. L'avocat y est obligatoire.

■ La **cour criminelle départementale** est une cour d'assises sans jurés, composée de cinq magistrats ; elle n'existe encore, à titre expérimental, que dans une quinzaine de départements. Elle juge les crimes punis de 15 à 20 ans de réclusion, la cour d'assises restant compétente pour les crimes punis de plus de 20 ans de réclusion.

> **NOTE DU FORMATEUR**
>
> Crime, meurtre et assassinat ne sont pas des synonymes : les crimes ne sont pas tous des homicides (ils ne causent pas tous la mort), les meurtres sont des homicides volontaires, et les assassinats des homicides volontaires prémédités.

> **NOTE DU FORMATEUR**
>
> L'ordonnance du 2 février 1945, qui adaptait le droit pénal et la procédure pénale à la minorité, a été abrogée le 11 septembre 2019. Elle va être remplacée par un **Code de justice pénale des mineurs** (CJPM) qui devrait entrer en vigueur le 31 mars 2021. Les mineurs seront toujours pénalement responsables dès leur naissance (art. 122-8 du Code pénal), mais bénéficieront avant 13 ans d'une présomption d'irresponsabilité. L'âge de la sanction pénale (amende et emprisonnement) reste fixé à 13 ans (il existe d'autres sanctions, pour les moins de 13 ans, inscrites au casier judiciaire). La minorité reste considérée comme une circonstance atténuante (elle peut ne pas être prise en compte à partir de 16 ans), et la majorité pénale est toujours fixée à 18 ans, comme la majorité civile. Le mineur émancipé est considéré comme mineur par la justice pénale.

■ Le **tribunal pour enfants** (ou le juge des enfants en audience dite « de cabinet » : il est alors tout seul) examine les contraventions de 5e classe (les contraventions des quatre premières classes restent de la compétence du tribunal de police). Il examine aussi les délits et les crimes commis par les mineurs de moins de 16 ans. Il siège au tribunal judiciaire en audience collégiale de trois juges : il est présidé par un JE encadré de deux assesseurs. Le ministère public est représenté par le procureur de la République ou l'un de ses substituts. L'avocat y est obligatoire.

■ La **cour d'assises des mineurs** juge les crimes commis par les mineurs de 16 à 18 ans. Elle siège en audience collégiale de trois juges (dont 2 JE) et de neuf jurés (les mêmes qu'en cour d'assises). Le ministère public est représenté par le procureur général de la cour d'appel, par l'un de ses avocats généraux, par le procureur de la République ou par l'un de ses substituts. L'avocat y est obligatoire.

C. Les juges aussi sont des juridictions

Le juge aux affaires familiales, le juge des tutelles, le juge des enfants, le juge d'instruction, le juge des libertés et de la détention, le juge d'application des peines, le juge de l'exécution… ont le droit de rendre des décisions, appelées « ordonnances », qui sont susceptibles d'appel ou de recours : ils sont donc, chacun, une juridiction civile ou pénale (un juge rend des ordonnances, un tribunal des jugements).

D. Les juridictions d'appel et de pourvoi

On interjette appel devant la cour d'appel.

On se pourvoit devant la Cour de cassation.

> **NOTE DU FORMATEUR**
> Les jugements des cours d'assises, d'appel et de la Cour de cassation s'appellent des arrêts.

■ La **cour d'appel** rejuge l'affaire sur le fond : elle examine les faits et rend un jugement différent du premier ressort.

En pénal, seuls le condamné et le parquet ont la possibilité d'interjeter appel.

Les parties civiles ne peuvent interjeter appel que sur le montant des dommages et intérêts.

L'appel des décisions de la cour d'assises et de la cour criminelle départementale est porté devant la **cour d'assises d'appel** : la cour d'assises d'appel est composée de trois juges et de neuf jurés de cour d'assises.

■ La **Cour de cassation** n'examine pas les faits : elle examine le droit.

On dit qu'elle juge la forme. Elle traque les vices de forme et qu'elle « dit le droit ». Elle rejette le pourvoi quand elle confirme le jugement. Elle le casse quand elle estime que le droit n'a pas été respecté durant la procédure : l'affaire est alors rejugée par une autre cour d'appel.

■ La **Cour européenne des droits de l'homme** (CEDH) est compétente pour juger et condamner les 47 États qui ont à ce jour ratifié la Convention européenne des droits de l'homme : celui qui estime qu'un de ses droits fondamentaux a été bafoué par un des 47 États peut saisir la cour après avoir épuisé tous les recours dans l'État mis en cause.

7. Les juridictions administratives

Les juridictions administratives, dans lesquelles siègent des magistrats de l'ordre administratif, sont le **tribunal administratif** (au moins un par région), la **cour administrative d'appel** et le **Conseil d'État**. Ils examinent le **contentieux administratif** (les litiges entre citoyens et administrations) et le **contentieux électoral** (les litiges nés des élections locales et européennes).

8. L'Europe et les institutions européennes

L'**Union européenne** (UE) est née le 7 février 1992, lors de la signature du traité de Maastricht par les douze États membres de la Communauté économique européenne (CEE) : elle est aujourd'hui composée de vingt-sept pays depuis le départ du Royaume-Uni.

> **CONSEIL DU FORMATEUR**
> Consultez une carte pour visualiser les frontières de l'Europe : situez chacun des 27 pays (et leurs capitales), repérez chacune des villes (Maastricht, Schengen) où ont été signés les traités les plus importants.

A. La création de l'Union européenne

La France, le Benelux (la Belgique, les Pays-Bas, le Luxembourg) et le Royaume-Uni signent le 17 mars 1948 le traité de Bruxelles : il organise une première collaboration économique, sociale, culturelle et de défense.

La Communauté européenne du charbon et de l'acier (CECA. voit le jour à Paris le 18 avril 1951, elle réunit l'Allemagne, l'Italie, la France et le Benelux, pour faciliter les échanges de matières premières nécessaires à l'activité sidérurgique.

Le traité de Rome du 25 mars 1957 crée la Communauté économique européenne (CEE), un grand « marché commun » rendant possible la libre circulation des personnes et des biens.

Le traité donne aussi naissance à la Communauté européenne de l'énergie atomique (CEEA, dite « Euratom »).

La CECA, la CEE et Euratom fusionnent le 8 avril 1965.

Le 7 février 1986, l'Acte unique européen est signé à Luxembourg. Il préfigure l'Union européenne, née à Maastricht (Pays-Bas) le 7 février 1992. Elle rassemble douze pays (Allemagne, Belgique, Luxembourg, Pays-Bas, France, Italie, Danemark, Irlande, Royaume-Uni, Grèce, Espagne et Portugal).

Le **traité de Maastricht** instaure la citoyenneté européenne. Il autorise les ressortissants d'un des États membres à circuler et à résider librement dans l'espace de l'UE, à voter et à être élu aux élections municipales ou européennes du pays dans lequel il est domicilié. Il décide de créer une monnaie unique, l'euro, qui sera mis en circulation le 1er janvier 2002. Différents traités et conventions sont signés par la suite, pour organiser l'Union (Schengen en 1995, Amsterdam en 1997, Nice en 2000, Rome en 2004, Lisbonne en 2007).

B. Les pays membres, leur capitale et leur date d'entrée dans l'Union

Tous les pays membres de l'UE n'ont pas adopté l'euro, et tous n'ont pas signé le traité de Schengen, qui supprime les frontières entre pays membres.

Allemagne (Bonn, puis Berlin), 1957 Autriche (Vienne), 1995 Belgique (Bruxelles), 1957 Bulgarie (Sofia), 2007 Chypre (Nicosie), 2004 Croatie (Zagreb), 2013 Danemark (Copenhague), 1973 Espagne (Madrid), 1986 Estonie (Tallinn), 2004 Finlande (Helsinki), 1995 France (Paris), 1957 Grèce (Athènes), 1981 Hongrie (Budapest), 2004 Irlande (Dublin), 1973	Italie (Rome), 1957 Lettonie (Riga), 2004 Lituanie (Vilnius), 2004 Luxembourg (Luxembourg), 1957 Malte (La Valette), 2004 Pays-Bas (Amsterdam), 1957 Pologne (Varsovie), 2004 Portugal (Lisbonne), 1986 République tchèque (Prague), 2004 Roumanie (Bucarest), 2007 Slovaquie (Bratislava), 2004 Slovénie (Ljubljana), 2004 Suède (Stockholm), 1995

Ils sont officiellement candidats pour rejoindre l'Union : la Turquie (depuis 1999), la Macédoine du Nord (2005), le Monténégro (2010), la Serbie (2012) et l'Albanie (2014). L'Islande était candidate, mais elle a retiré sa candidature, préférant rester libre de ses choix et indépendante. Depuis le début de la guerre en Ukraine, le 24 février 2022, trois pays ont demandé à adhérer à l'Union européenne (UE) : l'Ukraine (le 28 février 2022), la Moldavie et la Géorgie (le 3 mars 2022).

Ils sont en Europe, mais ne font pas partie de l'Union : le Liechtenstein, la Norvège, la Suisse, la Bosnie-Herzégovine, Andorre, Monaco, Saint-Marin…

NOTE DU FORMATEUR

Le 23 juin 2016, les Britanniques ont choisi par référendum de quitter l'Union européenne, et leur gouvernement a « déclenché l'article 50 du traité sur l'Union européenne » le 29 mars 2017 : c'est le « Brexit » (abréviation de « British Exit »). Le Royaume-Uni (qui comprend l'Angleterre, l'Écosse, le pays de Galle et l'Irlande du Nord. a officiellement quitté l'Union européenne le 31 janvier 2020.

C. Les symboles de l'Europe

- Un **drapeau** : un cercle de douze étoiles d'or sur fond bleu (depuis 1955).
- Un **hymne** : l'*Ode à la joie*, extrait de la 9e *Symphonie* de Beethoven (depuis 1972).

■ Une **journée** : le 9 mai, qui commémore la déclaration de Robert Schuman en 1950 (depuis 1985).

■ Une **devise** : *in varietate concordia*, « unie dans la diversité » (depuis 2000).

D. Les institutions de l'Europe

■ **Le Parlement européen.** Les 705 députés qui le composent sont élus pour cinq ans dans chacun des 27 pays membres (la France en élit 79, le Luxembourg 6). Il siège à Strasbourg en séances plénières, et à Bruxelles en commissions. Son secrétariat général est à Luxembourg.

■ **La Commission européenne.** Installée à Bruxelles, elle est composée de 27 commissaires. Elle propose et met en place les politiques communautaires.

■ **Le Conseil européen.** Composé des chefs d'État et de gouvernement des pays membres, il définit la politique de l'Union et nomme tous les cinq ans le président de la Commission européenne (le Belge Charles Michel en est le président depuis le 1er décembre 2019),

■ **Le Conseil de l'Union européenne.** Il rassemble, pour des réunions qui se tiennent à Bruxelles, les ministres des gouvernements des pays membres.

■ **La Cour de justice des Communautés européennes.** Elle regroupe à Luxembourg la Cour de justice, le tribunal de première instance et le tribunal de la fonction publique. Elle examine les contentieux et les désaccords juridiques entre les institutions, les États et les citoyens.

■ **La Cour européenne des droits de l'homme (CEDH).** Elle veille à Strasbourg au respect de la Convention européenne des droits de l'homme, signée par 47 États.

■ **La Cour des comptes.** Elle contrôle à Luxembourg la gestion financière de l'Union.

■ **La Banque centrale européenne (BCE).** Installée à Francfort, elle gère l'euro et la politique monétaire de l'Union.

■ **La Banque européenne d'investissement (BEI).** Implantée à Luxembourg, elle finance des projets d'investissement de l'Union, dont profitent les 27 États membres.

E. Le fonctionnement de l'Europe

La **Constitution européenne** a été rejetée en 2005 par la France et les Pays-Bas.

Un nouveau texte a été rejeté par l'Irlande en 2008.

Le fonctionnement de l'Union a reposé sur le **traité de Nice** (2001-2007) avant l'entrée en vigueur du **traité de Lisbonne** le 1er janvier 2009.

Le traité de Lisbonne a été signé à Lisbonne le 13 décembre 2007. Il organise le fonctionnement de l'Union en attendant qu'une Constitution européenne soit un jour adoptée.

Le Conseil de l'Union définit la politique européenne.

La Commission européenne propose au Conseil de l'Union les politiques communautaires : le Conseil de l'Union adopte ou rejette les propositions de la Commission.

Le Parlement européen assure le contrôle démocratique de l'Union : il se prononce sur les propositions de la Commission européenne et participe à l'élaboration des directives et des règlements en collaboration avec le Conseil.

La Commission européenne met en place les politiques communautaires.

La présidence tournante

Le Conseil européen et le Conseil de l'Union européenne sont présidés à tour de rôle (pour six mois) par un des pays membres. Malte a présidé l'Union de janvier à juin 2017, puis, malgré le Brexit, le Royaume Uni (de juillet à décembre 2017), l'Estonie (de janvier à juin 2018), l'Autriche (de juillet 2018 à décembre 2018) et la Roumanie (de janvier à juin 2019) puis la Finlande, de juillet à décembre, la Croatie, de janvier à juin 2020 et l'Allemagne, de juillet à décembre 2020, juste avant le Portugal (de janvier à juin 2021), la Slovénie et la France (de janvier à juin 2022). La Tchéquie a pris la suite (de juillet à décembre 2022), ce sera ensuite le tour de la Suède, de l'Espagne et de la Belgique.

> **NOTE DU FORMATEUR**
>
> Depuis 1995, la France a présidé quatre fois l'Union européenne (1995, 2000, 2008 et 2022).

L'Union européenne est la 3e puissance économique mondiale (source FMI, 2021) avec 14 500 milliards de dollars de produit intérieur brut (PIB), entre les États-Unis d'Amérique (22 675 milliards) et la Chine (16 642 milliards). La France est huitième (derrière le Japon, l'Allemagne, le Royaume-Uni et l'Inde) avec 2 938 milliards, juste devant l'Italie, le Canada et la Corée du Sud

> **NOTE DU FORMATEUR**
>
> Le Fonds monétaire international (FMI) est une institution internationale installée à Washington. Il regroupe 187 pays. Son rôle est de « promouvoir la coopération monétaire internationale, de garantir la stabilité financière, de faciliter les échanges internationaux, de contribuer à un niveau élevé d'emploi, à la stabilité économique, et de faire reculer la pauvreté ». Dominique Strauss-Kahn (surnommé DSK) en a été le directeur général (2007-2011), Christine Lagarde occupe la fonction depuis 2011.

3. Géographie physique, humaine, économique de la France et de l'Europe

La France est un pays d'Europe continentale d'une superficie de 551 500 km², ce qui la met au 41e rang mondial (675 417 km² en comptant les territoires d'outre-mer, mais sans la Terre Adélie). Le pays le plus grand du monde est la Russie (17 098 242 km²) suivie du Canada (9 984 670 km²) et de la Chine (9 598 094 km²), des États-Unis (9 372 610 km²), du Brésil (8 547 906 km²) et de l'Australie (7 687 454 km²). Les plus petits sont Monaco (2,2 km²) et le Vatican (0,44 km²) : il faudrait 38 millions de Vatican pour constituer la Russie !

> **NOTE DU FORMATEUR**
>
> L'Union européenne s'étend sur 4 376 780 km². Elle compte 460 226 675 habitants. Le plus petit État de l'Union est Malte (316 km²), et le plus grand la France (les deux plus grands pays d'Europe continentale sont la Russie et l'Ukraine). Malte est aussi le pays d'Europe le plus peuplé ; la Finlande est le moins peuplé.

La France est l'un des 198 pays du monde : ils sont répartis sur six continents, l'Europe (10 180 000 km²), l'Amérique (42 189 120 km²), l'Afrique (30 206 704 km²), l'Asie (43 810 582 km²), l'Océanie (9 008 458 km²) et l'Antarctique (14 200 000 km²). La Terre fait 510 067 420 km², dont 361 126 222 km² d'océans : 166 241 700 km² pour l'océan Pacifique, 106 000 000 km² pour l'océan Atlantique, 75 000 000 de km² pour l'océan Indien, 20 327 000 km² pour l'océan Antarctique et 14 090 000 km² pour l'océan Arctique.

> **NOTE DU FORMATEUR**
>
> L'Antarctique est au sud (méridional) : on y trouve des manchots. L'Arctique est au nord (septentrionnal) : on y trouve des pingouins, des ours polaires et des Eskimos.

1. Géographie physique de la France

La France métropolitaine a quatre façades maritimes sur la mer du Nord et la Manche (qui font partie de l'océan Atlantique), sur l'océan Atlantique lui-même et sur la mer Méditerranée : la longueur totale de ses côtes atteint 3 805 kilomètres (4 668 kilomètres en comptant les DOM).

NOTE DU FORMATEUR

La France s'étend sur 1000 kilomètres du nord au sud et d'est en ouest. La plus grande distance Nord-Sud : de Bray-Dunes (frontière belge) à Cerbère (frontière espagnole). La plus grande distance Est-Ouest : de Mulhouse (frontières suisse et allemande) à la pointe du Raz.

La France est composée d'un certain nombre d'îles : l'île de La Réunion et Mayotte, la Martinique et la Guadeloupe, la Corse et les îles de Saint-Pierre-et-Miquelon, les îles de Batz et de Bréhat, d'Ouessant et de Molène, de Groix et de Sein. Belle-Île et l'Île aux Moines sont dans le Morbihan. Les îles de Noirmoutier, d'Yeu, de Ré et d'Oléron se trouvent en face des Charentes et de la Vendée, tout à côté de l'île d'Aix, où Napoléon a séjourné du 8 au 15 juillet 1815 avant de s'embarquer pour Sainte-Hélène.

NOTE DU FORMATEUR

Mayotte est un ensemble d'îles de l'archipel des Comores, situé dans le canal du Mozambique (océan Indien, au nord de Madagascar, à 2 heures d'avion de La Réunion), c'est une collectivité territoriale unique, à la fois département (976) et région, qui a pour chef-lieu Dzaoudzi, sur l'île Petite-Terre (mais Mamoudzou, sur Grande-Terre, est la ville la plus peuplée).

A. Les frontières de la France

La France a 4 072 kilomètres de frontières terrestres, 56,6 km avec l'Andorre, 620 km avec la Belgique, 73 km avec le Grand Duché du Luxembourg, 451 km avec l'Allemagne, 573 km avec la Suisse, 488 km avec l'Italie, 4,4 km avec la principauté de Monaco et 623 km avec l'Espagne. La Guyane a 673 km de frontière terrestre avec le Brésil et 510 km avec le Suriname (la Terre Adélie : 2 100 km environ avec l'Australie). Si l'on excepte sa frontière nord-est, la France est délimitée principalement par des mers, par l'océan et par des frontières naturelles, comme le Rhin, les massifs du Jura, des Alpes et des Pyrénées.

NOTE DU FORMATEUR

Le mont Blanc culmine à 4 810 mètres : il est (dans les Alpes) le point culminant de la France et de l'Europe.
Il y a sur la Terre quatorze sommets de plus de 8 000 mètres, tous situés dans le massif de l'Himalaya (à cheval sur l'Inde, le Pakistan, le Népal et la Chine) : l'Everest (8 848 m) est probablement le plus connu, avec l'Anapurna (8 091 m), le premier qui a été conquis, le 3 juin 1950, par les alpinistes français Louis Lachenal et Maurice Herzog.

B. Le centre de la France

Le centre géographique de la France varie selon la manière dont on le calcule, et selon que l'on tient compte ou non de la Corse et des départements ou territoires d'outre-mer : Bruère-Allichamps, Saint-Amand-Montrond, Saulzais-le-Potier et Vesdun (dans le Cher), Saint-Sauvier (dans l'Allier) se sont proclamées « centre de la France ».

C. Les fleuves et les rivières de France

La **Loire**, dont le bassin est entièrement en France, est le plus long de nos fleuves avec 1 013 km. Sa source se trouve au mont Gerbier-de-Jonc (1 551 mètres), dans le Massif central (Ardèche). Son embouchure se trouve dans le département de la Loire-Atlantique. La **Seine** est longue de 777 kilomètres. Sa source se trouve sur le plateau de Langres (446 mètres), en Côte-d'Or. Elle se jette dans la Manche à hauteur du Havre.

> **NOTE DU FORMATEUR**
> Trois fleuves traversent la Guyane, l'Oyapock (370 km), la Mana (430 km) et le Maroni (520 km).

La **Garonne** prend sa source au Val d'Aran, dans les Pyrénées espagnoles, mais l'essentiel de sa carrière (522,6 km sur 647 km) se déroule en France : les départements de Haute-Garonne, du Lot-et-Garonne et du Tarn-et-Garonne lui doivent leur nom. Elle se jette dans l'océan après avoir arrosé Bordeaux. Le **Rhône** prend sa source en Suisse, dans le canton du Valais : il traverse le lac Léman et arrose Lyon avant de rejoindre la mer Méditerranée en Camargue. Il est long de 815 kilomètres. La **Meuse** (950 km) naît en France (à Pouilly-en-Bassigny, en Haute-Marne) et file droit vers la Belgique, où elle traverse Namur et Liège avant de rejoindre les Pays-Bas. Le **Rhin** (1 230 km) sépare la France de l'Allemagne et borde l'Alsace : il prend sa source dans le canton suisse des Grisons et se jette dans la mer du Nord un peu après Rotterdam. L'**Escaut** (355 km) prend sa source dans l'Aisne : il traverse la Belgique (Tournai, Gand et Anvers) avant de rejoindre la mer du Nord aux Pays-Bas...

> **NOTE DU FORMATEUR**
> Un fleuve se jette dans la mer, alors qu'une rivière se jette dans un fleuve ou dans un lac.

La Somme, l'Orne, la Vilaine, la Charente, l'Adour, l'Aude, l'Hérault et le Var sont des fleuves de plus petite importance, que l'on qualifie parfois, à tort, de rivières. La Moselle, la Saône, l'Yonne, le Doubs, la Marne, l'Aisne, l'Oise, l'Allier, le Cher, le Loiret, l'Indre, la Vienne, la Mayenne, l'Ariège, le Lot, le Tarn, la Dordogne, l'Isère et la Drôme sont les principales rivières qui coulent en France.

2. Géographie physique de l'Europe

L'Europe continentale regroupe 51 pays, elle a une superficie de 10 392 855 km^2 (un tiers de l'Afrique, un quart de l'Asie, de l'Amérique). Elle recouvre 7 % de la planète et compte 733 millions d'habitants. On la surnomme souvent « Vieux Continent » par opposition au « Nouveau Monde » que sont les Amériques. L'Europe, à l'est, est délimitée par l'Oural, la mer Caspienne, le Caucase et le Bosphore : la Russie, comme la Turquie, est en effet à cheval sur deux continents, l'Europe et l'Asie. La Méditerranée et le détroit de Gibraltar séparent l'Europe de l'Afrique.

On distingue traditionnellement en Europe **cinq grandes régions géographiques** :

– l'Europe de l'Ouest (Belgique, Luxembourg, France, Monaco, Liechtenstein, Suisse, Allemagne) ;

– l'Europe centrale (Autriche, Hongrie, Pologne, République tchèque, Slovaquie, Slovénie) ;

– l'Europe du Sud (Portugal, Espagne, Andorre, Italie, Saint-Marin, Vatican, Malte, Croatie, Monténégro, Serbie, Grèce, Macédoine, Bosnie-Herzégovine, Albanie, Kosovo) ;

– l'Europe de l'Est (Bélarus, Ukraine, Russie, Roumanie, Moldavie, Bulgarie) ;

– l'Europe du Nord (Norvège, Suède, Danemark, Finlande, Estonie, Lituanie, Lettonie, Islande, Royaume-Uni, Irlande, Pays-Bas).

NOTE DU FORMATEUR

Les **Pays baltes** (Estonie, Lituanie, Lettonie) peuvent être classés parmi les pays de l'Est ou du Nord. On les appelle « Pays baltes » parce qu'ils longent la mer Baltique. La **Norvège**, la **Suède** et le **Danemark** forment, au nord, la Scandinavie.

Un cœur économique de l'Europe, surnommé « banane bleue », apparaît du nord de l'Italie au centre de l'Angleterre, *via* la Suisse, l'Allemagne (la Sarre et la Ruhr), la Lorraine (jadis très industrialiée), la Belgique et les Pays-Bas.

Les **centres urbains les plus importants d'Europe** sont Moscou (près de 15 millions d'habitants), Londres (13,5 millions), Istanbul (18,8 millions) et Paris (près de 12 millions avec la petite couronne).

A. Les points extrêmes de l'Europe

Le cap Nordkinn (Norvège), appelé cap Nord, est le point le plus au nord du Continent. Le point le plus au sud est la pointe de Tarifa (Espagne), en Andalousie, sur le détroit de Gibraltar. Le point le plus à l'ouest est le Cabo da Roca (Portugal), à côté de Lisbonne (à condition de ne pas inclure les îles isolées, Svalbard, Madère, Canaries, Açores, Groenland...).

On compte **119 sommets ultra-proéminents en Europe** (un sommet ultra-proéminent dépasse 1 500 mètres), dans les **Alpes** (France, Suisse, Italie, Autriche et Slovénie), dans les **Balkans** (Bulgarie, Grèce, Albanie et Macédoine), dans les

Carpates, d'où est originaire Dracula (Slovaquie et Roumanie), dans le **Caucase** (Russie, Azerbaïdjan, Géorgie et Arménie), en **Crimée** (Ukraine). On trouve aussi des sommets ultra-proéminents en Grèce, en Crète (2 456 m) et à Chypre (1 952 m), en Italie (l'Etna, 3 323 m) et en Corse (le Monte Cinto, 2 706 m), dans le **Massif central** (le puy de Sancy, 1885 m), en Espagne (Mulhacen, dans la **Sierra Nevada**, 3 479 m) et en Scandinavie (Norvège et Suède).

CONSEIL DU FORMATEUR

Situez ces massifs sur une carte d'Europe, regardez les pays dans lesquels ils se trouvent et repérez leurs capitales, les fleuves qui les traversent, les États qui les entourent...

B. Les langues européennes

L'Europe est très riche sur le plan linguistique : on y parle 35 langues officielles (l'allemand, l'anglais, le russe, le français, l'espagnol et l'italien dominent) et 225 langues secondaires (que l'on appelle « vernaculaires ») : cela ne représente que 3 % du total des langues vivantes parlées sur la planète ! Les langues dites « régionales » se trouvent souvent au bord de l'extinction, mais certaines, comme le breton, le corse et le basque, survivent (le catalan et le galicien en Espagne, le wallon et le flamand en Belgique, le gallois et l'écossais au Royaume-Uni)...

NOTE DU FORMATEUR

L'espéranto, créé en 1887, est une langue inventée pour favoriser à travers le monde entier la communication entre personnes de langues différentes : il n'a jamais pu se développer de manière suffisante.

C. Les religions en Europe

Le christianisme est la religion dominante en Europe. Elle est divisée en trois grandes confessions : le catholicisme (l'Europe compte environ 269 millions de catholiques, soit 37 % de sa population), l'orthodoxie (environ 171 millions d'orthodoxes, soit 23 %) et le protestantisme (107 millions de protestants, soit 15 %). L'Europe compte également 53 millions de musulmans (soit 7 %). L'Europe du Nord est plutôt protestante, l'Europe de l'Est plutôt orthodoxe, et l'Europe du Sud, de l'Ouest et du centre en majorité catholique : 25 % des Européens se disent « non religieux » et 5 % sont des athées convaincus.

ATTENTION

Ne pas confondre athée (qui ne croit en aucun dieu), laïc (qui respecte toutes les religions) et agnostique (qui pense qu'aucun dieu n'existe).

D. Les monuments de l'Europe

On attribue à chaque capitale ou à chaque pays un monument emblématique, comme la tour Eiffel à Paris, l'Atomium ou le Manneken Pis à Bruxelles, la tour de Pise en Italie et la Petite Sirène à Copenhague…

> **NOTE DU FORMATEUR**
>
> Où se trouvent l'Acropole, le Colisée, la porte de Brandebourg et Big Ben ? le théâtre de Kourion et la tour de Belem ? Quel est le pays des fjords ? des polders ? de la mimolette ? D'où est originaire Mozart ? D'où viennent Jacques Brel, Albert Einstein, Picasso, le groupe Abba ? Nicolas Copernic, Franz Kafka et William Shakespeare ?

3. La population et l'activité économique européennes

La démographie (du grec *demos* qui signifie « peuple » et *graphein*, « écrire ») est l'étude quantitative de la population, à partir de ses caractéristiques : natalité, fécondité, mortalité, nuptialité (ou conjugalité) et migration.

La **natalité** est l'étude du nombre de naissances au sein d'une population.

Le **taux de fécondité** permet de mesurer si une population augmente (plus de naissances que de décès) ou si elle diminue (plus de décès que de naissances).

La **mortalité** (ou taux de mortalité) est le nombre de décès annuels comparé au nombre d'habitants d'un territoire.

La **nuptialité** est l'étude du nombre de mariages.

La **migration** est l'étude des déplacements des individus qui sont des **émigrés** (qui ont quitté l'endroit où ils se trouvaient pour un autre endroit) ou des **immigrés** (personnes nées étrangères à l'étranger et résidant en France).

A. La démographie en France

Au 1er janvier 2022, la France compte 67,813 millions d'habitants : 65,6 millions résident en métropole et 2,2 millions dans les cinq départements d'outre-mer (dont 5 814 à Saint-Pierre-et-Miquelon). La population augmente chaque année de 0,3 %.

> **NOTE DU FORMATEUR**
>
> Sept métropoles comptent plus d'un million d'habitants : Lyon (2,3 millions d'habitants), Paris (2,2 millions, 12,5 millions avec la petite couronne), Marseille (1,7 million), Toulouse (1,3 million), Lille et Bordeaux (1,2 million) et Nice (1 million).

Les hommes nés en 2019 ont une espérance de vie de 79,3 ans (73,6 ans en 1995), les femmes de 85,4 ans (81,8 ans en 1994) : 21 % des habitants de l'Union européenne ont plus de 60 ans (18 % en 1980), 23 % ont moins de 20 ans (30 % en 1980).

Les femmes françaises font en moyenne 1,83 enfant (1,95 en 2005).

Le modèle de la famille française traditionnelle : papa, maman et deux enfants, environ 70 % des enfants mineurs vivent avec leurs deux parents (10 millions) et 30 % (4 millions), dans une famille monoparentale.

B. La démographie en Europe

L'Union européenne (composée de ses 27 pays) comptait 446,8 millions d'habitants au 1er janvier 2020 : l'Allemagne est le pays le plus peuplé (83,8 millions d'habitants), la France est à la deuxième place, elle est suivie par l'Italie (60,63 millions) et l'Espagne (47,4 millions).

NOTE DU FORMATEUR

Les deux Allemagne, RFA (Ouest) et RDA (Est), se sont réunifiées en octobre 1990. Le Royaume-Uni rassemble la Grande-Bretagne (composée de l'Angleterre, de l'Écosse et du Pays de Galles) et l'Irlande du Nord, qui a pour capitale Belfast (Dublin est la capitale de l'Eire, ou République d'Irlande).

C. L'activité économique

On peut définir l'activité économique comme l'activité humaine qui consiste en la production, la distribution, l'échange et la consommation de biens et de services : un bien est un objet, un service est une prestation.

Un des principaux indicateurs économiques est le produit intérieur brut (PIB) : il permet de comparer la puissance économique des pays.

Le PIB par habitant est par exemple de 135 682 dollars au Luxembourg (le pays le plus riche du monde) et de 236 dollars au Burundi, un des pays les plus pauvres du monde (*source* : FMI, 2022). L'empreinte énergétique d'un habitant du Zimbabwe (ce qu'il consomme comme énergie et cause comme pollution) est équivalente à celle d'un poste de télévision laissé en veille.

NOTE DU FORMATEUR

Le Fonds monétaire international (FMI) classe la France en 23e position avec un produit intérieur brut par habitant de 39 673 dollars (2017), devant le Japon (38 550) mais derrière la Belgique (43 243) et la Suède (53 248). Le Malawi (327) et le Soudan du Sud (222) ferment la marche.

On classe traditionnellement l'activité économique en trois secteurs : primaire, secondaire et tertiaire.

Le **secteur primaire** regroupe les entreprises qui exploitent les ressources naturelles (agriculture, pêche, exploitation forestière, pétrolière et minière).

Le **secteur secondaire** regroupe les entreprises qui transforment ces produits.

Le **secteur tertiaire** regroupe les entreprises dites « de service » (assurance, formation, sécurité, nettoyage...).

D. Les activités économiques en Europe

L'Union européenne devance les États-Unis d'Amérique sur la liste des PIB du Fonds monétaire international (FMI), mais il faut bien différencier l'Europe politique (les 28 pays membres de l'Union européenne) et l'Europe géographique : l'Ukraine et la Moldavie restent par exemple parmi les **pays en voie de développement**.

> **NOTE DU FORMATEUR**
> Où se trouvent l'Ukraine et la Moldavie ? Quelle est leur capitale ? Par quels pays sont entourées l'Ukraine et la Moldavie ?

Dans les pays développés : la majorité de la population trouve la réponse à tous ses besoins vitaux, elle accède à un certain confort, à la santé et à l'éducation.

Dans les pays émergents : le PIB par habitant est inférieur à celui des pays développés, mais on enregistre une croissance économique rapide, le niveau de vie et les structures économiques convergent vers ceux des pays développés.

Dans les pays en voie de développement : la situation sanitaire et économique est très mauvaise (on n'emploie désormais plus le terme de pays sous-développé).

Dans les pays les moins avancés : la situation est encore plus grave...

La liste des pays les moins avancés compte 49 pays dont Angola, Bangladesh, Cambodge, Haïti, Madagascar, Rwanda...

En Europe, on distingue principalement les pays de l'ancien bloc de l'Ouest, développés (comme la France, ils enregistrent une croissance faible), et les pays de l'ancien bloc de l'Est, moins développés : pour « se mettre à niveau », ils engendrent une très forte croissance. C'est ce qui est déjà arrivé aux pays d'Europe du Sud (Espagne, Italie, Portugal...) et à certains pays d'Europe centrale (Slovaquie, Slovénie, Hongrie...) : ils ont bénéficié, après leur entrée dans l'Union européenne, d'une accélération considérable de leur développement économique.

4. Actualité récente

1. 2020

Le 23 janvier, le gouvernement chinois place en quarantaine la ville de Wuhan (11 millions d'habitants) à cause d'une épidémie de coronavirus.

Le 24 janvier, on signale les trois premiers cas de la covid-19 sur le sol français.

Le 15 février, un touriste chinois de 80 ans décède en réanimation à l'hôpital Bichat (Paris) ; c'est le premier décès en France dû à « l'épidémie de Wuhan ».

Le 16 février, la ministre de la Santé, Agnès Buzyn, démissionne et devient la candidate de La République en Marche (LREM) à la mairie de Paris. Olivier Véran lui succède au ministère. Elle arrivera en troisième position avec 13 % des voix et ne siégera pas au Conseil de Paris et sera nommée à l'Organisation mondiale de la Santé (OMS) en janvier 2021.

Le 25 février, premier décès, à Paris, d'un citoyen français (natif de l'Oise) contaminé par la COVID-19. La base aérienne 110 de Creil qui abrite l'escadron L'Estérel est suspectée d'avoir été un des premiers foyers français de propagation du virus (en anglais, « *cluster* » signifie « groupe »).

Le 9 mars, le confinement est décrété en Italie.

Le 10 mars, la guérison, à Londres, d'un patient atteint du VIH est confirmée : c'est le second cas de guérison.

Le 11 mars, l'Organisation mondiale de la santé (OMS) reclasse officiellement la crise sanitaire de la covid-19 d'épidémie (propagation rapide d'une maladie contagieuse dans une population) à pandémie (une épidémie qui s'étend à la quasi-totalité de la population d'un continent, de plusieurs continents ou de la planète tout entière).

Le 16 mars, fermeture, en France, de tous les établissements scolaires pour une durée indéterminée, la Belgique a fait de même le 14 mars et l'Espagne a confiné le pays le 15. En France, le premier tour des élections municipales est tout de même organisé (le second tour aura lieu le 28 juin). La France débute son premier confinement le 17 mars, suivie par la Californie le 19 : il sera prolongé jusqu'au 11 juillet.

La France adopte une loi d'urgence sanitaire le 22 mars : elle donne plus de pouvoirs au gouvernement, qui promulgue 25 ordonnances pour adapter les procédures et assouplit les délais (d'appel judiciaire, de dépôt de dossier, etc.) ; c'est l'opération Résilience.

L'état d'urgence prendra fin le 11 mai.

Le 24 mars décèdent Manu Dibango, saxophoniste et chanteur camerounais (auteur de *Soul Makossa*, reprise par Mickaël Jackson), et Albert Uderzo, créateur avec René Goscinny et dessinateur des aventures d'Astérix.

Le 10 avril, la barre des 100 000 morts liés à la pandémie dans le monde est dépassée (l'OMS rappelle que la grippe saisonnière est responsable dans le monde, chaque année, de 290 000 à 650 000 décès) : le 7 avril, la France a dépassé celle des 10 000 morts.

Le 20 avril, pour la première fois de l'histoire, le cours du baril de pétrole américain est négatif, après avoir chuté de 306 % en deux jours : le ralentissement de l'économie dû à la pandémie limite les déplacements et les productions industrielles.

En avril, Luis Sepúlveda, écrivain chilien *(Le Vieux qui lisait des romans d'amour)* et le chanteur Christophe, interprète d'*Aline* et des *Mots bleus*, nous quittent.

Le 19 mai, le guépard du Sahara, disparu depuis dix ans, réapparaît à l'extrême sud de l'Algérie.

Le 25 mai, George Floyd, noir et non armé, est tué par la police lors de son interpellation à Minneapolis (Minnesota), un mouvement de protestation s'amplifie et se poursuit jusqu'à l'élection présidentielle sous le nom de #blackslivesmatter, de nombreuses manifestations dégénèrent en émeutes, notamment des pillages et des incendies criminels.

NOTE DU FORMATEUR

Le hashtag (qui correspond au dièse, en français) a été inventé le 23 août 2007 par Chris Messina, un designer américain spécialiste des réseaux sociaux : plus de 125 millions de hashtags sont échangés chaque jour. On l'appelle « mot-clic » au Québec.

Le 5 juin, l'Éthiopie, qui s'est lancée dans un très important processus de reforestation et de reboisement, décide d'augmenter ses objectifs pour atteindre 20 milliards d'arbres plantés en quatre ans.

Le 29 juin, arrêt définitif de la centrale nucléaire de Fessenheim (68).

NOTE DU FORMATEUR

La centrale nucléaire de Fessenheim (68) est en exploitation commerciale depuis 1978 : c'est la première centrale nucléaire française, voulue, à la fin des années 1960, par les présidents Charles de Gaulle, puis Georges Pompidou. Elle est implantée en bordure du Grand Canal d'Alsace, qui longe le Rhin. Elle est équipée de deux réacteurs, qui produisent 1,5 % de l'électricité française (la moitié de la consommation alsacienne). La France dispose de 58 réacteurs nucléaires dans 19 centrales (3 sont en cours de démantèlement).

Le 3 juillet, Jean Castex est nommé Premier ministre après la démission d'Édouard Philippe, redevenu maire du Havre.

Le 4 août, le port de Beyrouth (Liban) est touché par deux très violentes explosions de 2 750 tonnes de nitrate d'ammonium entreposées sans protection. La ville est dévastée.

Le 25 septembre, une attaque à l'arme blanche fait deux blessés à Paris, devant les anciens locaux du journal *Charlie Hebdo* (qui titre « On a déménagé, bande de cons »).

Le 5 octobre, reprise du conflit armé au Haut-Karabagh entre l'Arménie et l'Azerbaïdjan soutenu ouvertement par la Turquie : un premier conflit a eu lieu entre février 1988 et mai 1994 dans cette enclave d'Azerbaïdjan peuplée d'Arméniens qui réclament leur rattachement à la République d'Arménie, qui jouxte la Turquie.

NOTE DU FORMATEUR

Le génocide arménien (ou des Arméniens) s'est déroulé d'avril 1915 à juillet 1916 : le pouvoir turc a massacré, affamé ou déporté les deux tiers des Arméniens vivant sur son territoire. Un monument du génocide arménien a été érigé Cours Albert-Ier (Paris 8e) en 2003.

Le 16 octobre, Samuel Paty, professeur d'histoire-géographie à Conflans-Sainte-Honorine, est assassiné par arme blanche par un jeune Russe d'origine tchétchène, pour avoir montré, en classe, une caricature du prophète Mahomet, dans le cadre d'un cours d'enseignement moral et civique sur la liberté d'expression.

Le 28 octobre, le gouvernement annonce un nouveau confinement d'un mois, plus souple que le premier, qui sera suivi par un couvre-feu : les Français pourront fêter Noël, mais pas la Saint-Sylvestre.

2. 2021

Les Hébreux sont en 5781 (ils passeront en 5782 le 7 septembre, le 6 aura lieu le Nouvel An juif, Rosh Hashana), les musulmans, en 1442 (ils passeront en 1443 le 10 août) et les Perses, en 1399 (depuis le 20 mars). Pour le calendrier révolutionnaire de 1793, nous sommes en l'an 229 (le 1er vendémiaire 230 aura lieu le 22 septembre 2021). Le Jour de l'an berbère (Yennayer) a été célébré le 12 janvier et le Nouvel An chinois sera célébré le 22 février (l'année du bœuf de métal succède à l'année du cochon de terre).

NOTE DU FORMATEUR

Le calendrier grégorien, imaginé à la fin du XVIe siècle à la demande du pape Grégoire XIII (d'où son nom), pour pallier les carences du calendrier julien, est utilisé dans la majeure partie du monde : son point de départ est l'an 1, qui débute avec la naissance de Jésus-Christ.

L'année commence en France sous couvre-feu, avec un risque sérieux de troisième confinement. Les deux départements d'Alsace (Haut-Rhin et Bas-Rhin) fusionnent en une collectivité territoriale unique appelée « collectivité européenne d'Alsace ». Il est probable qu'elle quitte à terme la région Grand Est. Les Jeux olympiques (reportés) se tiennent du 23 juillet au 8 août à Tokyo (Japon), suivis par les

Jeux paralympiques. L'Exposition universelle (reportée) est inaugurée le 1er octobre à Dubaï (EAU).

Le 6 janvier : Plusieurs milliers de militants pro-Trump se rassemblent devant le Capitole de Washington pour contester le résultat de l'élection présidentielle, qui a vu la victoire de Joe Biden sur Donald Trump. Le Capitole abrite le Congrès : une centaine de manifestants le prend d'assaut.

> **NOTE DU FORMATEUR**
>
> Le Congrès des États-Unis est la législature bicamérale du gouvernement fédéral des États-Unis. Il assure le pouvoir législatif et correspond à notre Parlement. Il est composé de deux chambres, le Sénat (la chambre haute, composée de 100 sénateurs, 2 par États) et la Chambre des représentants (la chambre basse, composée de 435 représentants), qui peut se comparer à notre Assemblée nationale.

La Chambre des représentants vote « l'*impeachment* » de Donald Trump pour incitation à l'insurrection (l'*impeachment* est une procédure de destitution, qui – sous une forme différente – existe également en France, depuis la révision constitutionnelle du 23 février 2007). Joe Biden (46e président des États-Unis) et Kamala Harris (49e vice-présidente) sont investis sur les marches du Capitole.

Le 14 janvier : La Tunisie célèbre les 10 ans de sa « Révolution de jasmin », qui a mis un terme définitif au mandat du président Ben Ali. Le 15, l'Organisation mondiale de la santé (OMS) annonce que la barre des 2 millions de morts de la covid-19 est dépassée.

Le 19 avril : Raul Castro, frère de Fidel Castro, quitte ses fonctions, mettant fin à soixante-deux ans de gouvernement Castro.

Le 22 avril : SpaceX Crew-28 quitte Cap Canaveral (Floride) avec à son bord Thomas Pesquet, qui sera commandant de bord de l'ISS, la station spatiale européenne.

Mi-juillet : Des inondations historiques touchent l'Europe, et la Belgique et l'Allemagne sont les plus meurtries : plus de deux cents personnes y perdent la vie. Les scientifiques préviennent que d'aussi graves catastrophes naturelles vont se multiplier dans les années à venir.

3. 2022

Le 11 février : Les États-Unis affirment que la Russie se prépare à envahir l'Ukraine.

Le 20 février : Emmanuel Macron et Vladimir Poutine annoncent qu'ils vont travailler ensemble à un accord de cessez-le-feu pour éviter une guerre en Ukraine.

21 février : La Russie reconnaît l'indépendance des Républiques populaires de Donetsk et de Lougansk : occupées par les Russes, elles font partie de l'Ukraine et veulent, disent les Russes, faire sécession.

Le 24 février : La Russie lance une offensive militaire contre l'Ukraine, qui dépose, trois jours plus tard, sa candidature à l'Union européenne, suivie par la

Géorgie et la Moldavie, le 3 mars, qui veulent ainsi se protéger d'une éventuelle invasion russe. L'Europe leur accordera, le 23 juin, le statut officiel de candidat. L'Albanie et la Macédoine du Nord font la même demande.

NOTE DU FORMATEUR

Profitez-en pour réviser votre géographie ! Où se trouve la Géorgie ? La Moldavie ? Quelle est leur capitale ? Quels sont les pays limitrophes de l'Albanie ? Quelle langue parle-t-on en Macédoine ?

Le 19 mars : Le XV de France remporte le tournoi des Six Nations en réalisant le grand chelem.

Le 14 avril : Le vaisseau amiral de la flotte russe de la mer Noire est frappé par un tir de missile tiré par l'Ukraine. On ignore le nombre de victimes.

NOTE DU FORMATEUR

La mer Noire est située entre l'Europe et le Caucase. Elle est bordée par l'Ukraine, la Russie, la Géorgie, la Turquie, la Bulgarie et la Roumanie. Elle est reliée à la Méditerranée par le détroit du Bosphore, qui marque la fin du continent européen.

Le 15 mai : La Finlande et la Suède, pays neutres, demandent à rejoindre l'Organisation pour le traité de l'Atlantique Nord (OTAN, « NATO » en anglais).

La guerre en Ukraine continue.

Le 8 juin : Le Parlement européen vote l'interdiction de la vente, à partir de 2035, de voitures et camionnettes à moteur thermique neuves.

Le 7 juillet : Boris Johnson, Premier ministre du Royaume-Uni, annonce sa démission, et Liz Truss prend sa place le 6 septembre : elle restera en poste six semaines.

Un épisode de canicule touche l'Europe à partir du 10 juillet : il sera accompagné en France de très importants feux de forêts et d'orages violents.

Le 8 septembre : La reine Élisabeth II décède ; son fils, Charles III, monte sur le trône.

Le 30 octobre : Luiz Inácio Lula da Silva remporte le second tour de l'élection présidentielle brésilienne face au président sortant Jair Bolsonaro.

NOTE DU FORMATEUR

Une grande partie de l'Amazonie se trouve au Brésil. Elle a fait, pendant le mandat de Jair Bolsonaro, l'objet d'une déforestation massive. L'Amazonie correspond au bassin du fleuve Amazone, le plus grand fleuve de la terre (7 025 km), devant le Nil (6 700 km) ; elle est en grande partie couverte par la forêt amazonienne et s'étend sur plusieurs pays : le Brésil, la Colombie, la Bolivie, l'Équateur, le Venezuela, le Pérou et la France (Guyane).

Le 9 novembre : La Corée du Nord a tiré « un missile balistique non identifié » qui est tombé près des eaux territoriales de la Corée du Sud. Un de ses missiles identiques, de portée intermédiaire (IRBM), avait déjà survolé le Japon, le 4 octobre.

NOTE DU FORMATEUR

Ne confondez pas la Corée du Nord (qui a pour capitale Pyongyang), qui est une dictature communiste, avec la Corée du Sud (dont Séoul est la capitale), 12e puissance économique mondiale (Hyundai, Samsung, LG, etc.) : ces deux États sont encore officiellement en guerre, depuis 1950.

Du 20 novembre au 18 décembre, le Mondial de football se déroule au Qatar. Pour la première fois depuis 20 ans, la Coupe du monde est organisée sur le continent asiatique. Accompagnée d'un cortège de polémiques (bilan humain très lourd en termes d'ouvriers morts lors de la construction des stades et infrastructures, pénalisation sévère des LGBT, suspicion de corruption pour l'attribution de ce Mondial, bilan carbone irréel avec la climatisation des stades et de rues et les très nombreux transports aériens des supporters, de leurs hôtels aux stades) c'est surtout la première fois depuis sa création que la compétition se déroule dans un pays arabe

Annales corrigées

SUJET N° 1 : QCM

Session 2022, 2e session

DURÉE : 15 MINUTES

Consigne : Chaque question n'appelle qu'une seule réponse.

Questions

1 Quels sont les pays « baltes » ?

- ☐ a. Estonie, Lettonie, Pologne
- ☐ b. Estonie, Lituanie, Lettonie
- ☐ c. Lituanie, Pologne, Biélorussie
- ☐ d. Pologne, Lituanie, Estonie

2 Avec quel pays l'Ukraine n'a-t-elle pas de frontière ?

- ☐ a. La Biélorussie
- ☐ b. La Pologne
- ☐ c. La Hongrie
- ☐ d. La Bulgarie

3 Quel écrivain français a refusé, le 22 octobre 1964, le prix Nobel de littérature ?

- ☐ a. Marcel Pagnol
- ☐ b. André Gide
- ☐ c. Jean-Paul Sartre
- ☐ d. Albert Camus

4 L'Oscar du meilleur acteur en 2022 a été décerné à :

- ☐ a. Denzel Washington.
- ☐ b. Andrew Garfield.
- ☐ c. Will Smith.
- ☐ d. Johnny Depp.

5 Quel ministre n'a pas été garde des Sceaux, ministre de la Justice, parmi ces personnes ?

- ☐ a. Jacques Toubon
- ☐ b. Michel Vauzelle
- ☐ c. Michel Mercier
- ☐ d. Philippe Seguin

6 En 2022, le prix Goncourt a été remporté par :

- ☐ a. Mohammed Mbourgar Sarr
- ☐ b. Hervé Le Tellier
- ☐ c. Pierre Lemaitre
- ☐ d. Guillaume Musso

7 De quelle organisation la Russie a-t-elle été exclue en avril 2022 ?

- ☐ a. Le Conseil des droits de l'Homme des Nations unies
- ☐ b. Le Conseil de sécurité
- ☐ c. L'Agence internationale de l'énergie atomique

8 Quelle est la plus haute juridiction administrative ?

- ☐ a. Le Conseil constitutionnel
- ☐ b. Le Conseil d'État
- ☐ c. La Cour de cassation

❾ Qui a peint *Le Déjeuner sur l'herbe* ?

☐ a. Édouard Manet ☐ b. Claude Monet
☐ c. Vincent Van Gogh ☐ d. Gustav Klimt

❿ De quelle nationalité était le peintre Vincent van Gogh ?

☐ a. française ☐ b. hollandaise ☐ c. allemande ☐ d. russe

⓫ Dans quelle discipline sportive l'équipe de France est-elle surnommée « les Experts » ?

☐ a. Handball ☐ b. Volley-ball ☐ c. Basket-ball ☐ d. Football

⓬ Qui a été le premier président de la Ve République ?

☐ a. Nicolas Sarkozy ☐ b. Le général de Gaulle
☐ c. Valéry Giscard d'Estaing ☐ d. Georges Pompidou

⓭ Zagreb est la capitale de :

☐ a. La Croatie. ☐ b. La Roumanie. ☐ c. La Serbie. ☐ d. La Hongrie.

⓮ Qui est la dernière femme inhumée au Panthéon ?

☐ a. Joséphine Baker
☐ b. Simone Veil
☐ c. Germaine Tillion

⓯ Depuis 2001, l'IVG est autorisée en France avant la fin de la :

☐ a. 10 semaines de grossesse. ☐ b. 11 semaines de grossesse.
☐ c. 12 semaines de grossesse. ☐ d. 13 semaines de grossesse.

⓰ Un projet de loi émane :

☐ a. d'un tribunal. ☐ b. de l'Assemblée nationale.
☐ c. du Gouvernement. ☐ d. du Sénat.

⓱ Les derniers Jeux olympiques d'hiver se sont déroulés à :

☐ a. Helsinki. ☐ b. Pékin. ☐ c. Albertville. ☐ d. Doha.

⓲ Qui a créé le baccalauréat moderne ?

☐ a. Jules Ferry ☐ b. Adolphe Thiers ☐ c. Robert Lauréat ☐ d. Napoléon Ier

⓳ Quel titre de presse est un quotidien ?

☐ a. *Le Monde* ☐ b. *Le Point* ☐ c. *L'Express* ☐ d. *Time*

⓴ En cas de vacance de la présidence de la République, qui exerce l'intérim, selon l'article 7 de la Constitution ?

☐ a. Le président du Sénat
☐ b. Le président de l'Assemblée nationale
☐ c. Le Premier ministre
☐ d. Le vice-président du Conseil d'État

Corrigé

❶ **b.** Estonie, Lituanie, Lettonie. ❷ **d.** La Bulgarie. ❸ **c.** Jean-Paul Sartre.

❹ **c.** Will Smith. Will Smith a obtenu l'Oscar du meilleur acteur 2022 pour son rôle dans *La Méthode Williams*.

❺ **d.** Philippe Seguin.

❻ Aucune bonne réponse. Le prix Goncourt a été décerné le 3 novembre 2022, bien après cette épreuve, mais Mohammed Mbourgar Sarr a obtenu le prix Goncourt 2021 pour *La Plus Secrète Mémoire des hommes*.

❼ **a.** Le Conseil des droits de l'Homme des Nations unies. La Russie a été exclue, le 7 avril 2022, du Conseil des droits de l'Homme des Nations unies (ONU), suite à son agression de l'Ukraine, sur la base de l'article 6 de la Charte des Nations unies : « si un membre de l'Organisation enfreint de manière persistante les principes énoncés dans la présente Charte, il peut être exclu de l'Organisation par l'Assemblée générale sur recommandation du Conseil de sécurité ».

❽ **b.** Le Conseil d'État. La Cour de cassation est la plus haute juridiction du droit privé, civil et pénal. Le Conseil constitutionnel vérifie la constitutionnalité des lois.

❾ **a.** Édouard Manet. *Le Déjeuner sur l'herbe* est un tableau d'Édouard Manet achevé en 1863, d'abord intitulé *Le Bain*, puis *La Partie carrée*. Il est exposé au musée d'Orsay.

❿ **b.** hollandaise. Vincent van Gogh, né le 30 mars 1853 à Groot-Zundert (Pays-Bas), et mort, en France, le 29 juillet 1890, à Auvers-sur-Oise (Val-d'Oise), est un peintre et dessinateur néerlandais (donc, hollandais, même si la Hollande ne constitue qu'une partie des Pays-Bas).

⓫ **a.** Handball. L'équipe de France de Handball a été surnommée « les Bronzés » (1992), « les Barjots » (1993-1996), « les Costauds » (2001-2008), puis « les Experts » (2008-2017).

⓬ **b.** Le général de Gaulle. Le général de Gaulle est devenu le premier président de la Ve République le 8 janvier 1959 (il a été élu le 21 décembre 1958). Il était auparavant président du Conseil (Premier ministre), depuis le 1er juin 1958. La Constitution de la Ve République a été promulguée par René Coty le 4 octobre 1958. Charles de Gaulle a été réélu le 19 décembre 1965 (pour la première fois au suffrage universel) et a démissionné le 28 avril 1969.

⓭ **a.** La Croatie.

⓮ **a.** Joséphine Baker. Joséphine Baker, chanteuse, danseuse, actrice, meneuse de revues et Résistante. Elle est entrée au Panthéon le 30 novembre 2021. Elle n'est que la 6e femme a y reposer, après Sophie Berthelot (1907), Marie Curie (1995), Germaine Tillion et Geneviève de Gaulle-Anthonioz (2015), et Simone Veil (2017).

⓯ **c.** 12 semaines de grossesse. La loi du 2 mars 2022 a porté ce délai à 14 semaines.

⓰ **c.** Le « projet de loi » émane de l'exécutif (le Gouvernement), et la « proposition de loi », du législatif (le Parlement, composé de l'Assemblée nationale et du Sénat).

⓱ **b.** Pékin.

⓲ **d.** Napoléon Ier. Le premier baccalauréat date, en France, du XIIIe siècle. Il est remis dans quatre universités, ou facultés ; il s'agit du premier grade obtenu dans ces universités. Le baccalauréat est créé par un décret du 17 mars 1808 signé par Napoléon Bonaparte, mais sa première édition n'a lieu qu'en 1809 et ne concerne que 31 bacheliers.

⓳ **a.** *Le Monde*.

⓴ **a.** Le président du Sénat.

SUJET N° 2 : QCM

Session 2022, 1re session

DURÉE : 15 MINUTES

Consigne : Chaque question n'appelle qu'une seule réponse.

Questions

1 Combien de langues officielles l'Union européenne compte-t-elle ?

☐ a. 1 ☐ b. 12 ☐ c. 17 ☐ d. 24

2 Quel événement culturel célèbre-t-on traditionnellement le 21 juin de chaque année ?

☐ a. Le Printemps du cinéma
☐ b. La remise de la Palme d'Or du festival de Cannes
☐ c. La fête de la Musique
☐ d. Le lauréat du prix Goncourt

3 En France, qu'a-t-on commémoré le 18 septembre 2021 ?

☐ a. Les 40 ans d'adoption du Code civil
☐ b. Les 40 ans d'abolition de la peine de mort
☐ c. Les 40 ans du premier homme qui a marché sur la Lune
☐ d. Les 40 ans de la chute du mur de Berlin

4 Selon la Constitution française, qui a compétence pour négocier et ratifier les traités internationaux ?

☐ a. Les ambassadeurs ☐ b. Le ministre des Affaires étrangères
☐ c. Le Premier ministre ☐ d. Le président de la République

5 Sur quel continent se situe la montagne du Kilimandjaro ?

☐ a. En Europe ☐ b. En Afrique
☐ c. En Asie ☐ d. En Amérique du Sud

6 Quelle est la durée du mandat électoral des conseillers municipaux ?

☐ a. 4 ans ☐ b. 5 ans ☐ c. 6 ans ☐ d. 7 ans

7 Qu'est-ce que l'« espace Schengen » ?

☐ a. L'espace aérien international
☐ b. La station spatiale chinoise
☐ c. Un espace de libre circulation des personnes entre plusieurs pays européens
☐ d. Un espace de libre-échange économique entre la Chine et l'Europe

8 Quel célèbre acteur de cinéma français est décédé le 6 septembre 2021 ?

☐ a. Jean-Paul Belmondo ☐ b. Gérard Depardieu
☐ c. Philippe Noiret ☐ d. Jean Rochefort

9 En athlétisme, qui est l'actuel détenteur du record du monde de vitesse sur 100 mètres ?

☐ a. Carl Lewis ☐ b. Usain Bolt ☐ c. Lewis Hamilton ☐ d. Maurice Greene

10 Quel dispositif étatique français d'engagement volontaire citoyen visant les jeunes de 16 à 25 ans est entré en vigueur en 2010 ?

☐ a. Le Service militaire volontaire ☐ b. Le Service national
☐ c. Le Service civique ☐ d. Le Service jeunesse

11 Quel est l'impôt qui rapporte la plus grosse recette fiscale à l'État ?

☐ a. L'impôt sur le revenu (IR) ☐ b. L'impôt sur la fortune (ISF)
☐ c. L'impôt sur les sociétés (IS) ☐ d. La taxe sur la valeur ajoutée (TVA)

12 Combien de pays sont limitrophes de la France métropolitaine ?

☐ a. 5 ☐ b. 7 ☐ c. 8 ☐ d. 10

13 À quelle forme géométrique s'applique le théorème de Pythagore ?

☐ a. Le triangle rectangle ☐ b. Le triangle équilatéral
☐ c. Le trapèze ☐ d. Le cercle

14 Qui a écrit *Le Petit Prince* ?

☐ a. Antoine de Saint-Exupéry ☐ b. La Comtesse de Ségur
☐ c. Jules Verne ☐ d. Gustave Flaubert

15 Pendant la Seconde Guerre mondiale, quels pays constituaient les forces dites de « l'Axe » ?

☐ a. La France, la Belgique et la Grande-Bretagne
☐ b. Les États-Unis, le Canada et l'Australie
☐ c. L'Espagne, les Pays-Bas et la Suisse
☐ d. L'Allemagne, l'Italie et le Japon

16 Comment le verbe « travailler » se conjugue-t-il au conditionnel présent ?

☐ a. Que je travaille ☐ b. Que j'eusse travaillé
☐ c. Je travaillerai ☐ d. Je travaillerais

17 Comment se nomme la figure féminine symbolisant la République française ?

☐ a. Eugénie ☐ b. Marianne ☐ c. Jeanne ☐ d. Marie

18 En quelle unité s'exprime la puissance électrique ?

☐ a. Le volt ☐ b. Le watt ☐ c. L'ampère ☐ d. L'ohm

19 Quel artiste a peint *La Joconde* ?

☐ a. Vincent Van Gogh ☐ b. Pablo Picasso
☐ c. Claude Monet ☐ d. Léonard de Vinci

20 Combien d'armées composent les Forces armées françaises ?

☐ a. 2 ☐ b. 4 ☐ c. 6 ☐ d. 8

Corrigé

❶ d. 24.

❷ c. La fête de la Musique.

❸ b. Les 40 ans d'abolition de la peine de mort.

❹ d. Le président de la République.

❺ b. En Afrique. Le Kilimandjaro est situé dans le nord-est de la Tanzanie, il est composé de trois volcans, le Shira (3 962 mètres), le Mawenzi (5 149 mètres) et le Kibo (5 891,8 mètres), qui est le point culminant de l'Afrique.

❻ c. 6 ans.

❼ c. Un espace de libre circulation des personnes entre plusieurs pays européens.

❽ a. Jean-Paul Belmondo.

❾ b. Usain Bolt. Usain Bolt détient les records du monde du 100 mètres (9 s 58) depuis le 16 août 2009 (championnats du monde, à Berlin), du 200 mètres (19 s 19) et du 4 × 100 m (36 s 84).

❿ c. Le Service civique.

⓫ d. La taxe sur la valeur ajoutée (TVA). La TVA a rapporté 160 milliards d'euros, l'impôt sur le revenu des personnes physiques (IRPP), 77,6 milliards d'euros, et l'IS, 66,097 milliards d'euros (2021).

⓬ c. 8. L'Italie, la Suisse, l'Allemagne, la Belgique, l'Espagne, le Luxembourg, Andorre, l'Angleterre.

⓭ a. Le triangle rectangle. Dans un triangle rectangle, le carré de la longueur de l'hypoténuse est égal à la somme des carrés des longueurs des deux autres côtés (théorème de Pythagore).

⓮ a. Antoine de Saint-Exupéry. Pilote de l'Aéropostale et écrivain, Antoine de Saint-Exupéry (1900-1944) a publié *Le Petit Prince* en 1943.

⓯ d. L'Allemagne, l'Italie et le Japon.

⓰ d. Je travaillerais. Le verbe « travailler » devient « je travaillerai » au futur simple (de l'indicatif), « que je travaille » au subjonctif présent, « que j'eusse travaillé » au subjonctif plus-que-parfait.

⓱ b. Marianne. Inventée par un cordonnier de Puylaurens (Tarn) qui, en octobre 1792, lui consacre une chanson révolutionnaire. Marianne est la contraction de « Marie » et « Anne », prénoms très courants à l'époque : Marie, comme la Vierge, et Anne, comme sainte Anne, la mère de la Vierge Marie dans la tradition catholique. Le buste de Marianne commencera à apparaître dans les mairies en 1871.

⓲ b. Le watt. Le volt correspond à la tension électrique, l'ampère, à l'intensité du courant électrique, et l'ohm est une formule utilisée pour calculer la relation entre la tension, l'intensité et la résistance dans un circuit électrique.

⓳ d. Léonard de Vinci.

⓴ b. 4. Les trois armées (Armée de Terre, Marine, Armée de l'Air et de l'Espace), auxquelles s'ajoute la Gendarmerie nationale.

SUJET N° 3 : QCM

Session 2021, 2e session

DURÉE : 15 MINUTES

Consigne : Chaque question n'appelle qu'une seule réponse.

Questions

1 Quelle collectivité française d'outre-mer a vu sa population consultée par référendum en 2018, puis en 2020 ?

☐ a. Mayotte ☐ b. Saint-Pierre-et-Miquelon
☐ c. Terre Adélie ☐ d. La Nouvelle-Calédonie

2 Quelle association à but non lucratif défend spécifiquement le droit à l'accès à un logement décent et une vie digne ?

☐ a. La Croix-Rouge ☐ b. L'Unicef
☐ c. La Fondation Abbé Pierre ☐ d. Les Nez rouges

3 À quel drame historique correspond la date du 14 avril 1912 ?

☐ a. Le krach boursier de Wall Street ☐ b. Le naufrage du *Titanic*
☐ c. L'assassinat de Jean Jaurès ☐ d. La crue du Yang Tsé

4 Comment se nomme le passage maritime situé entre la pointe nord du Maroc et la pointe sud de l'Espagne ?

☐ a. Le tunnel sous la Manche ☐ b. Le passage du Gois
☐ c. Le canal de Suez ☐ d. Le détroit de Gibraltar

5 Que signifie le sigle « OMS » ?

☐ a. Outil micro-économique des systèmes ☐ b. Organisation mondiale de la santé
☐ c. Origine des maladies du sang ☐ d. Observatoire médicinal et sanitaire

6 Qui est l'auteur du roman de fantasy en trois volumes *Le Seigneur des anneaux* ?

☐ a. J.R.R. Tolkien ☐ b. Georges Orwell ☐ c. H.G. Wells ☐ d. Peter Jackson

7 Aux termes de la Constitution française, qui est le chef des armées ?

☐ a. Le ministre des Armées ☐ b. Le Premier ministre
☐ c. Le président de la République ☐ d. Le gouverneur militaire de Paris

8 Quel film français détient à ce jour la deuxième place du plus grand nombre de spectateurs au cinéma en France ?

☐ a. *La Grande Vadrouille* ☐ b. *Intouchables*
☐ c. *Les Visiteurs* ☐ d. *Bienvenue chez les Ch'tis*

9 Pour l'Union européenne, que signifie le sigle « PAC » ?

☐ a. Pacte d'accueil des civils
☐ b. Politique agricole commune
☐ c. Plan d'accompagnement à la citoyenneté
☐ d. Police des airs et du ciel

⑩ En France, que célèbre-t-on chaque année le 8 mai ?

☐ **a.** La fête du Travail
☐ **b.** La commémoration de la fin de la Première Guerre mondiale
☐ **c.** La commémoration de la fin de la Seconde Guerre mondiale
☐ **d.** Pâques

⑪ Que signifie l'acronyme « PIB » ?

☐ **a.** Plan d'investissement bancaire
☐ **b.** Produit intérieur brut
☐ **c.** Production industrielle brute
☐ **d.** Prime individuelle de bonification

⑫ Conformément à la Constitution, en cas de vacance ou d'empêchement du président de la République française, qui exerce provisoirement ses fonctions ?

☐ **a.** Le président du Sénat
☐ **b.** Le président de l'Assemblée nationale
☐ **c.** Le Premier ministre
☐ **d.** Le président du Conseil constitutionnel

⑬ Quelle est la discipline sportive du champion français Martin Fourcade ?

☐ **a.** La gymnastique
☐ **b.** Le saut à la perche
☐ **c.** Le biathlon
☐ **d.** Le rallye automobile

⑭ Quel ancien président de la République française est décédé en 2020 ?

☐ **a.** Valéry Giscard d'Estaing
☐ **b.** Jacques Chirac
☐ **c.** Michel Rocard
☐ **d.** François Mitterrand

⑮ Quel pays a définitivement quitté l'Union européenne le 31 janvier 2020 ?

☐ **a.** La Roumanie
☐ **b.** La Turquie
☐ **c.** L'Espagne
☐ **d.** Le Royaume-Uni

⑯ En France, depuis la loi du 30 décembre 2017, combien de vaccins sont obligatoires pour les enfants de 0 à 18 mois ?

☐ **a.** Aucun ☐ **b.** 5 ☐ **c.** 8 ☐ **d.** 11

⑰ Combien d'habitants compte actuellement la France métropolitaine ?

☐ **a.** Environ 50 millions
☐ **b.** Environ 65 millions
☐ **c.** Environ 70 millions
☐ **d.** Environ 75 millions

⑱ De quelle planète le rover *Perseverance* envoie-t-il des clichés depuis le 18 février 2021 ?

☐ **a.** Mercure ☐ **b.** Mars ☐ **c.** Saturne ☐ **d.** Vénus

⑲ Quelle actrice française a joué dans les deux derniers films de la saga James Bond en 2015 et 2021 ?

☐ **a.** Marion Cotillard
☐ **b.** Audrey Tautou
☐ **c.** Brigitte Bardot
☐ **d.** Léa Seydoux

⑳ Dans quelle ville chinoise a été identifié pour la première fois le virus de la Covid-19 en fin d'année 2019 ?

☐ **a.** Pékin ☐ **b.** Wuhan ☐ **c.** Beijing ☐ **d.** Hong Kong

Corrigé

❶ d. La Nouvelle-Calédonie. Conformément aux accords de Nouméa, un référendum d'autodétermination sur l'indépendance du territoire a été organisé le 4 novembre 2018. Une majorité des votants se sont exprimés contre l'indépendance et pour le maintien dans la République française. Le second référendum a eu lieu le 4 octobre 2020. Les électeurs devaient répondre à cette question : « Voulez-vous que la Nouvelle-Calédonie accède à la pleine souveraineté et devienne indépendante ? » Le « non » l'a emporté avec 53,26 % des voix. Un troisième et dernier référendum a été organisé le 12 décembre 2021, avec un résultat identique (les accords dits « de Nouméa » prévoient la possibilité d'en organiser trois, à deux ans d'intervalle).

❷ c. La Fondation Abbé Pierre.

❸ b. Le naufrage du *Titanic*. Le naufrage s'est déroulé dans la nuit du dimanche 14 au lundi 15 avril 1912, au large de Terre-Neuve (océan Atlantique nord). Le navire heurte un iceberg sur tribord à 23 h 40. Il a coulé en moins de trois heures et a disparu à 2 h 20. Jean Jaurès a été assassiné le vendredi 31 juillet 1914 à 21 h 40, alors qu'il dîne au Café du Croissant, rue Montmartre, dans le 2e arrondissement de Paris.

❹ d. Le détroit de Gibraltar.

❺ b. Organisation mondiale de la santé.

❻ a. J.R.R. Tolkien. *Le Seigneur des anneaux* (*The Lord of the Rings*) est un roman de John Ronald Reuel Tolkien, paru en trois volumes en 1954 et 1955 (*Le Hobbit* ne fait pas partie de la trilogie, il est paru en 1937).

❼ c. Le président de la République. Le président de la République est le chef des armées (article 15 de la Constitution). Le Premier ministre est responsable de la Défense nationale (art. 21) et le Gouvernement (art. 20) dispose de la force armée.

❽ d. *Bienvenue chez les Ch'tis*. *Les Visiteurs* (1993) a été vu au cinéma par près de 13,8 millions de spectateurs, *La Grande Vadrouille* (1966) par plus de 17 millions, *Intouchables* (2011) par près de 19,5 millions, et *Bienvenue chez les Ch'tis* (2008), par près de 20,5 millions.

❾ b. Politique agricole commune.

❿ c. La commémoration de la fin de la Seconde Guerre mondiale. Le 8 mai 1945 est la date de la capitulation de l'Allemagne qui met fin de la Seconde Guerre mondiale en Europe.

⓫ b. Produit intérieur brut. Le PIB est un indicateur économique qui permet de quantifier la valeur totale de la production annuelle de richesse par les ménages, les entreprises, les administrations, à l'intérieur d'un même territoire. La France se situe en 23e position (avec un PIB de 45 028 US dollars/habitant), le Luxembourg est premier (131 302) et le Soudan du Sud occupe la 196e et dernière place (230).

⓬ a. Le président du Sénat. « Vacance » ne signifie pas, ici « congés », mais « impossibilité d'exercer » (maladie, accident, décès, etc.). La situation s'est déjà présentée plusieurs fois : au décès de Georges Pompidou, le président du Sénat, Alain Poher, a assumé l'intérim jusqu'à l'élection de Valéry Giscard d'Estaing (du 2 avril au 19 mai 1974). Alain Poher, qui a été président du Sénat pendant vingt-quatre ans (de 1968 à 1992), avait déjà assuré l'intérim après la démission du général de Gaulle (du 28 avril au 19 juin 1969).

⓭ c. Le biathlon.

⓮ a. Valéry Giscard d'Estaing. Jacques Chirac est décédé le 26 septembre 2019, François Mitterrand, le 8 janvier 1996, et Michel Rocard n'a jamais été président de la République, mais Premier ministre, du 10 mai 1988 au 15 mai 1991.

⓯ d. Le Royaume-Uni. Le Royaume-Uni est formé de quatre Nations : l'Angleterre, le pays de Galles, l'Écosse et l'Irlande du Nord (à ne pas confondre avec la République d'Irlande). La Grande-Bretagne désigne quant à elle, au sens géographique, l'île formée par l'Angleterre, le pays de Galles et l'Écosse.

16 d. 11.

17 b. Environ 65 millions. La France, au 1er janvier 2022, compte 67,8 millions d'habitants (hors collectivités territoriales d'outre-mer), dont 65,6 millions en France métropolitaine (source : Insee).

18 b. Mars.

19 d. Léa Seydoux.

20 b. Wuhan.

SUJET N° 4 : QCM

Session 2021, 1re session

DURÉE : 15 MINUTES

Consigne : Chaque question n'appelle qu'une seule réponse.

Questions

1 **En France, le département n° 20 :**

☐ a. correspond à la Côte-d'Or. ☐ b. correspond à la Corrèze. ☐ c. n'est plus attribué.

2 **En 2020, quel club de football a remporté la Ligue des champions ?**

☐ a. Le Paris Saint-Germain ☐ b. L'Atalanta Bergame ☐ c. Le Bayern de Munich

3 **Le Royaume-Uni a quitté l'Union européenne au cours de l'année :**

☐ a. 2018. ☐ b. 2019. ☐ c. 2020.

4 **Quel pays européen est une monarchie ?**

☐ a. L'Espagne ☐ b. Le Portugal ☐ c. L'Allemagne

5 **Parmi les pays suivants, lequel n'est pas membre de l'Union européenne ?**

☐ a. La Finlande ☐ b. La Norvège ☐ c. La Suède

6 **Combien de côtés possède un pentagone ?**

☐ a. Cinq ☐ b. Sept ☐ c. Huit

7 **Quelle profession est concernée par le serment d'Hippocrate ?**

☐ a. Magistrat ☐ b. Avocat ☐ c. Médecin

8 **Quel volcan se situe en France ?**

☐ a. La Soufrière ☐ b. Le Vésuve ☐ c. Le mont Fuji

9 **Les barres asymétriques sont :**

☐ a. perpendiculaires ☐ b. croisées ☐ c. parallèles

⑩ Par quelle épreuve débute un triathlon ?

☐ a. Le vélo ☐ b. La natation ☐ c. La course à pied

⑪ Un mineur peut-il être incarcéré en France ?

☐ a. Non, il ne peut qu'être placé en centre éducatif fermé
☐ b. Oui, mais uniquement à partir de 13 ans
☐ c. Oui, mais uniquement à partir de 16 ans

⑫ Édouard Philippe a été Premier ministre de :

☐ a. mai 2016 à juillet 2019.
☐ b. mai 2017 à juillet 2019.
☐ c. mai 2018 à juillet 2020.

⑬ En France, la prochaine élection présidentielle se déroulera en :

☐ a. 2021 ☐ b. 2022 ☐ c. 2023

⑭ Le siège de l'Organisation des Nations unies se situe :

☐ a. à New York. ☐ b. à Paris. ☐ c. à Tokyo.

⑮ Qui a écrit l'ouvrage intitulé *L'Étranger* ?

☐ a. Albert Camus ☐ b. Guy de Maupassant ☐ c. Victor Hugo

⑯ La capitale de la Roumanie est :

☐ a. Belgrade. ☐ b. Bucarest. ☐ c. Budapest.

⑰ Comment désigne-t-on un procès fermé au public ?

☐ a. un huis-clos ☐ b. un fermé-à-clé ☐ c. un réquisitoire

⑱ La ville de Calais est bordée par :

☐ a. l'océan Atlantique. ☐ b. La mer du Nord. ☐ c. la Manche.

⑲ Comment appelle-t-on les habitants de la ville de Vesoul ?

☐ a. les Vesoulois ☐ b. les Vésuliens ☐ c. les Vésulais

⑳ Un détenu prévenu est-il présumé innocent ?

☐ a. Oui, tant qu'il n'a pas été condamné
☐ b. Non, sinon il ne serait pas détenu
☐ c. Non, s'il est soupçonné d'avoir commis un crime

Corrigé

❶ c. n'est plus attribué. Il correspondait à la Corse jusqu'au 1er janvier 1976, avant que l'île ne soit découpée en deux départements, la Corse-du-Sud (2A) et la Haute-Corse (2B).

❷ c. Le Bayern de Munich.

❸ c. 2020. Le *Brexit* (pour « *Britain Exit* ») a eu lieu le 20 janvier 2020, à la suite du référendum britannique du 23 juin 2016.

❹ a. L'Espagne.

❺ b. La Norvège.

❻ a. Cinq. « Penta » signifie « cinq » en grec ancien (un hexagone a six côtés, un heptagone en a sept, et un octogone, huit).

7 c. Médecin. Le serment d'Hippocrate est prêté par les médecins, chirurgiens-dentistes et sages-femmes. Il est la base de leur code de déontologie. Le texte original, probablement rédigé au IVe siècle av. J-C, est attribué au médecin grec Hippocrate (460-377).

8 a. La Soufrière. La Soufrière est un volcan en activité situé sur le territoire de la commune de Saint-Claude (Guadeloupe), le Vésuve borde la baie de Naples (Italie), et le mont Fuji se trouve au Japon.

9 c. parallèles.

10 b. La natation.

11 b. Oui, mais uniquement à partir de 13 ans. Le Code de justice pénale des mineurs (CJPM), qui a remplacé l'ordonnance du 2 février 1945 le 1er octobre 2021, confirme que les mineurs « capables de discernement » sont « pénalement responsables des crimes, délits ou contraventions dont ils sont reconnus coupables » (CJPM, art. L. 11-1).

12 Aucune bonne réponse : Édouard Philippe a été Premier ministre du 15 mai 2017 au 3 juillet 2020. Il a été remplacé par Jean Castex.

13 b. 2022.

14 a. à New York.

15 a. Albert Camus.

16 b. Bucarest. Belgrade est la capitale de la Serbie (elle a été la capitale de la Yougoslavie de 1945 à 2006), Budapest, de la Hongrie.

17 a. un huis-clos.

18 c. la Manche. Calais se situe sur la Côte d'Opale, au bord du pas de Calais, qui marque la limite entre la Manche et la mer du Nord, à 38 km des côtes anglaises.

19 b. les Vésuliens.

20 a. Oui, tant qu'il n'a pas été condamné. Toute personne suspectée ou poursuivie est présumée innocente tant que sa culpabilité n'a pas été établie. Les atteintes à sa présomption d'innocence sont prévenues, réparées et réprimées dans les conditions prévues par la loi (article préliminaire du Code de procédure pénale).

SUJET N° 5 : QCM

Session 2020, 2e session

DURÉE : 15 MINUTES

Consigne : Chaque question n'appelle qu'une seule réponse.

Questions

1 **La bataille de Verdun s'est déroulée en :**

☐ a. 1814 ☐ b. 1870 ☐ c. 1916 ☐ d. 1945

2 Parmi ces prisons, laquelle ne se situe pas en région parisienne ?

☐ a. La Santé ☐ b. Les Baumettes ☐ c. Fleury-Mérogis ☐ d. Fresnes

3 Dans quelle ville a éclaté la première bombe nucléaire ?

☐ a. Tokyo ☐ b. Nagasaki ☐ c. Hiroshima ☐ d. Fukushima

4 Qu'est-ce que le « verdict » ?

☐ a. Une décision prise par les juges des cours d'assises
☐ b. L'emprisonnement de l'accusé
☐ c. La libération de l'accusé
☐ d. Des dommages et intérêts

5 La RFA et la RDA ont fusionné en 1990 pour donner quel pays ?

☐ a. Le Benelux ☐ b. Le Portugal ☐ c. L'Allemagne ☐ d. Le Royaume-Uni

6 La capitale de la Roumanie est :

☐ a. Belgrade ☐ b. Zagreb ☐ c. Bucarest ☐ d. Tirana

7 Quel verbe correspond à l'expression « innocenter quelqu'un » ?

☐ a. Écrouer ☐ b. Libérer ☐ c. Décharger ☐ d. Acquitter

8 Le droit de grâce est décidé par :

☐ a. le ministre de la Justice. ☐ b. le Premier ministre.
☐ c. le Parlement. ☐ d. le président de la République.

9 En 1888, Van Gogh se mutile en se coupant :

☐ a. un doigt ☐ b. la langue ☐ c. une oreille ☐ d. un pied

10 Quelle grande épidémie a ravagé l'Europe en 1347 ?

☐ a. H1N1 ☐ b. La peste noire
☐ c. La covid-19 ☐ d. La grippe espagnole

11 Comment appelle-t-on un livre qui rassemble les lois et les règlements ?

☐ a. Un dictionnaire ☐ b. Un thésaurus ☐ c. Un code ☐ d. Un manuscrit

12 En quelle année Neil Armstrong, astronaute américain, est le premier homme à marcher sur la Lune ?

☐ a. 1975 ☐ b. 1956 ☐ c. 1969 ☐ d. 1945

13 Le téléphone fixe a été inventé par :

☐ a. Bell. ☐ b. Edison. ☐ c. Nokia. ☐ d. Apple.

14 Comment nomme-t-on une prison qui accueille les condamnés en attente d'affectation dans un centre de détention, ainsi que les prévenus en attente de jugement ?

☐ a. Une maison de rétention ☐ b. Une maison pénale
☐ c. Une maison d'arrêt ☐ d. Une maison pénitentiaire

15 En quelle année le mur de Berlin est-il tombé ?

☐ a. 1969 ☐ b. 1989 ☐ c. 1979 ☐ d. 1929

16 Au 1er janvier 2020, combien la France compte-t-elle d'habitants (en millions) ?

☐ a. 75,41 ☐ b. 67,06 ☐ c. 59,29 ☐ d. 63,20

17 Comment désigne-t-on un procès fermé au public ?

☐ a. Un fermé-à-clé ☐ b. Un huis-clos ☐ c. Un réquisitoire ☐ d. La cour d'assises

⑱ La France est divisée en :

☐ a. 101 départements (dont 5 DOM). ☐ b. 95 départements (dont 4 DOM).
☐ c. 105 départements (dont 6 DOM). ☐ d. 112 départements (dont 10 DOM).

⑲ Le représentant de l'État dans le département est :

☐ a. le président du conseil régional.
☐ b. le préfet.
☐ c. le maire du chef-lieu.
☐ d. le président de la communauté de commune.

⑳ Le maire est :

☐ a. élu par le conseil municipal en son sein.
☐ b. élu directement par les citoyens.
☐ c. choisi par le préfet.
☐ d. choisi par le président du conseil régional.

㉑ Quelle est l'orthographe de la capitale de l'Iran ?

☐ a. Thééran ☐ b. Teherran ☐ c. Theheran ☐ d. Téhéran

㉒ Dans quel pays actuel vivaient les Incas ?

☐ a. Mexique ☐ b. Pérou ☐ c. Bolivie ☐ d. Argentine

㉓ Quelle ville d'Italie possède une célèbre tour penchée ?

☐ a. Gênes ☐ b. Rome ☐ c. Pise ☐ d. Venise

㉔ Sur les bords de quel océan ou de quelle mer est érigée New York ?

☐ a. L'océan Atlantique ☐ b. L'océan Pacifique
☐ c. L'océan Indien ☐ d. La mer de Floride

㉕ En quelle année fut décapité Louis XVI ?

☐ a. 1789 ☐ b. 1779 ☐ c. 1793 ☐ d. 1870

㉖ Depuis quelle ville a été diffusé l'appel du général de Gaulle le 18 juin 1940 ?

☐ a. Paris ☐ b. Londres ☐ c. Calais ☐ d. New York

㉗ En 1898, pour se porter à la défense de quel officier français Émile Zola écrivit-il une célèbre lettre ouverte intitulée « J'accuse » ?

☐ a. Georges Boulanger ☐ b. Georges Picquart
☐ c. Auguste Mercier ☐ d. Alfred Dreyfus

㉘ À ce jour, combien de présidents se sont succédé sous la Ve République ?

☐ a. 7 ☐ b. 8 ☐ c. 6 ☐ d. 12

㉙ Quel dramaturge anglais a écrit *Roméo et Juliette* ?

☐ a. William Shakespeare ☐ b. Jean de La Fontaine
☐ c. Marcel Proust ☐ d. Leonardo Di Caprio

㉚ Quels accords signés en 1962 mettent fin à la guerre d'Algérie ?

☐ a. Les accords de Paris ☐ b. Les accords de Québec
☐ c. Les accords d'Évian ☐ d. Les accords de Grenelle

Corrigé

❶ **c.** 1916. La bataille de Verdun s'est déroulée du 21 février au 18 décembre 1916, dans la région de Verdun, en Lorraine, durant la Première Guerre mondiale.

❷ **b.** Les Baumettes (Marseille).

❸ **c.** Hiroshima. Les bombardements atomiques américains ont lieu au Japon, les 6 et 9 août 1945, sur les villes d'Hiroshima (340 000 habitants) et de Nagasaki (195 000 habitants).

❹ **a.** Une décision prise par les juges des cours d'assises. Le verdict représente la solution d'un procès criminel, après délibération, portant à la fois sur la culpabilité et sur la peine prononcée. Seules les cours d'assises rendent des verdicts, par voie d'arrêts (et la nouvelle cour criminelle départementale, qui se développe progressivement).

❺ **c.** L'Allemagne. La RFA (Allemagne de l'Ouest), dont la capitale était Bonn, et la RDA (Allemagne de l'Est, dont la capitale était Berlin) ont fusionné après la chute du mur de Berlin.

❻ **c.** Bucarest.

❼ **d.** Acquitter. Le terme « acquitter » n'est utilisé que par la cour d'assises (et la nouvelle cour criminelle départementale) : au tribunal correctionnel, on utilisera « relaxé » (la justice criminelle a son propre vocabulaire).

❽ **d.** le président de la République. Le président de la République a le droit de faire grâce à titre individuel (Constitution, art. 17). La grâce collective a été rendue impossible par la réforme constitutionnelle de 2008 (depuis 1991, une grâce collective plus ou moins étendue était accordée le 14 juillet). Le droit de faire grâce est une prérogative personnelle du chef de l'État, mais le décret - le seul à ne pas être publié au *Journal officiel* - doit néanmoins être contresigné par le ministre de la Justice (la grâce est la suppression ou la réduction de la peine : contrairement à l'amnistie, la condamnation reste inscrite au casier judiciaire).

❾ **c.** une oreille.

❿ **b.** La peste noire. La « peste noire », ou « mort noire », est une pandémie de peste qui a tué entre 30 % et 50 % des Européens en cinq ou six ans (1347-1352), faisant environ 25 millions de victimes.

⓫ **c.** Un code.

⓬ **c.** 1969.

⓭ **a.** Bell. Alexander Graham Bell (1847-1922) a déposé le brevet le 14 février 1876.

⓮ **c.** Une maison d'arrêt.

⓯ **b.** 1989. Érigé en plein Berlin dans la nuit du 12 au 13 août 1961, il a été démoli le 9 novembre 1989.

⓰ **b.** 67,06 millions. La France, au 1er janvier 2022, compte 67,8 millions d'habitants (hors collectivités territoriales d'outre-mer), dont 65,6 millions en France métropolitaine (source : Insee).

⓱ **b.** Un huis-clos.

⓲ **a.** 101 départements (dont 5 DOM).

⓳ **b.** le préfet.

⓴ **a.** élu par le conseil municipal en son sein.

㉑ **d.** Téhéran.

㉒ **b.** Pérou. Les Mayas vivaient dans les forêts du Guatemala et du Chiapas. L'Empire inca s'étendait sur 4 000 kilomètres, de l'Équateur au Chili actuel. Il représentait en tout près de 950 000 kilomètres carrés. Les Aztèques étaient installés au centre du Mexique, leur capitale étant d'ailleurs Tenochtitlán, devenue par la suite Mexico.

㉓ **c.** Pise.

24 **a.** L'océan Atlantique.

25 **c.** 1793. Louis XVI a été décapité le lundi 21 janvier 1793 à 10 h 22 sur la place de la Révolution (ancienne place Louis XV), devenue en 1795 la place de la Concorde (Paris). Son épouse, la reine Marie-Antoinette, sera exécutée le 16 octobre 1793.

26 **b.** Londres.

27 **d.** Alfred Dreyfus.

28 **b.** 8.

29 **a.** William Shakespeare.

30 **c.** Les accords d'Évian.

Raisonnement logique

DURÉE

3

HEURES

COEFFICIENT

3

Planning de révisions

PÉRIODES	CONTENU DES RÉVISIONS	NOS OUTILS
Période 1 5 à 7 jours	Énigmes et devinettes	Page 145
Période 2 5 à 7 jours	Séries et suites logiques	Page 146
Période 3 5 à 7 jours	Suites de nombres	Page 147
Période 4 5 à 7 jours	Dominos	Page 148
Période 5 5 à 7 jours	Cartes à jouer	Page 150
Période 6 5 à 7 jours	Suites logiques graphiques	Page 151
Période 7 5 à 7 jours	Entraînements	Page 154
Période 8 5 à 7 jours	Annales corrigées	Page 161

Méthodologie et conseils

Les tests dits « psychotechniques » sont des épreuves servant à mesurer les aptitudes logiques, verbales et numériques d'une personne.

Grâce à ces tests, les jurys de concours ou les recruteurs peuvent évaluer de manière rapide et relativement fiable les capacités d'un(e) candidat(e) en termes d'observation, de concentration, de mémoire, de raisonnement logique ou de résolution de problème.

On trouve principalement des tests psychotechniques concernant :

– la **maîtrise du français** (vocabulaire, définitions, grammaire, jeux de mots, proverbes à compléter, lecture attentive, compréhension de texte, capacité à résumer ou synthétiser…) ;

– les **aptitudes numériques et mathématiques** (calculs, suites de nombres, règles de géométrie, unités de mesure…) ;

– les capacités de **raisonnement logique** (suites de figures géométriques, de dominos, de cartes à jouer, comparaisons de formes, carrés magiques, sudokus, Mastermind…).

1. S'entraîner pour réussir

Entraînez-vous régulièrement aux différents tests pour vous sentir de mieux en mieux préparé et ne pas être déstabilisé ou bloqué par l'effet de surprise ou le stress le jour du concours.

Par cette **régularité** de l'entraînement, vous apprendrez à vous concentrer, à focaliser votre attention et à exercer de manière de plus en plus automatique vos compétences de raisonnement logique.

Ce faisant, vous serez progressivement de plus en plus performant. La **performance** consistant à « faire rapidement les bonnes choses de la bonne façon et à moindre coût pour obtenir le meilleur résultat possible ».

Munissez-vous d'un crayon de papier et d'une gomme pour **faire les exercices**. C'est en vous exerçant que vous allez progresser.

Revenez régulièrement sur les exercices déjà effectués et vous constaterez alors votre aisance et votre rapidité s'améliorer, vous saurez de mieux en mieux sur quoi concentrer votre attention, quels mécanismes logiques activer, comment organiser votre travail, gagner du temps, etc.

Car c'est là l'objectif principal : **vous aider concrètement à être plus efficace et plus confiant** face aux différents tests.

En plus de l'esprit logique, ces tests sont à réaliser dans un temps imparti et servent donc aussi à évaluer les aptitudes d'organisation, de gestion du temps et de rapidité d'évaluation des situations.

2. Place des questions de raisonnement logique dans l'épreuve d'admissibilité du concours

- Il s'agit « d'une série de **questions de raisonnement logique** faisant appel aux qualités d'*analyse*, d'*observation*, de *déduction* et de *bon sens* du candidat. »
- Ces questions s'inscrivent au milieu de l'épreuve écrite d'admissibilité de 3 heures (coef. 3).
- Elles sont généralement au nombre de 5 (2008, 2009) à 10 (2010, 2011).
- Elles arrivent après une série de **questions à choix multiples** et avant la **rédaction d'un compte-rendu** à partir d'un ou plusieurs textes joints.

Quelques définitions

Raisonnement logique

- Utilisation de sa raison pour démontrer quelque chose, pour tirer des conclusions, pour porter un jugement ou pour prendre une décision.
- S'appuyer sur des faits vérifiés et utiliser des règles logiques communément admises.

Analyse

- Comprendre une chose en décomposant les éléments qui la constituent.
- Trouver les briques de construction, les détails utiles, et les organiser en catégories et sous-catégories.

Observation

- Se concentrer attentivement sur quelque chose de précis si possible en sachant ce que l'on recherche.

Déduction

- Raisonnement qui se fonde sur des lois générales de la logique, des règles dont l'évidence est reconnue de tous.

Bon sens

- Synonyme de « raison ».
- Faculté de bien juger, de discerner le vrai du faux, le bien du mal.

3. Les différents types de tests

■ Les **énigmes** et **devinettes** demandant notamment de faire des calculs (généralement à partir des quatre opérations de base : addition, soustraction, multiplication, division).

■ Les **séries** et les **suites** (présentées en ligne ou en carré, suites de mots, séries de chiffres, mots mélangés, anagrammes, etc.).

■ Les **suites graphiques à compléter**, les **figures ressemblantes**, les **dominos** ou les **cartes à jouer**.

Sur 4 années consécutives et sur 30 questions de raisonnement logique posées :

– 18 étaient de petites histoires demandant principalement de faire des calculs (additionner, soustraire, multiplier, diviser, calculer un pourcentage, déterminer un volume, calculer le temps…).

– 7 étaient des suites de nombres à compléter, dont 1 utilisait le principe des « dominos » et 1 celui du « Sodoku ».

– 2 étaient des figures à compléter (dites « matrices de Raven »).

– 2 étaient des anagrammes à découvrir.

– 1 était une devinette de bon sens.

4. Quelques conseils

■ **Bien lire** et même relire **la consigne** ou la question posée afin d'éviter des oublis ou des erreurs d'interprétation.

■ Donnez-vous un maximum de **3 à 5 minutes pour répondre à chaque question**.

■ Bien sûr, certaines questions seront plus rapides ou plus longues à traiter que les autres. Faites plutôt en premier celles qui vous paraissent les plus faciles, afin de réaliser votre « tour de chauffe des neurones » dans les meilleures conditions. Gagnez ainsi du temps et de la confiance pour celles qui vous paraissent plus difficiles.

■ Ne vous bloquez pas sur une question, vous risquez d'y perdre trop de temps et de vous stresser au lieu de passer aux questions suivantes. Revenez à la question difficile après coup.

■ Donnez-vous des plages d'entraînement de **20 à 30 minutes** (2 à 3 fois par semaine pendant 4 mois avant le concours…= 16 à 24 heures d'entraînement progressif…= comme si vous aviez déjà fait des dizaines de fois l'épreuve !).

■ Entraînez-vous au calcul mental, révisez vos tables de multiplication (!), jouez au sudoku, au jeu « des chiffres et des lettres », faites des mots croisés, mêlés ou fléchés, jouez au Scrabble, etc. Tous ces jeux exercent utilement votre cerveau et vous procurent des automatismes pour le jour du concours.

■ Attention à ne pas vouloir tout faire de tête. Posez tranquillement les éléments sur une feuille de brouillon (exemple : 2 qui montent, 3 qui descendent, 1 qui reste, etc.). Garder trop d'informations en même temps en mémoire peut tout rendre confus et embrouillé, surtout lors d'une épreuve chronométrée qui peut être stressante.

- N'oubliez pas de **vérifier votre résultat**.
- Méfiez-vous (lors des énigmes particulièrement) car les histoires proposées ont tendance à vous placer dans la peau d'un des personnages pour mieux vous représenter la scène. Mais vous risquez ainsi d'oublier de le compter dans le calcul final.

C'est le cas par exemple de l'histoire du zèbre dans la savane :

Exemple :

« En se rendant à un point d'eau dans la savane, un zèbre croise 6 girafes.
Chaque girafe transporte 3 singes sur son dos.
Chaque singe a 2 oiseaux perchés sur son épaule.
Combien d'animaux se rendent au point d'eau ? »

Attention ici à ne pas oublier le zèbre !...

Au total, cela fait donc 1 zèbre + 6 girafes + 18 (3 × 6) singes + 36 (2 × 18) oiseaux = 1 + 6 + 18 + 36 = **61 animaux**.

- Pensez à passer parfois du mode « calcul mental » au mode « attention auditive ».

Par exemple lorsqu'est proposée une suite de nombres qu'il faut continuer :

Exemple :

1
11
21
1211
...

Le résultat est : **111221**

Et la suite logique est : 312211, 13112221...

Comment ça marche ? Il faut momentanément oublier de calculer et commencer à lire à haute voix ce que vous voyez (« un un », « deux uns », « un deux, un un », « un un, un deux, deux uns », etc.).

Puis, il ne vous reste plus qu'à transcrire tout cela en chiffres.

Cela peut avoir l'air un peu tiré par les cheveux mais... c'est néanmoins un entraînement du cerveau qui consiste à savoir passer d'un registre à l'autre pour s'adapter.

1. Les énigmes et devinettes

■ Les **énigmes** sont des jeux d'esprit mettant à l'épreuve notre perspicacité pour trouver la réponse à une interrogation dont le sens est caché.

■ Les **devinettes** sont des questions présentées de manière ludique et qui demandent une certaine réflexion pour y répondre.

Les énigmes et devinettes font appel à notre sens de la logique mais aussi à notre capacité à penser « autrement », c'est-à-dire à sortir des sentiers battus de la pensée pour trouver la réponse.

Exemples :

■ **Quel jour était-on hier, si jeudi était quatre jours avant après-demain ?**

Cette devinette est assez simple et demande principalement de faire preuve de méthode pour poser tranquillement les jours les uns après les autres :

1. Jeudi était « 4 jours avant après demain ».
2. Donc, jeudi était 3 jours avant demain ou 2 jours avant aujourd'hui ou 1 jour avant hier.
3. Et puisque c'est « hier » que nous cherchons, la bonne réponse est donc vendredi (jeudi étant bien un jour avant).

■ **Au rez-de-chaussée se trouvent 3 interrupteurs de type on/off. L'un d'eux permet d'allumer une ampoule au 1er étage. Les 2 autres sont sans effet. Au rez-de-chaussée, on ne distingue rien de l'étage au-dessus.**

Sachant qu'on a le droit de se déplacer une seule fois au 1er étage, comment manipuler (sans les démonter) les boutons on/off de telle sorte qu'on puisse désigner le bon interrupteur ?

- Actionner le bouton 1. Attendre suffisamment longtemps (10 min) pour faire chauffer l'ampoule si c'est le bon. Puis, le remettre en place.
- Actionner le bouton 2.
- Aller dans la pièce.
- Si la lampe est allumée : c'est le bouton 2 le bon.
- Si la lampe est éteinte : ce n'est pas le bouton 2.
- Si la lampe est chaude, c'est donc le bouton 1.
- Si la lampe est froide, c'est le bouton 3… et voilà !

2. Les séries et les suites logiques

Permettant de tester à la fois les capacités d'observation et de déduction, les séries et suites logiques sont très fréquemment employées dans les concours de la fonction publique. Elles consistent en des suites de nombres, de mots, parfois un mélange des deux, des dominos, des cartes à jouer, des figures géométriques, etc. Elles demandent notamment de combiner plusieurs facteurs ensemble (mouvements, couleurs, calcul mental, vocabulaire...).

Exemples de suites de nombres ou de mots :

- **7 – 13 – 19 – 25 – ? – ?**

  Ici, la réponse est assez simple puisqu'il suffit d'ajouter « + 6 » au fur et à mesure de la progression. La bonne réponse est donc 31 – 37.

- **7 – 14 – 9 – 16 – 11 – 18 – 13 – ? – ?**

  Ici, la progression est de « + 2 » mais un chiffre sur deux. La bonne réponse est donc 20 – 15.

- **sept4 – trois5 – un2 – quatre6 – neuf?**

  Pas de calculs compliqués, il suffit de comprendre que le chiffre indique le nombre de lettres contenues dans chaque mot. La bonne réponse est donc 4.

- **A9 – D13 – G17 – J21 – ?**

  Les lettres progressent de 3 et les chiffres progressent de 4 à chaque fois. Le résultat est donc M25.

- **CAROTTE = DBSPUUF ; GUEPARD = ?**

  Chaque lettre est remplacée par sa suivante dans l'alphabet, la bonne réponse est donc HVFQBSE.

On le voit, plusieurs méthodes peuvent coexister pour décrypter le code utilisé.

ATTENTION

Ne vous focalisez pas sur une seule méthode. D'où l'importance de s'entraîner préalablement.

3. Les suites de nombres

Les suites peuvent être considérées comme des listes ordonnées de nombres. Elles peuvent être croissantes ou décroissantes ou encore les deux à la fois. Elles suivent généralement des types de progression logique qu'il faut préalablement décoder pour découvrir le nombre suivant.

Exemples :

- « 1, 2, 3, 4, 5, 6, ? » suit une progression arithmétique de + 1, le chiffre suivant sera donc en tout état de cause 7.
- « 1, 1, 2, 3, 5, 8, 13, ? » suit à présent une logique différente puisque chaque nouveau nombre est l'addition des deux nombres qui le précèdent (3 = 2 + 1 ; 5 = 3 + 2 ; 8 = 5 + 3, etc.), le chiffre suivant sera donc 21.
- « 17, 11, 19, 13, 21, 15, 23, ? » paraît au départ être une suite un peu plus compliquée car sa progression est tantôt croissante, tantôt décroissante, mais le code reste néanmoins assez simple puisqu'il est question soit de retirer 6 soit d'ajouter 8 au chiffre précédent, les deux prochains nombres seront donc 17 et 25.

Toutes les opérations peuvent être utilisées pour fabriquer des suites de nombres et ceux-ci peuvent aussi être négatifs.

Souvent, il est demandé de trouver le dernier nombre, mais il se peut aussi qu'il y en ait plusieurs à trouver ou que le nombre recherché soit le premier de la liste ou encore au milieu de celle-ci.

4. Les dominos

Dans l'exercice qui suit, nous avons recensé un certain nombre de cas possibles auxquels vous pourriez être confronté.

Il y a dans un jeu 28 dominos différents. Les dominos sont des rectangles scindés en deux parties qui ont chacune une valeur semblable ou différente de l'autre partie. Les valeurs vont de zéro (blanc) à six et sont représentées par des points. Après le 6 vient le zéro (blanc) puis le 1 et ainsi de suite.

L'épreuve consiste principalement à trouver les valeurs manquantes dans le dernier domino de la liste.

Souvent, il faut trouver l'ordre de progression des valeurs (croissante, décroissante), pas forcément identique pour chacune des parties des dominos.

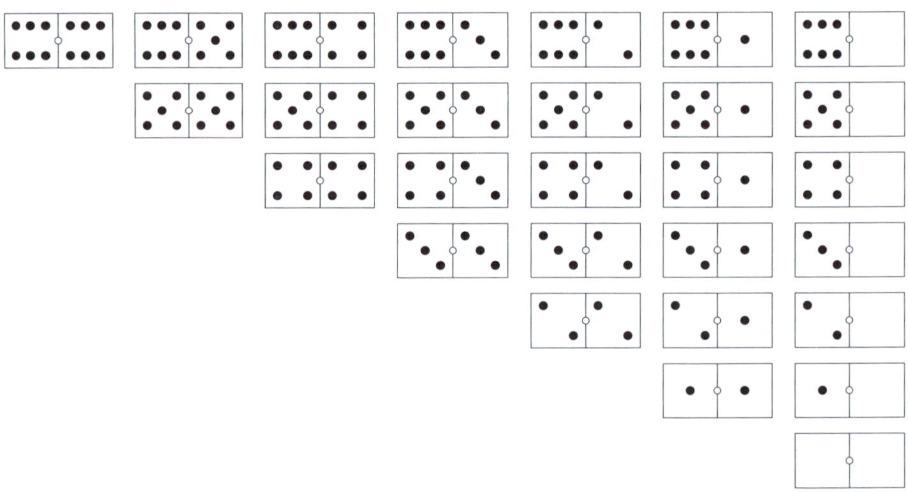

Exemples :

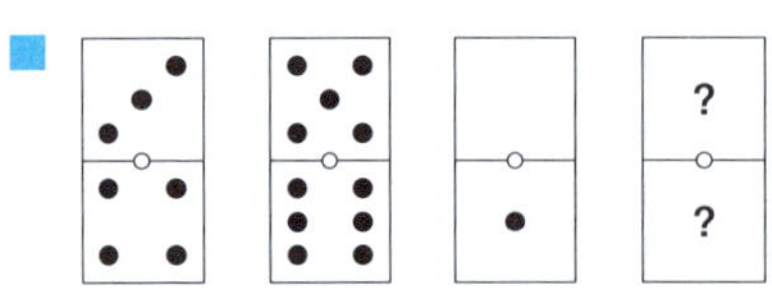

Ici, la progression se fait en ajoutant + 2 dans chacune des parties du domino. Le dernier domino sera donc :

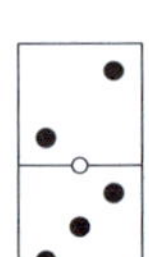

- La progression peut être légèrement plus compliquée :

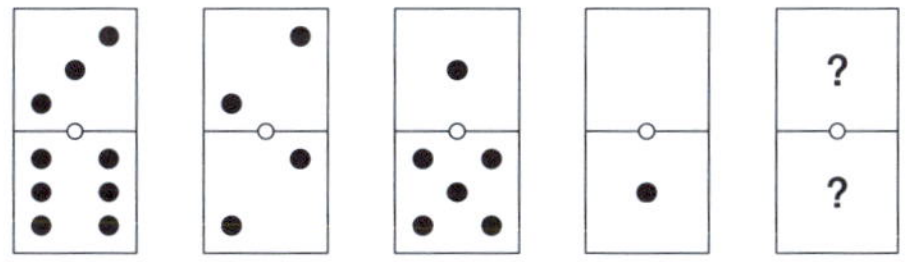

Ici, la progression se fait en enlevant – 1 en haut et en ajoutant + 3 en bas. Ce qui donne :

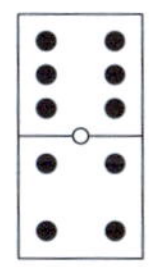

- 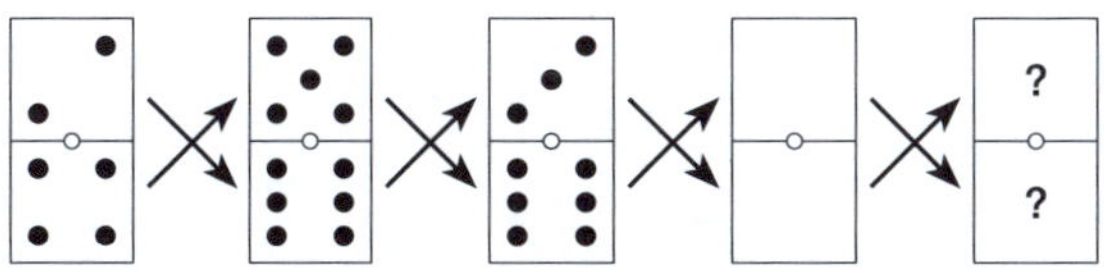

Ici, la progression est croisée, on prend la partie du haut du 1er domino (2) et on y ajoute + 4 pour former la partie basse du deuxième domino (= 6), puis à nouveau + 4 pour la partie haute du troisième domino (= 3) et ainsi de suite. Quant à la partie basse du 1er domino, il faut ajouter + 1 en direction de la partie haute du deuxième domino et ainsi de suite. Ce qui donne au final :

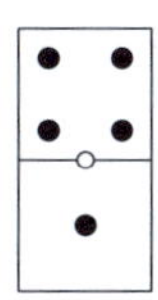

5. Les cartes à jouer

Les combinaisons logiques à partir des cartes à jouer suivent le même principe général que pour les dominos. La difficulté réside dans le fait qu'au-delà des valeurs de chaque carte, il faut aussi prendre en compte sa « couleur » (pique, trèfle, cœur, carreau).

Exemples :

- Il peut y avoir des systèmes d'addition simple :

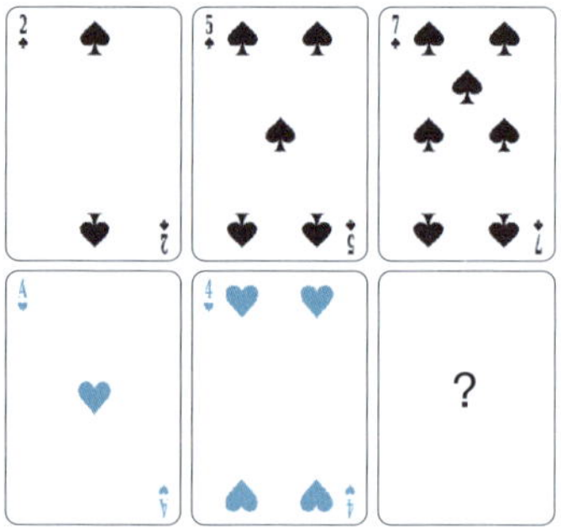

Ici, la bonne réponse sera le 5 de cœur puisqu'il s'agit, dans la même couleur, d'additionner les cartes précédentes.

Ce type de combinaison peut aussi se faire en soustraction, en colonnes verticales au lieu des lignes horizontales, etc.

- Parfois, il faudra regarder les cartes autrement et prendre en compte plusieurs facteurs :

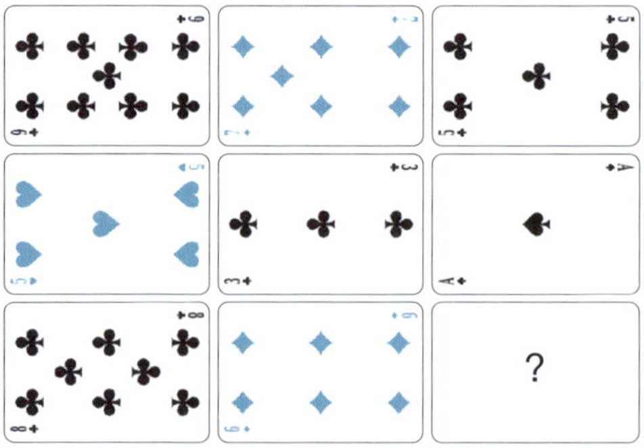

Ici, on peut constater que sur chaque ligne, quelle que soit la couleur, on soustrait – 2 en allant de gauche à droite. Concernant le choix de la couleur, seules les diagonales respectent la même couleur, en l'occurrence le trèfle. Donc, la carte manquante est :

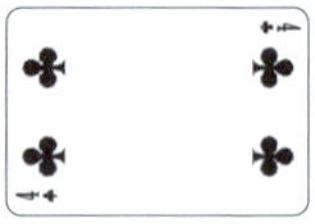

6. Les suites logiques graphiques

Les tests basés sur des suites logiques de graphiques ou figures géométriques sont de plus en plus utilisés en concours et en recrutement. Ils sont censés rendre compte du fameux facteur G ou aptitude intellectuelle générale de Spearman et qui serait le cœur de notre intelligence logique.

Ces tests mettent en action des lois de mouvement des objets et font très peu appel à la culture ou aux aptitudes verbales et numériques. Pour cette raison, ils sont très prisés aussi lors d'études interculturelles.

Ils fonctionnent principalement par raisonnement « analogique », il faut découvrir par induction les ressemblances, les différences, les relations et les règles de construction et de déplacement des objets.

Exemples :

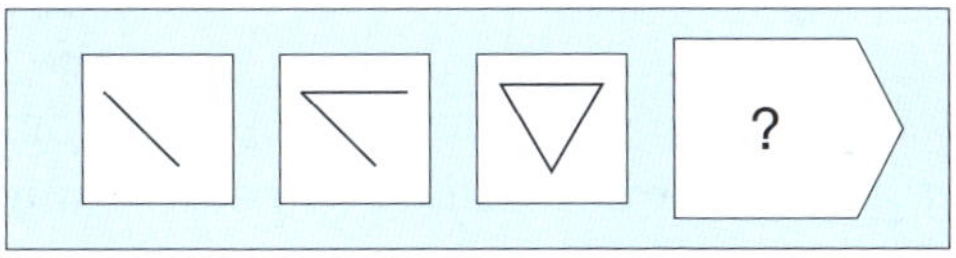

a. b. c. d.

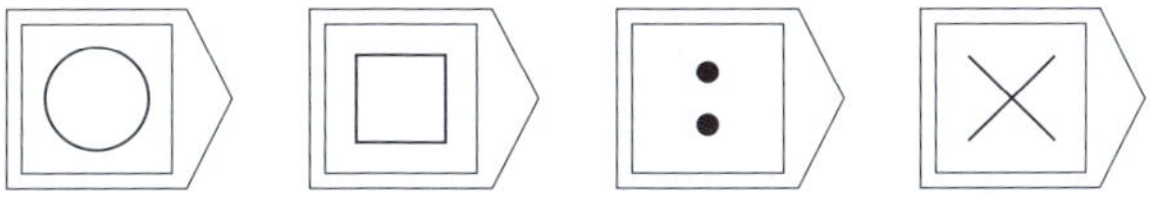

La réponse est b., le nombre de traits augmente d'une unité à chaque fois.

Pour trouver la solution, il faut donc percevoir et comprendre les liens logiques entre les figures, repérer les changements, isoler les constantes et les variables et tester parfois différentes combinaisons.

Au quotidien, cela correspond peu ou prou à notre capacité à utiliser nos connaissances et expériences tout en les adaptant et modifiant pour résoudre de nouveaux problèmes.

Enfin, ces tests font bien sûr appel à notre intelligence visuelle et spatiale décrite par H. Gardner.

L'un des tests de logique basé sur des figures parmi les plus anciens est le test des « matrices progressives » du psychologue John Carlyle Raven, élève de Spearman. Ce test est souvent appelé dans le jargon « PM 38 » (*Progressive Matrices*, 1938).

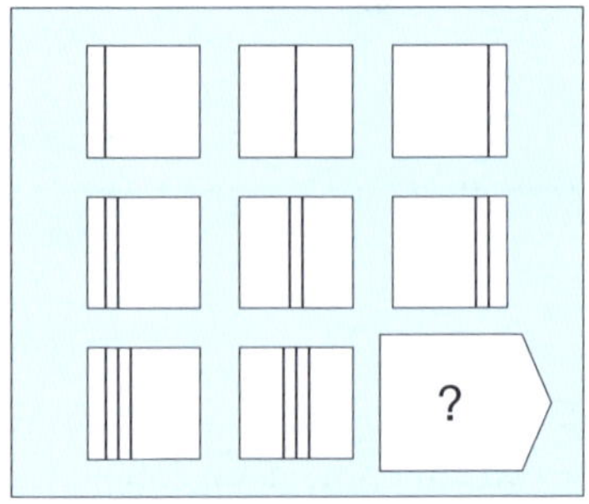

Il s'agit de choisir la figure manquante parmi les propositions :

a. b. c. d.

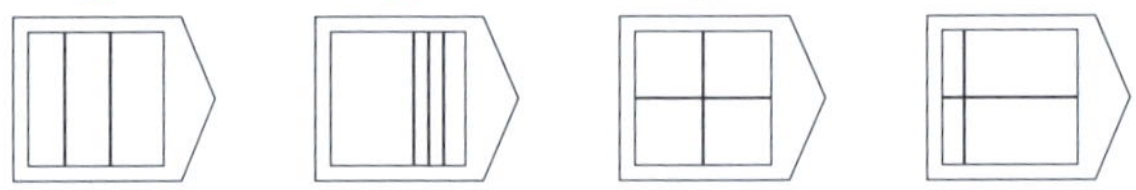

Ici la réponse b. (*modus ponens*).

On les appelle « matrices progressives » parce qu'elles sont présentées sous forme de tableaux de données (plusieurs lignes et plusieurs colonnes) et qu'elles sont généralement proposées selon un mode de complexité croissante. Elles servent largement lors des tests de QI.

Ces épreuves sont généralement chronométrées et globalement vous disposez en moyenne de 30 à 50 secondes par item pour répondre (environ 30 minutes pour 40 questions).

■ Parfois, l'observation graphique est couplée avec des rapports croisés entre les figures.

a. b. c. d.

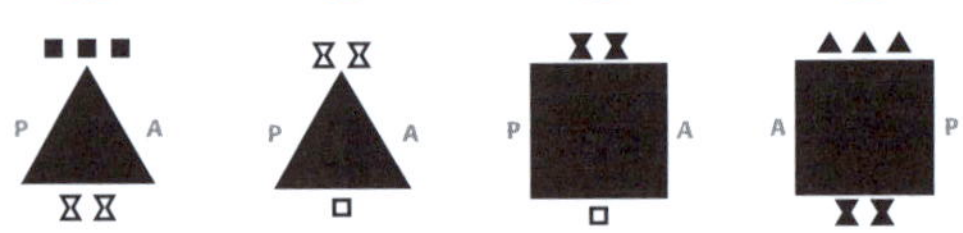

Ici, la bonne réponse est b. À vous de trouver pourquoi…

■ Autre façon de tester le raisonnement logique, les figures graphiques ou géométriques font appel autant à l'observation qu'à la déduction. On cherche à trouver soit une suite logique à compléter, soit des comparaisons à effectuer entre les formes.

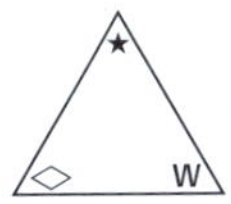

est à
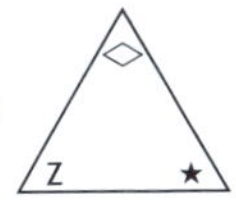

ce que

est à…

a.
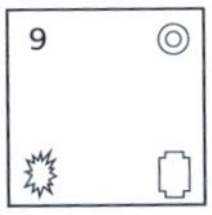

b.

c.
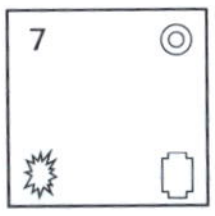

Dans ce cas, toutes les formes et symboles tournent en même temps dans le sens des aiguilles d'une montre d'une figure à l'autre et, de plus, la lettre ou le chiffre augmente de 3 unités (de W à Z = + 3 lettres, ce qui induit 6 + 3 = 9). La bonne réponse est donc ici la réponse **a.**

■ Quelles lettres devront figurer dans les cases vides ?

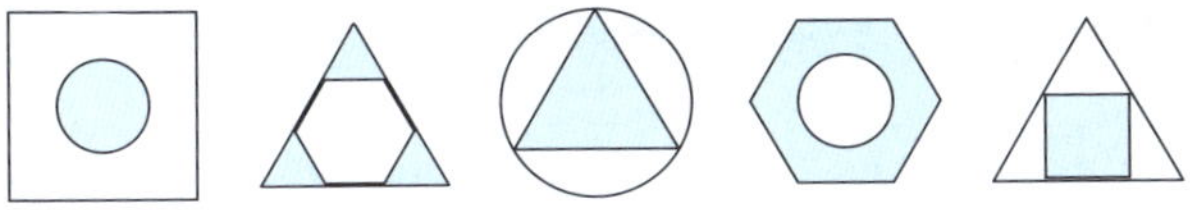

S - W - H	B - L - O	W - B - H	L - W - O	? - ? - ?

Dans cette suite, il s'agit de trouver le code qui se cache derrière les lettres.

Cela est possible en observant leur récurrence et en les associant aux figures. Par exemple, le S ne se retrouve qu'une seule fois, tout comme le carré (sauf dans la figure à découvrir). On peut donc faire l'hypothèse que la 1re lettre désigne la figure extérieure.

Dans ce cas il faudra vérifier si ça marche en prenant par exemple le cas des autres figures : si B = le triangle ou W = le rond, est-ce vérifiable sur les différentes propositions ? Cette vérification nous permet de découvrir par la même occasion que la deuxième lettre correspond à la figure intérieure.

Reste à décoder la signification de la troisième lettre. On se rend vite compte qu'il n'y a que 2 lettres qui reviennent à cette 3e place, H et O. Or il y a bien 4 figures différentes représentées mais une variable est organisée en 2 catégories : la couleur. Soit la figure est rosée (ou pleine) soit elle est blanche (ou vide). On peut donc aisément voir que le H correspond à la couleur blanche et le O à la couleur rosée.

La bonne réponse est donc : **B - S - H**

Entraînements DIFFICULTÉ : ××× / DURÉE : 35 MINUTES

Questions

❶ Je vends une paire de chaussures à 30 euros. L'acheteur ne dispose que d'un billet de 50 euros. N'ayant pas de monnaie, je vais voir la voisine qui me fait de la monnaie sur les 50 euros.
Je rends la monnaie à l'acheteur. Une demi-heure plus tard la voisine m'annonce que le billet de 50 euros est faux ; l'acheteur s'est envolé... Honteux, je lui rends 50 euros. Combien ai-je perdu au total ?

❷ Paul et Bernard sont dans un restaurant. Sachant que Paul a commandé 2 fois et Bernard 4 fois (chacun pour eux, sans rien commander pour l'autre).
À chaque commande, Bernard prend 3 petites frites et 1 hamburger tandis que Paul prend 1 grande frite et 3 hamburgers.
Sachant qu'une grande frite vaut 2 petites frites, mais qu'à chaque fois que Bernard commande, Paul lui pique un paquet de frites et à chaque fois que Paul commande, Bernard lui prend un hamburger, lequel a mangé le plus ?

❸ Trois hommes se présentent dans un hôtel et demandent une chambre, qui coûte 30 euros. Ils donnent chacun 10 euros et montent dans leur chambre. Le portier s'aperçoit qu'en fait la chambre vaut 25 euros ; un dilemme se présente à lui, comment partager 5 euros ? Il décide donc de donner 1 euro à chacun des trois hommes et de garder 2 euros. Maintenant les trois hommes ont payé chacun 10 - 1 euros, donc 9 euros.
Conclusion : 9 × 3 = 27 ; 1 × 3 = 3 + 2 = 5 ; 27 + 5 = 32 euros... Comment est-il possible qu'on se retrouve avec 2 euros de trop ?

❹ Vous êtes dans une maison. Vous voyez trois interrupteurs. Deux ne servent à rien et un allume le garage mais vous ne savez pas lequel fait quoi. Comme vous êtes décidé à ne pas faire d'aller-retour pour rien, vous voulez trouver une solution qui vous permette une fois arrivé au garage (que la lumière soit allumée ou pas) de savoir quel est l'interrupteur qui allume le garage. Comment faites-vous ?

❺ Si 2 + 3 = 10, 6 + 5 = 66, 3 + 4 = 21, 7 + 2 = 63 combien font 9 + 7 ?

❻ Trouvez, parmi les propositions suggérées, la ou les lettres qui complètent la série proposée.

a. a g b h c ?

c	d	f	h	i	g

b. a b d e h i m n ?

o	p	q	r	s	t

c. c d d e e e f f f ?

e	f	g	h	i	j

d. a b c c d e f f g ?

e	f	g	h	i	j

e. b c b d e d f g f h i ?

f	g	h	i	j	k

f. e f g h j k l n o ?

o	p	q	r	s	t

g. z e i y f j x g ? ?

h	i	j	k	l	m	w	r

h. k s j t i u h ? ?

u	v	w	x	y	z	e	f	g

i. n j f m i e l ?

c	d	h	i	j	m

j. j f m a m j j ? ?

a	v	j	d	e	g	s	o

7 Lors d'un concours de caissières au Japon, en 6 minutes 2 caissières ont encaissé 12 clients mais l'une d'entre elle a encaissé 5 fois plus de clients que l'autre. Combien de clients sont passés par la caisse de la perdante pendant ces 6 minutes ?

8 Le directeur d'un magasin décide de répartir une prime de 530 € entre trois vendeurs selon leurs résultats. Le premier (A) aura 90 € de plus que le second (B) et le deuxième aura 50 € de moins que le troisième (C). Quelle sera en euros la part de chacun ?

9 Au marché, Céline achète 3 kg de pommes de terre et 5 kg de tomates. Le kilogramme de tomates coûte 1,5 € de plus que celui de pommes de terre. Elle paie en tout 15,10 €. Quel est le prix d'un kilogramme de pommes de terre et d'un kilogramme de tomates ?

10 Trouvez le domino qui complète la série proposée.

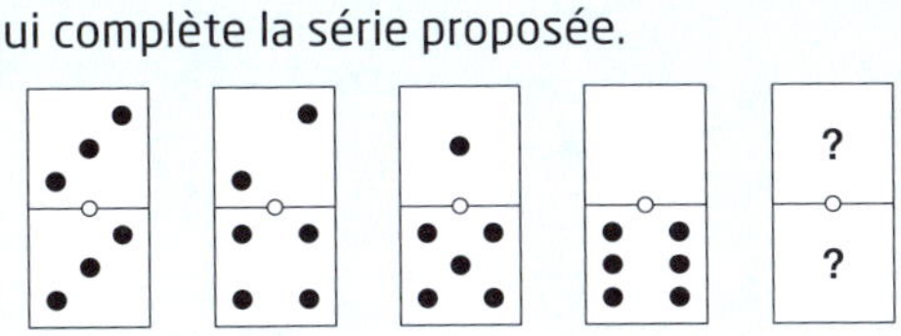

11 Complétez cette suite de nombres : 9 - 27 - 81 - 243 - ? - ?

a. 486 - 972 **b.** 729 - 2 187 **c.** 279 - 481 **d.** 342 - 684

12 Complétez cette suite de nombres : 79 - 74 - 68 - 61 - 53 - ? - ?

a. 51 - 47 **b.** 47 - 41 **c.** 44 - 24 **d.** 44 - 34

13 Complétez cette suite de nombres : 15 - 27 - 42 - ? - 96 - 108 - 204

a. 54 b. 64 c. 74 d. 57

14 Complétez cette suite de nombres : 1 - 11 - 21 - 1211 - 111221 - ?

a. 12121221 b. 121111221 c. 332211 d. 312211

15 Complétez cette suite de nombre : 9 - 72 - 36 - 36 - 144 - 18 - ? - ?

a. 18 - 483 b. 576 - 9 c. 9 - 72 d. 288 - 36

16 Magali est passionnée par son nouveau roman policier. Elle a lu 130 pages en 3 jours. Le deuxième jour elle a lu deux fois plus de pages que le premier jour et le troisième jour 20 pages de plus que le deuxième jour. Combien a-t-elle lu de pages le premier jour ?

17 Sophie a 38 ans et sa fille Zelda a 13 ans. Dans combien d'années Sophie aura-t-elle le double de l'âge de sa fille ?

18 Une caravane dans le désert est composée de chameaux et de dromadaires, de loin vous observez 28 têtes et 45 bosses. Combien cela fait-il de dromadaires et de chameaux ?

19 Trouvez les nombres manquants, sachant que toutes les lignes, colonnes et diagonales ont au final la même somme :

7		
	8	13
14	1	

20 Trouvez les nombres manquants, sachant que toutes les lignes, colonnes et diagonales ont au final la même somme :

16		12
6	10	
	18	

21 Parmi les différentes propositions, trouvez la figure manquante :

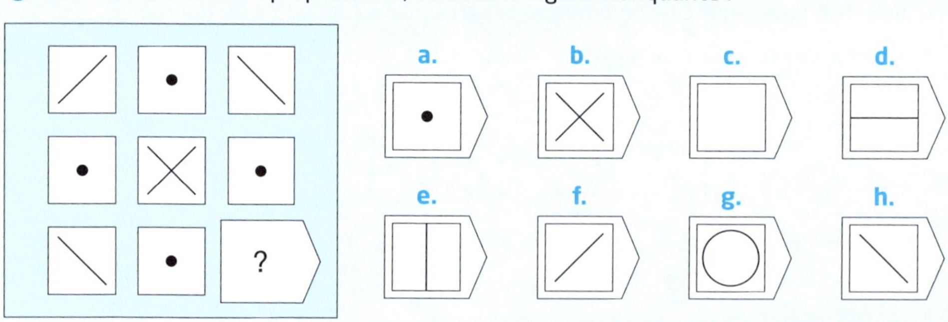

㉒ Parmi les différentes propositions, trouvez la figure manquante :

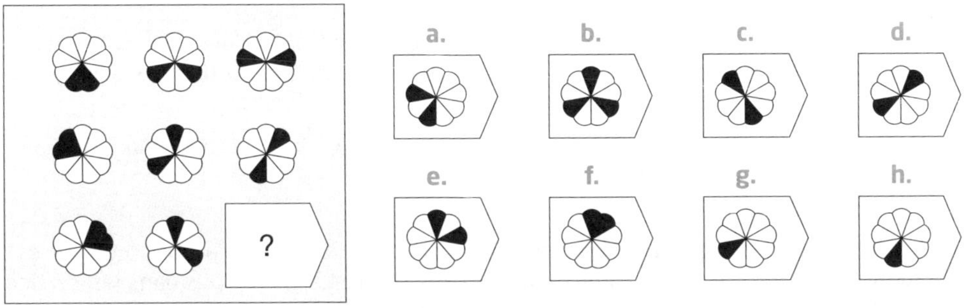

㉓ Parmi les différentes propositions, trouvez la figure manquante :

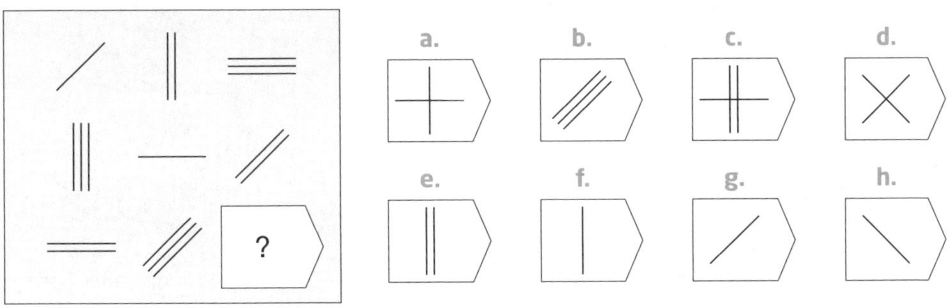

㉔ Parmi les différentes propositions, trouvez la figure manquante :

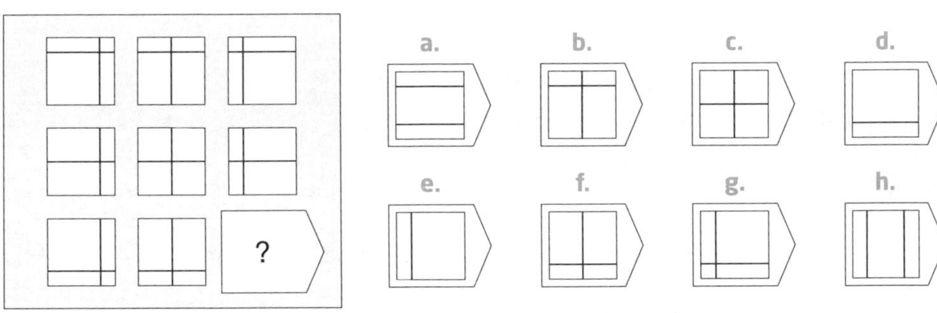

㉕ Parmi les différentes propositions, trouvez la figure manquante :

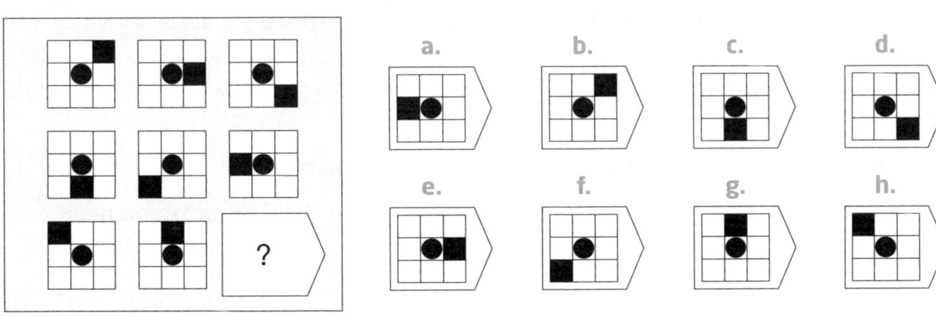

Corrigé

❶ J'ai perdu 20 euros et une paire de chaussures que je vendais 30 euros, soit **50 euros**. Ce problème est équivalent à dire que l'acheteur ne donne rien (c'est un faux billet) et le vendeur lui rend 20 euros de monnaie (puisque la paire coûte 30 euros).

❷ Ils ont tous les deux mangé l'équivalent de 8 petites frites. Mais Bernard a mangé 6 hamburgers alors que Paul en a mangé 4.
Par conséquent, **c'est Bernard qui a mangé le plus**.

❸ Il faut déjà savoir ce qu'on cherche avant de se lancer dans les calculs... L'erreur est d'additionner les 27 euros et les 2 euros, puisque les 2 euros sont compris dans les 27 : les hommes ont effectivement dépensé 27 euros (25 pour la chambre + 2 pour le portier). Et si l'on cherche à retrouver les 30 euros, il faut additionner les 27 euros aux 3 remboursés.

❹ Merci de vous reporter à la page 149 du cours.

❺ 9 + 7 = **144**
(2 + 3) × 2 = 10
(6 + 5) × 6 = 66
(3 + 4) × 3 = 21
(7 + 2) × 7 = 63
et (9 + 7) × 9 = 144

❻ **a. i** : croissance d'1 lettre sur 2 (a → b → c et g → h → i).

b. s : croissance de plus en plus importante (ab + 2 = d ; de + 3 = h ; hi + 4 = m ; mn + 5 = s).

c. f : croissance progressive (1c → 2d → 3e → 4f)

d. h : abc → cdef → fghij (redémarrage avec la dernière lettre de la série précédente et ajout d'une lettre.

e. h : bcb → ded → fgf → hih.

f. q : efgh → (i) → jkl → (m) → no → (p) → q.

g. kw : sauts de 3 lettres avec 3 séries imbriquées (z → y → x → w... ; e → f → g... ; i → j → k...).

h. vg : sauts de 2 lettres avec 2 séries imbriquées dont l'une en croissance et l'autre en décroissance (k → j → i → h → g... et s → t → u → v...).

i. h : sauts de 3 lettres avec 3 séries imbriquées en décroissance (n → m → l... ; j → i → h... ; f → e → d...).

j. as : un classique. Après juillet, viennent évidemment août (a) et septembre (s) !

❼ La perdante n'a encaissé que 2 clients pendant ces 6 minutes, alors que la gagnante en a encaissé 10, donc 5 fois plus. Mais l'histoire ne dit pas combien d'articles avaient les 2 clients de la perdante !

❽ Le vendeur A aura une prime de 220 euros, le vendeur B de 130 euros et le vendeur C de 180 euros.

❾ 0,95 € le kilo de pommes de terre et 2,45 € le kilo de tomates.

❿ La progression est de - 1 sur les faces supérieures et de + 1 sur les faces inférieures.

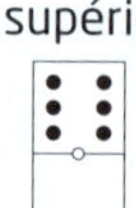

11 La série est croissante. Il faut multiplier le nombre précédent par 3. On obtient alors 729 (243 × 3) et 2 187 (729 × 3), réponse **b.**

12 C'est une série de plus en plus décroissante, il faut enlever 5 puis 6 puis 7 puis 8 puis 9 puis 10 au nombre précédent, ce qui donnera donc : 44 - 34, réponse **d.**

13 Cette série est croissante et comporte deux types de progression : une progression par 12 (15 + 12 = 27 ; 96 + 12 = 108) une fois sur deux, et une progression en additionnant les deux nombres qui précèdent (27 + 15 = 42 ; 108 + 96 = 204). Les deux progressions se font alternativement. Dès lors, si l'on ajoute 12 à 42 cela donne 54. Voyons maintenant si en additionnant 54 à 42 cela forme bien 96... et c'est exactement cela. La bonne réponse est donc 54, réponse **a.**

14 Il s'agit de la fameuse suite de Conway, du nom du mathématicien John Horton Conway. Cette suite est aussi appelée « audioactive » car l'astuce consiste ici à dire ce que l'on voit pour établir les liens et proposer la suite logique. Ainsi, tout commence par « un un » (que l'on notera « 11 »), puis ensuite « deux uns » (que l'on notera 21), « un deux, un un » (1211), « un un, un deux, deux uns » (111221), etc.

La dernière suite de chiffres proposée est 111221 que l'on lira comme suit : trois uns, deux deux, un un et qui donnera 312211, réponse **d.**

15 Cette série est piégée, car tous les nombres proposés sont des multiples de 3 et de 9, il est donc spontanément logique de chercher un fil conducteur à toute la ligne. Sauf que cette fois encore une série peut en cacher une autre ! Il y a donc 2 séries : « 9 - 36 - 144 » qui est une série croissante bénéficiant d'un facteur multiplicateur de 4 (4 × 9 = 36 ; 4 × 36 = 144) et « 72 - 36 - 18 » qui est une série décroissante avec à chaque fois une division par 2 (72 ÷ 2 = 36 ; 36 ÷ 2 = 18). C'est pour cette raison que les 2 nombres manquants sont 576 et 9, réponse **b.**

16 Magali a lu 22 pages le premier jour, 44 le deuxième et 64 le troisième, ce qui fait **130 pages au total en 3 jours**.

17 Dans **12 ans**, quand Sophie aura 50 ans et Zelda 25, puisqu'elles ont 25 ans de différence.

18 17 chameaux (17 × 2 bosses = 34 bosses) et 11 dromadaires (= 11 bosses) ; ce qui fait bien **28 têtes et 45 bosses**.

19

7	**15**	2
3	8	13
14	1	**9**

20

16	**2**	12
6	10	**14**
8	18	4

21 Réponse **f.** Pour une question de symétrie visuelle d'ensemble.

22 Réponse **c.** Les formes noires avancent ensemble d'une case.

23 Réponse **f.** 3 fois 1, 2 et 3 lignes, horizontal, vertical et oblique.

24 Réponse **g.** La barre horizontale descend tandis que la barre verticale glisse de droite à gauche.

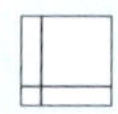

25 Réponse **b.** Le point reste fixe, seul le carré noir bouge, dans le sens des aiguilles d'une montre autour du point.

SUJET N° 1 : Raisonnement logique

Session 2022, 1re session

DURÉE : 15 MINUTES

Consigne : chaque question n'appelle qu'une seule réponse

Questions

❶ On me trouve 2 fois dans l'année, 1 fois dans la semaine, mais pas du tout dans le jour... Qui suis-je ?

❷ Un escargot est dans un puits de 10 mètres. Il monte 3 mètres chaque jour et descend 2 mètres chaque nuit. En combien de jours sera-t-il rendu en haut ?

❸ Si nous ne sommes pas le lendemain de lundi ou le jour avant jeudi, que demain n'est pas dimanche, que ce n'était pas dimanche hier et que le jour d'après-demain n'est pas samedi, et que le jour avant hier n'était pas mercredi, alors quel jour sommes-nous ?

❹ En se rendant à un point d'eau, 1 zèbre croise 6 girafes qui s'y rendaient également. Chaque girafe portait sur son dos 3 singes. Chaque singe portait 2 oiseaux, qui eux-mêmes portaient chacun 4 mouches. Combien d'animaux au total se retrouvent au point d'eau ?

❺ Combien y a-t-il de m^3 de terre dans un trou cylindrique de 20 cm de profondeur et de 90 cm de diamètre ?

❻ Retrouvez le mot mystère à partir des cinq propositions de la grille ci-dessous. Pour chacune d'elle, le chiffre de gauche indique le nombre de lettres proposées qui sont contenues dans le mot mystère, et le chiffre de droite, le nombre de lettres proposées qui sont à la bonne place dans le mot mystère. Quel est ce mot mystère ?

4	O	P	N	U	I	0
4	I	O	T	U	P	1
3	A	N	P	I	E	0
1	R	A	E	U	T	1
2	N	R	O	A	E	0

❼ Le patron d'un magasin de vêtements a une manière bien à lui de faire les prix.
Un short vaut 10 euros.
Une chemise vaut 14 euros.
Un pantalon vaut 16 euros.
Combien coûte une cravate ?

8 Combien de « 9 » y a-t-il entre 1 et 100 ?

9 Quel symbole (a, b, c, d, e ou f) est différent des autres ?

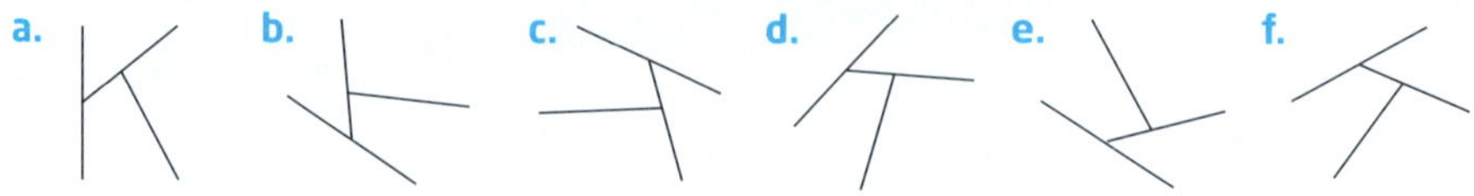

10 Il y a plusieurs livres sur une étagère. Si un livre est le cinquième en partant de la gauche et le cinquième en partant de la droite, combien y a-t-il de livres sur cette étagère ?

Corrigé

1 Je suis la lettre « **n** », que l'on retrouve deux fois dans le mot « année », une fois dans le mot « semaine » et pas du tout dans le mot « jour ».

2 L'escargot arrivera en haut en 10 jours. En effet, comme il descend 2 mètres la nuit après avoir monté 3 mètres le jour, cela signifie qu'il ne parcourt que 1 mètre par jour.
Pour monter 10 mètres, il lui faut donc **10 jours**.

3 Nous sommes **dimanche**. Il suffit de procéder par élimination au fur et à mesure du descriptif ce qui permet d'éliminer tous les autres jours.

4 Il y a au total 205 animaux qui se retrouvent au point d'eau. Il suffit de compter combien d'animaux comporte chaque catégorie. Il y a donc 1 zèbre, 6 girafes, 18 singes, 36 oiseaux et 144 mouches, soit un total de **205 animaux**.

5 Il est nécessaire de multiplier 90 cm par le nombre « pi », soit 3,1416, pour obtenir la circonférence du cylindre à partir du diamètre.
Il faut ensuite multiplier par 20, ce qui permet d'obtenir le volume en cm^3, soit 5 652 cm^3.
Ce volume en cm^3 doit à présent être converti en m^3, soit **0,005652 m^3**.
La virgule est décalée de 6 places car il y a 1 million (1 000 000) de cm^3 dans 1 m^3.

6 Le mot mystère est « POINT ».
Pour le trouver, il faut procéder par déduction et élimination.
Le raisonnement démarre par l'élimination de la lettre « U ».
En effet, elle apparaît sur 3 lignes différentes au même emplacement.
Or, sur ces lignes, il est indiqué par deux fois qu'une lettre est bien placée et, la troisième fois, qu'aucune lettre n'est bien placée. Étant toujours à la même place, cette lettre ne peut pas à la fois être « bien placée » et « mal placée », c'est une impossibilité logique. Donc, la lettre « U » n'est pas dans le mot mystère.
Une fois cette lettre éliminée, cela permet d'obtenir 4 lettres du mot qui sont présentes sur la ligne 1 (O P N I) et sur la ligne 2 (I O T P). Ainsi, en les additionnant, on obtient les 5 lettres du mot mystère : O P N I T.
Si le O est bien placé en ligne 2 et le T en ligne 4, le mot qui se dessine logiquement est « **POINT** ».

O	P	N	U	I	Les 4 lettres sont O, P, N et I, et aucune n'est bien placée.
I	O	T	U	P	Les 4 lettres sont I, O, T et P, et le O est bien placé.
A	N	P	I	E	Les 3 lettres sont N, P et I, et aucune n'est bien placée.
R	A	E	U	T	Une seule lettre est bien placée, c'est le T.
N	R	O	A	E	Les deux lettres sont N et O, et elles ne sont pas bien placées.

7 La cravate coûte 14 euros car le patron du magasin détermine le prix en fonction du nombre de lettres que comporte chaque mot désignant un article.
Et chaque lettre équivaut à 2 euros.
Ainsi, comme « cravate » comporte 7 lettres, l'article coûtera donc **14 euros**.

8 Il y a **11** « 9 ». En effet, il y a un « 9 » par dizaine, soit 10 « 9 », auxquels s'ajoute le « 9 » supplémentaire du nombre 99.

9 Le symbole différent est le « **e** ». L'accroche du « T » formant une partie du « K » est inversée, partant vers le haut au lieu d'aller vers le bas, comme pour les 5 autres symboles.

10 Il y a **9 livres**, 4 de chaque côté : ainsi celui du milieu est bien le cinquième en partant de la gauche et le cinquième en partant de la droite.

Session 2021, 2e session

SUJET N° 2 : Raisonnement logique

DURÉE : 15 MINUTES

Consigne : chaque question n'appelle qu'une seule réponse

Questions

1 Avant-hier, Catherine avait 17 ans ; l'année prochaine, elle aura 20 ans. Comment est-ce possible ?

2 J'ai 4 fois l'âge de mon fils. Dans 20 ans, j'aurai 2 fois son âge. Quel âge avons-nous ?

3 Un coffre cadenassé enferme 3 caisses cadenassées. Dans chaque caisse, il y a 3 boîtes cadenassées remplies de 10 pièces d'or chacune. Combien de cadenas y a-t-il à ouvrir pour avoir 50 pièces d'or ?

4 Dans une boîte de feutres, 7 feutres sont toujours présentés dans le même ordre. Retrouvez l'ordre des feutres, de gauche à droite, sachant que :
- le jaune est au milieu ;
- le rouge n'a qu'un voisin ;
- le vert est à côté du rouge ;
- le orange est placé à droite de la boîte ;
- le jaune se trouve entre le bleu et le rose ;
- le violet et coincé entre l'orange et le bleu.

5 Complétez cette suite de nombres :
15 - 3 - 18 - 21 - 39 - ?

6 Un troupeau est composé de chameaux et de dromadaires. On compte 180 têtes et 304 bosses. Combien y a-t-il de chameaux et de dromadaires ?

7. Selon vous, quel est le numéro de la place de parking caché sous la voiture ?

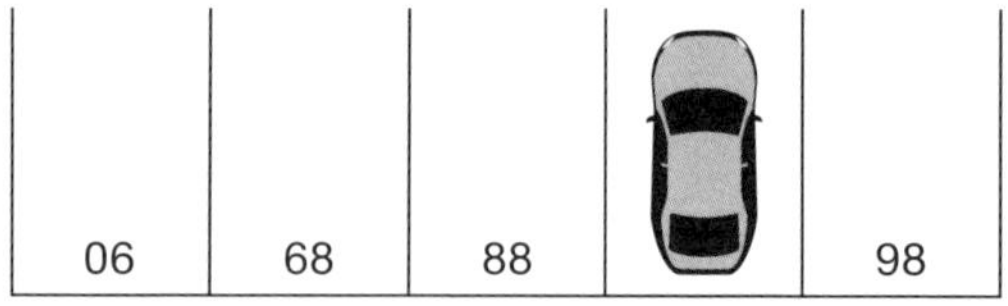

8. Dessinez le domino manquant :

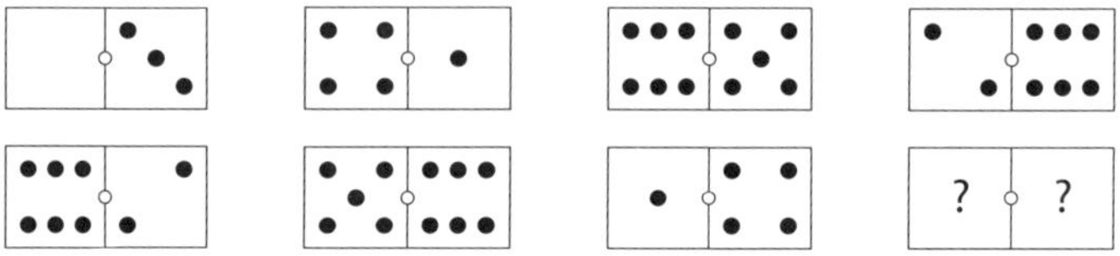

9. Je suis le premier en classe. Je suis le deuxième en écriture. Je suis le troisième en escalade. Je suis le quatrième en morceau. Qui suis-je ?

10. Véronique prend une planche de bois. Elle trace une grille rectangulaire 5 $\times$ 6. Puis elle plante un clou à chaque intersection. De combien de clous a-t-elle besoin ?

Corrigé

1. Catherine est née le **31 décembre**.
Ainsi, si nous sommes le 1er janvier 2022, elle a bien 17 ans le 30 décembre, et elle aura 20 ans à la fin de l'année 2023.

Date du jour (2022)	1er janvier 2022	18 ans
Avant-hier (2021)	30 décembre 2021	17 ans
Hier (2021)	31 décembre 2021	18 ans
À la fin de cette année (2022)	31 décembre 2022	19 ans
L'année prochaine (2023)	31 décembre 2023	20 ans

2. J'ai **40 ans** et mon fils en a **10**.
En effet, dans 20 ans, j'aurai 60 ans et lui, 30 ans, donc j'aurai bien 2 fois son âge.

3. Comme il faut ouvrir 5 boîtes pour avoir 50 pièces, il faudra ouvrir **8 cadenas** : 1 pour le coffre, 2 pour les caisses et 5 pour les boîtes. Il n'est pas nécessaire d'en ouvrir davantage pour obtenir 50 pièces.

4. Il suffit de faire un tableau en respectant l'ordre indiqué dans la liste :

1	2	3	4	5	6	7
Rouge (3)	Vert (4)	Rose (6)	Jaune (1)	Bleu (5)	Violet (5)	Orange (2)

5. 15 - 3 - 18 - 21 - 39 - 60
Il faut additionner les nombres par couple de deux, 15 + 3 = 18 ; 3 + 18 = 21 ; 18 + 21 = 39 ; 21 + 39 = 60.

❻ Il y a au total 180 animaux.
Si X = les chameaux
Alors (180 - X) = les dromadaires.
Calculons les bosses :
- Chameaux : 2 bosses donc × 2
- Dromadaires : 1 bosse
- 2X + 180 = 304 bosses en tout
- X = 304 - 180 = 124, il y a donc **124 chameaux**.
- 180 - 124 = **56 dromadaires**.

Vérifions : 124 chameaux avec 2 bosses = 248 bosses + 56 dromadaires avec 1 bosse = 56 bosses.
248 + 56 = 304 bosses.

❼ C'est le numéro **89** : les chiffres glissent vers la gauche au fur et à mesure.

❽ 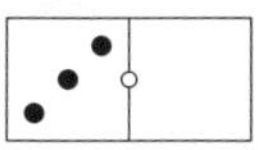

C'est en effet miroir en symétrie inversée entre la ligne du haut et celle du bas.

❾ Je suis la lettre « **c** » !

❿ La grille rectangulaire de 5 × 6 se présente de la façon suivante :

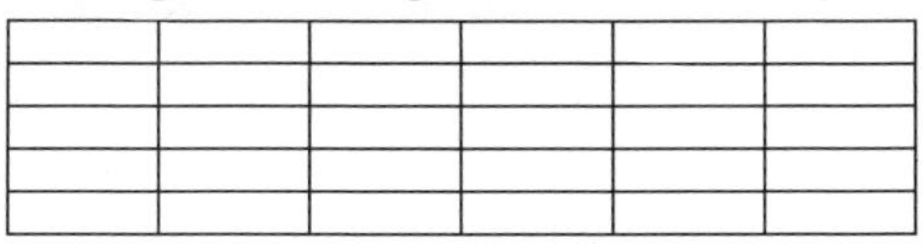

Elle se compose de 30 cases et compte donc 20 intersections. Véronique aura besoin de **20 clous** (5 par ligne ou 4 par colonne).

SUJET N° 3 : Raisonnement logique

Session 2021, 1re session

DURÉE : 15 MINUTES

Questions

❶ Complétez la série suivante :
86 - 65 - 44 - ?

❷ Quelle réponse complète correctement la série ?

1	4	5	3	?
1	8	15	12	?

☐ **a.** ☐ **b.** ☐ **c.** ☐ **d.**

❸ Fabien, Chloé, Luc, Marie et Léa sont assis sur la même rangée au spectacle. Qui est assis à côté de Fabien, sachant que Chloé et Marie sont assises l'une à côté de l'autre, que Luc et Fabien sont assis aux extrémités, que Léa est assise à côté de Luc, et que Marie est assise au centre ?

❹ M. Robert est entré dans la fonction publique en 1982. Il a travaillé six ans au ministère des Transports, puis quatre ans au ministère de la Culture. Il est depuis en poste au ministère de la Justice.
Que devez-vous en déduire ?
☐ **a.** M. Robert travaille depuis 1982 au ministère de la Justice.
☐ **b.** M. Robert a travaillé six ans au ministère de la Justice.
☐ **c.** M. Robert a travaillé dans trois ministères différents.
☐ **d.** M. Robert ne travaille plus au ministère de la Culture.
☐ **e.** M. Robert est à la retraite.

❺ À partir de l'affirmation suivante : « Les hirondelles sont en grande majorité bleues », que devez-vous en déduire ?
☐ **a.** Il existe une hirondelle blanche.
☐ **b.** Tout ce qui est bleu n'est pas une hirondelle.
☐ **c.** Tout ce qui est bleu est une hirondelle.
☐ **d.** Il existe une hirondelle bleue.
☐ **e.** Aucune des réponses n'est satisfaisante.

❻ La somme des 6 nombres situés sur chacun des anneaux vaut 55. Combien vaut X ?

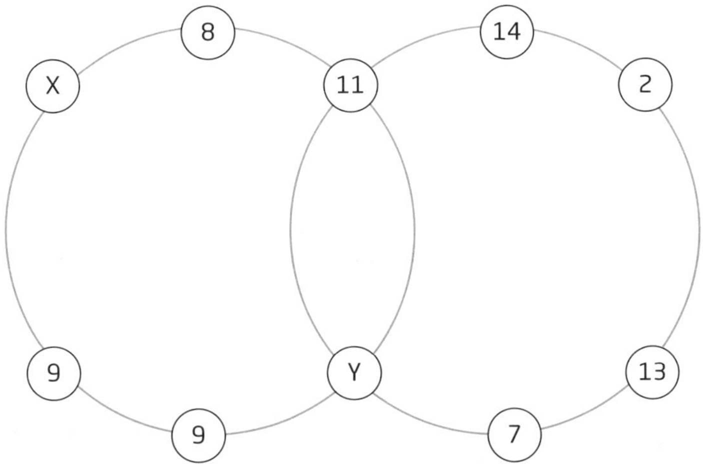

❼ Des moineaux se reposent sur un arbre. Cinq s'envolent puis trois reviennent. Il y en a alors 12. Combien de moineaux y avait-il au départ sur cet arbre ?

❽ Quel mot n'a pas sa place dans cette série ?
« moisie - moite - moisissure - moisir - moisi »

❾ Complétez cette phrase :
Le marcassin est au sanglier ce que le levraut est au ....

❿ Tom a 10 ans. Son père, qui a une sœur jumelle, l'a eu à 28 ans. La sœur de son père a eu également un fils, lorsqu'elle avait 26 ans. Quel âge a le cousin de Tom ?

Corrigé

❶ **23**
Il faut retirer 21 à chaque fois.

❷ La bonne réponse est la réponse « **b** ».
Le premier = multiplier par 1 ($1 \times 1 = 1$)
Le deuxième = multiplier par 2 ($4 \times 2 = 8$)
Le troisième = multiplier par 3 ($5 \times 3 = 15$)
Le quatrième = multiplier par 4 ($3 \times 4 = 12$)
Donc, pour le cinquième, il faudra multiplier par 5. Or la seule possibilité de faire $\times$ 5 est le binôme 6/30 car $6 \times 5 = 30$.

❸

1	2	3	4	5
Luc (2)	Léa (3)	Marie (1)	Chloé	Fabien (2)
Fabien (2)	Chloé	Marie (1)	Léa (3)	Luc (2)

C'est forcément **Chloé** qui est assise à côté de Fabien. Pour trouver, il faut d'abord placer Marie au centre, puis Luc et Fabien aux extrémités. Ensuite, il suffit de suivre les consignes en vérifiant le résultat avec le déplacement de Luc et Fabien à chaque extrémité (ils peuvent être placés soit à droite, soit à gauche de la rangée, sans que le résultat change).

❹

a. **Non** puisqu'il a commencé en 1982, qu'il a passé six ans aux Transports et quatre à la Culture, et qu'il est à présent à la Justice.
b. Visiblement **non**, mais on ne sait pas depuis combien de temps il est au ministère de la Justice, ne connaissant pas l'année de référence de cet énoncé.
c. **On ne sait pas**, peut-être a-t-il été dans un autre ministère sans que cela ne soit indiqué dans l'énoncé.
d. **Oui**, sans l'ombre d'un doute, puisqu'il est au ministère de la Justice.
e. **Non**, puisqu'il est indiqué qu'il est en poste au ministère de la Justice. La bonne réponse est donc la réponse « **d** ».

❺

a. On ne sait pas
b. Faux, puisque beaucoup d'hirondelles sont bleues.
c. Faux
d. **Vrai**.
e. Faux, puisque la réponse « d » est satisfaisante. La bonne réponse est la réponse « **d** ».

❻ Pour obtenir la somme de 55 sur l'anneau de droite, il faut que Y soit égal à 8.
Si Y = 8, cela donne pour l'anneau de gauche : 8 + 11 + 8 + 9 + 9 = 45.
Il manque donc 10 pour obtenir 55.
Donc **X** = **10**.

❼

X = 12 (+ 5 - 3)
X = 12 + 2
X = **14**

❽ C'est le mot « **moite** » qui n'a pas sa place dans la série puisque tous les autres sont des déclinaisons de « moisissure » (nom, adjectifs, verbe). « Moite », ou « la moiteur » (humidité), est un concept totalement différent de celui de « moisissure ».

❾ **lièvre**. Puisque le marcassin est un jeune sanglier et que le levraut (ou levreau) est un jeune lièvre.

❿ Si le père de Tom (qui a 10 ans) l'a eu à 28 ans et que la sœur jumelle du père de Tom (qui a donc le même âge) a eu un fils à 26 ans, alors le cousin de Tom a deux ans de plus que lui, il a donc **12 ans**.

Compte rendu

DURÉE 3 HEURES

COEFFICIENT 3

1. Une épreuve en lien avec le travail du surveillant

L'épreuve de rédaction d'un compte rendu permet de vérifier la capacité du candidat à rendre compte à ses supérieurs hiérarchiques. Il doit rédiger un rapport qui décrit une situation, un événement ou un incident qui est relaté et auquel il est supposé avoir assisté ou participé.

Lors de cette épreuve, les candidats sont évalués sur :
- leur capacité à s'exprimer par écrit ;
- la maîtrise des principales règles de conjugaison et d'orthographe ;
- leur esprit de synthèse ;
- leur capacité à rester neutres et objectifs par rapport à une situation donnée.

Cette épreuve se rapproche au plus près de ce qui peut être demandé au personnel de surveillance dans l'exercice quotidien de son travail au sein des établissements pénitentiaires. En effet, les surveillants pénitentiaires doivent rendre compte par écrit lorsqu'ils connaissent un incident ou un événement particulier. Ils le font au moyen d'un compte rendu professionnel (CRP).

2. Un compte rendu professionnel, qu'est-ce que c'est ?

Le compte rendu professionnel est un document écrit qui informe un supérieur hiérarchique :
- d'un événement particulièrement grave qui vient de se passer ;
- de la manière dont le rédacteur a accompli un acte professionnel de sa propre initiative ou à la suite d'un ordre qu'il a reçu ;
- d'éventuelles solutions que l'on propose pour mettre fin à une difficulté.

Le surveillant rédacteur du compte rendu professionnel peut être acteur ou témoin de l'incident. Il peut être l'auteur de la situation mais aussi une victime. Il peut avoir assisté à l'ensemble de la situation à relater ou seulement à une partie.

A. La forme du compte rendu professionnel

L'agent rédige traditionnellement le compte rendu professionnel sur une feuille double non perforée quadrillée. Il écrit sur la première page et, si nécessaire, sur la troisième page. Compte tenu de l'informatisation des services et si le surveillant utilise un outil de traitement de texte, le compte rendu professionnel peut aussi être imprimé sur une feuille blanche de format A4.

Le compte rendu professionnel est un document administratif. Le surveillant signe le document, c'est donc un document officiel qui engage son rédacteur et peut mettre en jeu sa responsabilité (responsabilité administrative ou pénale).

B. Les éléments constitutifs du compte rendu professionnel

Exemples :

Le compte rendu comporte toujours les éléments suivants :

- le nom de l'établissement où l'agent travaille ;
- la date du jour avec le mois en toutes lettres ;
- son nom et son prénom, son grade et / ou sa fonction ;
- la fonction et le grade de celui auquel il adresse le compte rendu ;
- l'objet du document : il doit résumer en une phrase la situation décrite.

> Maison d'arrêt de Fresnes
>
> Fresnes,
> Le 12 janvier 2023
>
> Stéphane DUMONT
> Surveillant stagiaire
>
> À Monsieur le Directeur
>
> Objet : Comportement du détenu Philippe PETIT (écrou 4465).

Le compte rendu débute par une formule d'introduction : « *J'ai l'honneur de vous rendre compte des faits suivants :* » ou en fonction des situations : « *J'ai l'honneur de porter à votre connaissance les faits suivants :* », « *J'ai l'honneur de vous informer des faits suivants :* », « *J'ai l'honneur de vous transmettre les informations suivantes :* ».

Dès la première phrase, le rédacteur doit poser la situation. Il indique le jour et l'heure, l'endroit où se déroule l'événement ou l'incident, éventuellement les personnes qui y ont assisté.

Ce jour, 12 janvier 2023, alors que j'étais en poste à l'étage 2 du bâtiment A de la maison d'arrêt, plusieurs détenus se sont plaints, dès le début de mon service, du bruit occasionné par le détenu Philippe PETIT (écrou 4465).

Il relate ensuite l'événement ou l'incident, de préférence en suivant l'ordre des faits.

> D'après leurs dires, Philippe PETIT met le volume de sa télévision au maximum. Les détenus m'ont indiqué qu'il était coutumier du fait et qu'il agissait ainsi de jour comme de nuit. Les détenus m'ont fait part de leur volonté d'en découdre physiquement avec l'intéressé si celui-ci n'arrêtait pas ses agissements.

Pour faire cesser ce tapage, je suis allé voir le détenu. J'ai ouvert la cellule. Le détenu était allongé sur son lit.

Je lui ai demandé de baisser le son de sa télévision, il m'a répondu : « Tu ne me donnes pas d'ordre, t'es qui toi. Dehors t'es rien… » puis, d'un bond, il s'est levé du lit. Il s'est approché de moi de façon brusque et il a levé le poing dans ma direction.

Craignant qu'il me frappe, j'ai aussitôt refermé la porte et j'ai actionné mon alarme.

Le détenu a frappé plusieurs fois dans la porte et continuait à me menacer.

Les collègues et le chef du bâtiment sont arrivés très rapidement.

Le détenu s'est aussitôt calmé et s'est recouché. Le chef est entré dans la cellule, il a discuté avec le détenu qui a finalement baissé le son de la télévision.

Le surveillant signe en bas à droite le document. La signature prouve qu'il est l'auteur du document, qu'il approuve ce qui est écrit.

Le compte rendu professionnel, comme tout document interne à l'administration, ne comporte pas de formule finale de politesse. Une phrase de conclusion telle que : « *Je reste à votre disposition pour tout renseignement complémentaire que vous pourriez souhaiter.* » peut quand même s'envisager et elle suffit.

LA RÈGLE DU Q Q O Q C P

Le compte rendu professionnel doit être succinct mais doit permettre de répondre aux questions suivantes :

Qui ?	Le nom et le prénom du détenu, son numéro d'écrou.
Quoi ?	Ce qui s'est passé, ce qui s'est dit.
Où ?	Le lieu exact où se sont déroulés les faits.
Quand ?	La date, l'heure, le moment précis.
Comment ?	Les moyens utilisés, les circonstances de l'incident, les aides éventuelles, l'état physique ou mental ou le caractère de l'auteur.
Pourquoi ?	Les causes de l'incident.

Exemple de CRP

Maison d'arrêt de Fresnes
Fresnes,
Le 12 janvier 2023

Stéphane DUMONT
Surveillant stagiaire

À Monsieur le Directeur
Objet : Comportement du détenu Philippe PETIT (4465).

J'ai l'honneur de vous rendre compte des faits suivants :
Ce jour, 12 janvier 2023, alors que j'étais en poste à l'étage 2 du bâtiment A de la maison d'arrêt, plusieurs détenus se sont plaints, dès le début de mon service, du bruit occasionné par le détenu Philippe PETIT (écrou 4465).

D'après leurs dires, Philippe PETIT met le volume de sa télévision au maximum. Les détenus m'ont indiqué qu'il était coutumier du fait et qu'il agissait ainsi de jour comme de nuit. Les détenus m'ont fait part de leur volonté d'en découdre physiquement avec l'intéressé si celui-ci n'arrêtait pas ses agissements.

Pour faire cesser ce tapage, je suis allé voir le détenu. J'ai ouvert la cellule. Le détenu était allongé sur son lit.

Je lui ai demandé de baisser le son de sa télévision, il m'a répondu : « Tu ne me donnes pas d'ordre, t'es qui toi. Dehors t'es rien… » puis, d'un bond, il s'est levé du lit. Il s'est approché de moi de façon brusque et il a levé le poing dans ma direction.

Craignant qu'il me frappe, j'ai aussitôt refermé la porte et j'ai actionné mon alarme.
Le détenu a frappé plusieurs fois dans la porte et continuait à me menacer.
Les collègues et le chef du bâtiment sont arrivés très rapidement.
Le détenu s'est aussitôt calmé et s'est recouché.
Le chef est entré dans la cellule, il a discuté avec le détenu qui a finalement baissé le son de la télévision.
Le détenu est suivi par le médecin psychiatre de l'établissement. Il a déjà un traitement très lourd.
Je sais qu'il a reçu ce matin un courrier de sa mère qui lui dit qu'elle ne veut plus l'héberger à sa libération et qu'elle en a assez de devoir l'assister et l'entretenir.
Il serait bon que le détenu puisse rapidement être reçu par un médecin qui pourrait adapter son traitement.

Je reste à votre disposition pour tout renseignement complémentaire que vous pourriez souhaiter.

Signature

NOTE DU FORMATEUR

Dans cet exemple, le surveillant en exercice propose des solutions ou des pistes de réflexion pour résoudre les difficultés rencontrées avec le détenu PETIT et des éléments d'explication de son comportement. Il est d'usage que les personnels proposent des actions à mettre en œuvre pour circonscrire un incident ou éviter son déclenchement ou sa réitération.
N'entrez pas dans cette démarche lors de la rédaction de votre copie de concours. Votre méconnaissance de l'administration pénitentiaire et de son fonctionnement doit vous conduire à la prudence. Restez dans les limites de l'épreuve écrite et contentez-vous de répondre à la commande de l'exercice. Cependant, si vous souhaitez proposer des conclusions, présentez des solutions cohérentes, logiques et plausibles.

3. Bien réussir l'épreuve de compte rendu

La rédaction du compte rendu doit suivre une méthodologie et un séquençage particulier.

A. Les documents constitutifs du sujet

Les documents peuvent être de natures très variées. Il peut s'agir d'un énoncé simple d'une situation. La situation peut être également décrite dans un premier document auquel sont associés des documents annexes (certificats médicaux, rapports d'experts, articles du Code de procédure pénale, notes de service, photographies, brochures...).

Certains éléments d'information seront peut-être inutiles ou redondants. Vous devez vous demander quelles sont les données du document que vous allez utiliser dans le développement.

B. Analyse du sujet

Prenez le temps de lire attentivement le sujet ainsi que le (ou les) document(s) qui vous est (sont) remis. Ne vous contentez pas d'une seule lecture. Deux à trois lectures permettent de comprendre la situation qui vous est présentée.

Analysez le contexte, la situation proposée, les acteurs, en répondant aux questions suivantes :

- **Qui sont les acteurs ?**
  - Qui êtes-vous ?
  - En compagnie de qui êtes-vous ? (noms et prénoms éventuels)
  - Qui sont le ou les détenu(s), le ou les visiteur(s), le ou les surveillant(s) qui sont les protagonistes ou les témoins de la situation ?

- **Quel est le contexte ?**
  - Quelle est la date ?
  - Quelle est l'heure ?
  - Où se situe l'action ? Dans quel lieu ?
- **Quelle est la situation proposée ?**
  - De quoi s'agit-il ? Bagarre ? Violence sur personnel ? Tentative de suicide ? Tentative d'incendie ? La découverte de barreaux sciés ?

ATTENTION

Des informations dites « perturbatrices » peuvent être insérées dans l'énoncé ou les documents joints afin de « cacher » les éléments essentiels dont vous avez besoin pour la rédaction de votre compte rendu. Vous devez donc savoir sélectionner les éléments clefs et ne pas vous perdre dans les détails inutiles qui n'ont pas à figurer dans votre copie. Limitez-vous à décrire les éléments relatifs à l'incident qui est relaté. Utilisez un surligneur pour mettre en évidence les éléments que vous conserverez pour rédiger votre devoir.

C. Rédaction du rapport

Pour cette épreuve, vous devez porter une attention particulière à l'orthographe et au style.

Le rapport fait environ une à deux pages de copie de concours.

a. L'en-tête

Indiquez le lieu où se déroule la situation, la date où vous rédigez le rapport ainsi que le nom, la fonction du rédacteur et à qui le rapport est adressé.

LE PLUS DE VOTRE COPIE

Le compte rendu est à destination d'un de vos supérieurs hiérarchique. S'il ne s'agit pas de votre supérieur direct, il est d'usage de transmettre votre document « *sous couvert* » des supérieurs qui forment la chaîne hiérarchique jusqu'au destinataire final.

Ainsi, si vous êtes un surveillant affecté en bâtiment et que vous devez écrire au directeur de votre établissement, vous devrez écrire « *sous couvert* » de votre chef de bâtiment et du chef de détention. Ce sont eux qui transmettront votre document après en avoir pris connaissance.

Exemple :

Nicolas Dupont
Surveillant - Bâtiment B

à Monsieur le Directeur
sous couvert du Chef de détention
sous couvert du Chef du bâtiment B

b. L'introduction

L'introduction doit faire trois à quatre lignes au maximum.

Vous devez poser la situation (qui, quoi, où, quand, comment…). Rappelez-vous la règle du QQOQCP.

c. Le développement

Dans le corps du document, vous devez faire le récit des différentes actions que vous êtes supposé avoir menées. Pour ce faire, vous devez indiquer :

- les gestes professionnels effectués ;
- le comportement du détenu, celui des codétenus ou des témoins…;
- les décisions que vous avez prises ;
- la réaction de votre hiérarchie, les décisions qui ont été prises par vos supérieurs, la réaction de vos collègue, les interventions extérieures (les personnes détenues, les secours tels que les pompiers ou un médecin)...

Vous devez refléter l'action le plus précisément possible. Faites des phrases simples et courtes.

Votre description de l'action doit être cohérente et logique. Optez pour un déroulement chronologique.

Vous relaterez précisément les faits en indiquant éventuellement les déclarations des parties. Dans ce cas, utilisez des guillemets lorsque vous citez un protagoniste.

Le détenu m'a insulté en ces termes : « fainéant ! »

Vous exposerez les mesures qui ont été prises et comment la situation s'est terminée. Vous devez être le plus précis possible. Vous devez être fidèle aux faits, et extraire des documents et n'utiliser que ce qui est informatif. Vous ne devez pas inventer d'événements, créer un scénario ou ajouter des éléments qui ne seraient pas présents dans le(s) document(s).

Le compte rendu professionnel se fonde sur des faits et la réalité d'une situation. Vous ne devez pas y préciser des éléments ayant trait à votre affectivité, à vos opinions personnelles ou porter un quelconque jugement. Vous devez **rester objectif et neutre**.

d. La conclusion

Terminez votre devoir par une phrase simple de conclusion. Les documents administratifs ne comportent pas, par convention, de phrase conclusive de politesse. Vous pouvez néanmoins conclure votre devoir par la phrase suivante :

« *Je reste à votre disposition pour tout renseignement complémentaire que vous pourriez souhaiter* » ou plus simplement : « *Profond respect* ».

ATTENTION

Vous ne devez pas mettre de signes distinctifs sur votre copie.
Vous ne devez pas signer de votre nom le compte rendu professionnel. Ne choisissez pas non plus un nom d'emprunt si le sujet du concours ne mentionne pas précisément un nom de surveillant. Pour ne pas prêter à confusion, indiquez « Surveillant X », vous ne prendrez pas le risque de voir votre copie annulée.

D. La gestion du temps

La rédaction du compte rendu est une épreuve parmi trois. Vous devez gérer votre temps en fonction des trois épreuves et du temps nécessaire pour répondre à l'ensemble des questions.

Lisez l'ensemble des exercices qui vous sont proposés. Le barème des exercices est indiqué sur le sujet de concours. Commencez par les épreuves notées au plus fort.

Réservez au moins **une heure** à l'épreuve de rédaction du compte rendu et gérez ce laps de temps **selon le planning suivant** :

- 10 minutes pour la lecture et l'analyse des événements ;
- 15 minutes pour la remise en ordre de la chronologie des faits ;
- 30 minutes de rédaction (vous veillerez à ce que votre devoir comporte une phrase d'introduction, un développement et une phrase de conclusion) ;
- 5 minutes pour la phase de relecture (vérification de la syntaxe, de l'orthographe, de la ponctuation et du vocabulaire employé).

À RETENIR

- Prenez le temps de lire le sujet plusieurs fois avant de commencer la rédaction.
- Faites des phrases courtes.
- Restez neutre et objectif et ne faites pas de commentaire personnel.
- Lisez votre devoir plusieurs fois avant de rendre votre copie. Vérifiez l'orthographe, la conjugaison des verbes et les accords des participes.

Entraînement n° 1 | DIFFICULTÉ : ××× / DURÉE : 20 MIN

Énoncé

Vous êtes Patrice Legrand. Vous êtes affecté depuis 2015 au centre pénitentiaire de Fresnes.

Le détenu Daniel Mandor fait l'objet d'une surveillance spécifique depuis son arrivée sur l'établissement en raison des risques suicidaires détectés. Vous avez pour consigne d'effectuer un contrôle du détenu par l'œilleton toutes les 30 minutes. Ce détenu a été placé en hospitalisation psychiatrique du 4 mars au 10 avril 2022. Il est écroué depuis le 1er janvier 2019. Il est prévenu pour assassinat, vol et escroquerie.

Le 12 avril 2022, vers 17 h 30, lors de la distribution du repas, vous avez trouvé le détenu Daniel Mandor inconscient, couché dans son lit. Il ne répondait pas à vos appels. Le médecin du service médical de l'établissement a été appelé et s'est déplacé. Le détenu a repris conscience. Les pompiers sont arrivés à 17 h 50. Il a été décidé de l'extraction de l'intéressé vers les urgences.

Vous avez effectué une fouille de la cellule du détenu. Vous avez découvert six lettres dont une adressée au juge d'instruction où le détenu fait part de son intention de se donner la mort. Il semble que l'intéressé ait ingéré plusieurs comprimés. Le pronostic vital n'est, *a priori*, pas engagé.

Question

Vous devez rédiger un compte rendu à l'attention du directeur de l'établissement.

Entraînement n° 2 | DIFFICULTÉ : ××× / DURÉE : 20 MIN

Énoncé

Vous êtes Patrice Legrand, surveillant à la maison d'arrêt de Paris La Santé.

Lundi 7 février 2022, vous êtes en poste au bâtiment B, 1er étage.

Vers 17 heures, le détenu Pascal Dupont vous a appelé afin de sortir de sa cellule.

Pascal Dupont est né le 31 octobre 1981. Il est écroué depuis le 30 décembre 2018 et il a été condamné pour des faits de vols aggravés. Il est également prévenu pour des faits d'enlèvement et de séquestration. Il est normalement libérable le 24 février 2023. Il est affecté depuis le 13 janvier 2021 à la cellule 103.

Lorsque vous avez ouvert la cellule, le détenu a forcé le passage et vous a bousculé. Votre tête et votre dos ont heurté le mur. Malgré la virulence du détenu, vous êtes parvenu à le repousser et à lui faire réintégrer sa cellule. Vous avez déclenché l'alerte.

Quelques instants plus tard, les surveillants qui pénétraient dans la cellule de l'intéressé le découvraient alors qu'il venait de se coudre les lèvres avec du fil et une aiguille.

Pascal Dupont était immédiatement conduit auprès du service médical de l'établissement où il était pris en charge et soigné.

Le chef de la détention, votre supérieur hiérarchique, vous a demandé de vous rendre à l'hôpital Cochin afin d'y subir des examens complémentaires. Le médecin qui vous a examiné n'a pas dressé de certificat d'incapacité temporaire de travail.

À votre retour à l'établissement, vers 20 heures, vous avez été reçu par la direction de l'établissement. Vous avez indiqué que vous alliez porter plainte contre le détenu et que vous ne souhaitiez pas une assistance psychologique.

Pascal Dupont, qui présente des troubles psychiatriques, faisait l'objet d'une surveillance spécifique depuis le 1er janvier 2022. À l'issue des soins qui lui ont été prodigués, il a fait l'objet d'un placement en prévention et devra comparaître devant la commission de discipline de l'établissement.

Le procureur de la République a été avisé de ces faits par le directeur de l'établissement.

Le lendemain de l'incident, à votre prise de service, le chef de détention vous demande de rédiger un compte rendu professionnel dans lequel vous relatez les faits dont vous avez été victime.

Question

Le chef de détention vous demande de rédiger le compte rendu le lendemain de l'incident. Votre compte rendu sera donc daté « lundi 8 février 2021 » et non « dimanche 7 février 2021 ».

✎ Entraînement n° 3 | DIFFICULTÉ : ××× / DURÉE : 30 MIN

Énoncé

Vous êtes Patrice Legrand, surveillant à la maison d'arrêt de Fleury-Mérogis. La construction de cette prison de grande capacité a été décidée en 1962. La maison d'arrêt de Fleury-Mérogis comprend : une maison d'arrêt pour hommes, construite de mai 1964 à mai 1968 ; un établissement pour jeunes adultes de 18 à 21 ans, construit en 1967 ; une maison d'arrêt pour femmes, construite fin 1968.

L'établissement dispose en outre d'un service médico-psychologique régional (SMPR) permettant de prendre en charge les détenus présentant des troubles psychiatriques.

La maison d'arrêt de Fleury-Mérogis reçoit les prévenus (détenus en attente de jugement) ainsi que les condamnés dont le reliquat de peine n'excède pas, en principe, un an lors de leur condamnation définitive.

Le 16 janvier 2022, vous êtes en poste au bâtiment B, 2e étage de la maison d'arrêt pour hommes.

Vous êtes intervenu pour une rixe entre deux codétenus, Alain Renoir et Philippe Adam, au sein de la cellule 205.

– Alain Renoir est né le 1er janvier 1974. Il est écroué depuis le 23 décembre 2021. Il est condamné à 3 mois pour détention frauduleuse de document administratif et il est libérable le 2 mars 2022.

– Philippe Adam est né le 6 mars 1978. Il a été écroué le 2 janvier 2020. Il est prévenu pour vol avec violence.

Ces deux détenus sont ensemble dans la même cellule, à leur demande, depuis le 3 janvier 2022. Ils se connaissent puisqu'ils habitent dans la même ville et ont un lien de parenté éloigné.

Vers 13 heures 15, alors que vous alliez conduire les détenus affectés aux ateliers de l'établissement, vous avez entendu des bruits et des cris dans la cellule des détenus Renoir et Adam. Ce tumulte vous a fait penser à la survenue d'une altercation. Vous êtes intervenu dans la cellule. Les deux détenus étaient en train de se battre. Le détenu Renoir était par terre, l'autre était en train de le frapper à coups de poing.

Interrogés sur l'origine de l'altercation, les intéressés n'ont fourni aucune explication.

Les deux détenus ont été examinés par un médecin du service médical.

Compte tenu de son état, Alain Renoir, qui présentait un hématome important au niveau de l'œil droit et de nombreuses coupures au niveau des lèvres, a fait l'objet d'une extraction vers l'hôpital d'Évry.

Le détenu Adam a, quant à lui, réintégré sa cellule.

Tous deux comparaîtront prochainement devant la commission de discipline.

L'autorité judiciaire a été avisée par la direction de l'établissement.

Question

Le chef de détention vous demande de rédiger un compte rendu professionnel dans lequel vous relatez l'événement auquel vous avez assisté.

Entraînement n° 4 | DIFFICULTÉ : ××× / DURÉE : 30 MIN

Énoncé

Vous êtes Patrice Legrand, surveillant à la maison d'arrêt de Dijon.

Le 20 janvier 2022, vous êtes en poste au quartier disciplinaire.

La cellule disciplinaire typique est relativement grande, avec des meubles soudés au sol et une grille fermée à clé après la porte. L'équipement est réduit au minimum imposé par la décence : un lit (avec un matelas et des effets de literie ordinaire), un lavabo, des toilettes et une petite table. Les équipements de confort des cellules ordinaires ne sont pas présents (placard et étagères, douche, télévision, radio, miroir...). Le détenu ne sort de cette cellule qu'à l'occasion de la douche et d'une heure par jour de promenade qu'il effectue également seul dans une cour individuelle.

La durée de la peine de cellule disciplinaire dépend de la gravité de la faute et peut aller jusqu'à 30 jours pour des violences physiques.

Vers 15 h 50, un incendie se déclarait dans la cellule du détenu Abel Attar, située au sein du quartier disciplinaire.

Alerté par la présence de fumée, vous êtes intervenu avec votre collègue David Renon, équipés d'un appareil respiratoire d'intervention. Vous avez utilisé l'extincteur et la lance à incendie présente dans le quartier disciplinaire.

L'incendie a été rapidement maîtrisé et le détenu a été immédiatement pris en charge par le service médical de l'établissement.

Lorsque les fumées ont été dispersées, vous êtes entré dans la cellule et vous avez constaté que le détenu avait enflammé ses draps et sa couverture à l'aide d'allumettes.

Le détenu Abel Attar, légèrement intoxiqué par la fumée, a fait l'objet d'un examen par un médecin hospitalier afin de s'assurer de son état de santé. Son pronostic vital n'est pas engagé.

Il convient de relever que l'intéressé était placé au quartier disciplinaire depuis le 18 janvier 2022 après avoir été sanctionné de 20 jours dont 12 assortis d'un sursis suite à des faits d'évasion de l'hôpital alors même qu'il se trouvait placé sous la garde des forces de police.

Compte tenu des dégradations occasionnées, l'administration pénitentiaire déposera plainte.

L'autorité judiciaire a été avisée par la direction de l'établissement.

Question

Le directeur de la maison d'arrêt de Dijon vous demande de rédiger un compte rendu professionnel qui relate votre action.

Entraînement n° 5 | DIFFICULTÉ : ××× / DURÉE : 30 MIN

Énoncé

Vous êtes Patrice Legrand, surveillant stagiaire affecté depuis le 15 septembre 2019 au centre pénitentiaire de Varennes-le-Grand.

Le 9 janvier 2022, vers 9 h 30, le détenu Cédric Léger vous a interpellé afin de vous remettre un courrier. Vous lui avez indiqué qu'il y avait des boîtes aux lettres à sa disposition et que son courrier ne partirait que le lendemain matin, le courrier du jour ayant déjà été relevé.

Mécontent de cette réponse, le détenu vous a menacé et vous a insulté :

« T'en as rien à foutre de nous. Pourquoi tu veux pas me rendre service ? Sale con. »

Vous avez informé le détenu qu'il ferait l'objet d'un compte rendu d'incident et qu'il devrait répondre de ses insultes devant la commission de discipline.

Il a ajouté : *« Je suis sûr que le courrier n'a pas été ramassé mais tu fais ça pour nous faire chier. Sale con de surveillant. »*

Cédric Léger vous a bousculé puis il vous a tiré le bras tout en serrant votre cou. Vous avez réussi à vous dégager. Vous avez déclenché l'alarme générale.

Le détenu a été maîtrisé par les agents qui sont venus vous porter secours. Il a été placé en prévention au quartier disciplinaire. Il répondra de ses actes devant la commission de discipline.

Ressentant une douleur vive au pouce vous avez été conduit aux urgences. Vous souhaitez porter plainte contre le détenu.

Cédric Léger est né le 20 mai 1975. Il est écroué depuis le 29 octobre 2017. Il est condamné à 4 ans d'emprisonnement pour infractions à la loi sur les stupéfiants, à 8 mois d'emprisonnement pour recel de bien volé et d'autres peines d'emprisonnement de courte durée. Il est libérable le 29 juin 2023. Il a déjà agressé un de vos collègues il y a une quinzaine de jours. Il était sorti la veille du quartier disciplinaire d'où il avait purgé une sanction de 10 jours de cellule disciplinaire. À la suite de ces événements et des violences dont vous avez été victime, les syndicats de surveillants de l'établissement demandent le transfert du détenu dans un autre établissement compte tenu de son agressivité.

Question

Le chef d'établissement vous demande de rédiger un compte rendu professionnel à son intention.

Entraînement n° 6 | DIFFICULTÉ : ××× / DURÉE : 30 MIN

Énoncé

Vous êtes Patrice Legrand, surveillant en poste depuis 10 années à la maison d'arrêt de Paris La Santé. C'est l'établissement où vous avez été affecté à la sortie de l'École nationale d'administration pénitentiaire. Parisien, vous êtes satisfait de vos conditions de travail et n'envisagez pas de mutation pour le moment.

Le 12 décembre 2022, à 11 h 30, lors de la distribution du repas, arrivé à la cellule du détenu Kamel Rezai, il ne restait plus que des chipolatas alors que le menu affiché prévoyait également des steaks hachés. Ce dernier a commencé à contester. Le premier surveillant, Philippe Antoine, présent à proximité de vous, l'a informé qu'il allait faire le nécessaire pour lui faire remettre un repas adapté.

Kamel Rezai est né le 24 mars 1990. Il est écroué le 12 octobre 2022, condamné à un an d'emprisonnement pour vol aggravé, 7 mois d'emprisonnement pour recel de bien volé, 3 mois d'emprisonnement pour vol et prévenu pour conduite sans permis. Il est souvent virulent avec le personnel, il ne supporte pas la confrontation ni la frustration. Il a déjà été incarcéré à la maison d'arrêt de Paris La Santé et il a déjà purgé des peines pour des violences commises sur des policiers et des surveillants. Un de vos collègues, ami, a été violenté et il a été hospitalisé quelques jours. Il garde des séquelles psychologiques. Le détenu Rezai fait l'objet d'un suivi attentif et vigilent de la part de l'ensemble des personnels du fait de son caractère et qu'il peut passer à l'acte à tout moment. Il profite de toutes les situations pour faire parler de lui et montrer son caractère récriminateur.

Le détenu a continué d'exprimer son mécontentement. Il voulait un steak immédiatement. Il a ensuite menacé de s'en prendre au surveillant qui viendrait lui apporter son repas et il a pointé son doigt sur le nez du premier surveillant. Ce dernier a repoussé le détenu pour lui faire réintégrer sa cellule. Kamel Rezai a porté un coup de poing au nez du premier surveillant Antoine, puis un deuxième au front.

L'alarme a ensuite été déclenchée par vos soins. Alors que le premier surveillant tentait de maîtriser le détenu, celui-ci a sorti une arme artisanale qu'il avait dissimulée dans son dos. Vous avez réussi à intercepter l'arme, puis le détenu a pu être maîtrisé.

Kamel Rezai a été placé en prévention au quartier disciplinaire.

Le premier surveillant, blessé à la main, au front et au nez, a été conduit aux urgences. Il envisage de porter plainte à l'encontre du détenu.

Vous porterez également plainte contre le détenu. Le directeur de l'établissement vous a proposé un soutien psychologique, mais vous avez décliné cette offre.

Question

Le chef de détention vous demande de rédiger un compte rendu professionnel au chef d'établissement qui relate cette situation. Ce document sera transmis au procureur de la République avec le rapport du directeur en vue de la comparution immédiate du détenu devant le tribunal.

Énoncé

Vous êtes affecté depuis deux ans à la maison d'arrêt XY.

Édifice construit en 1904, la maison d'arrêt a été cédée par le département à l'État le 13 mars 1946. Partiellement détruite lors du bombardement du 18 février 1944, elle a été rénovée et surélevée par adjonction de deux étages de 1965 à 1967.

Construite à l'origine en zone rurale, la prison est maintenant à l'intérieur de la ville. Rattachée administrativement à la commune de Z, elle est également proche de la commune de W.

Une maison d'arrêt reçoit les prévenus (détenus en attente de jugement) ainsi que les condamnés dont le reliquat de peine n'excède pas, en principe, un an lors de leur condamnation définitive.

Le 13 novembre 2022, l'effectif de la maison d'arrêt était de 487 détenus pour 380 places théoriques.

Ce jour-là, vers 14 h 30, alors que vous vous trouviez sur le terrain de sports en compagnie du premier surveillant Martin pour le contrôle habituel avant l'envoi des détenus en promenade, vous avez aperçu une torche artisanale non enflammée au-dessus du grillage d'une cellule.

Vous avez constaté que la sous-toiture du bâtiment était noircie.

Vous avez immédiatement rendu compte de ces faits à Monsieur Dupont, adjoint au chef d'établissement. Ce dernier a ordonné une fouille de la cellule.

Vous avez effectué cette fouille en compagnie du surveillant Durand.

Les occupants de la cellule sont les détenus Jérôme A, né le 5 août 1987, écroué pour des faits de vols aggravés et de conduite sans permis et libérable le 14 septembre 2023, Anthony L, né le 10 juin 1987, écroué pour des faits de vols aggravés et libérable le 12 juillet 2023.

Lors de cette fouille, il a été découvert, outre la torche artisanale, une couverture et des draps détériorés, un poste de radio aménagé en cache ainsi que des cintres en plastique redressés. Vous avez également contrôlé le barreaudage de la cellule.

Vous avez constaté qu'un barreau de cette cellule avait été scié en presque totalité.

Question

Vous vous aiderez des éléments décrits ci-après pour rédiger un compte rendu professionnel à l'attention du directeur de la maison d'arrêt.

✎ Entraînement n° 8 | DIFFICULTÉ : ××× / DURÉE : 1 HEURE

Énoncé

Vous êtes le surveillant Paterne en poste au parloir au centre pénitentiaire de Y.

Lors de la mise en place d'un tour de parloir, vous constatez que le détenu André souhaite conserver des documents remis par sa femme et ses enfants (dessins, documents familiaux...). Vous sentez que si ces papiers ne lui sont pas donnés le détenu sera très affecté par ce refus, car les relations avec sa famille sont un domaine qui prend beaucoup d'importance notamment sur le plan moral. Ce condamné a fait déjà une tentative de suicide quelques semaines auparavant, car il n'avait pas reçu de nouvelles récentes de sa famille.

Question

Face à cette situation, il vous appartient d'en informer l'officier responsable du bâtiment. Vous proposez à votre supérieur hiérarchique, à l'aide des documents joints, des mesures adaptées pour dénouer ce type de situation et améliorer les relations et les conditions de visite des personnes détenues avec leur famille.

Documents

Pièce 1 : articles du code de procédure pénale.
Pièce 2 : note DAP du 15 septembre 2009, numéro 509, sur les relations des personnes détenues avec leur entourage.

Pièce 1

Article D220

Modifié par Décret n°2007-699 du 3 mai 2007 - art. 13 JORF 5 mai 2007

Indépendamment des défenses résultant de la loi pénale, il est interdit aux agents des services déconcentrés de l'administration pénitentiaire et aux personnes ayant accès aux établissements pénitentiaires :

- de se livrer à des actes de violence sur les détenus ;

- d'user, à leur égard, soit de dénominations injurieuses, soit de tutoiement, soit de langage grossier ou familier ;

- de fumer dans les lieux fermés et couverts affectés à un usage collectif, ou qui constituent des lieux de travail ;

- d'introduire ou de consommer des boissons alcoolisées dans ces établissements, à l'exception des logements des agents et des locaux affectés aux services de restauration et d'y paraître en état d'ébriété ;

- d'occuper sans autorisation les détenus pour leur service particulier ;

- de recevoir des détenus ou des personnes agissant pour eux aucun don ou avantage quelconque ;

- de se charger pour eux d'aucune commission ou d'acheter ou vendre quoi que ce soit pour le compte de ceux-ci ;

- de faciliter ou de tolérer toute transmission de correspondance, tous moyens de communication irrégulière des détenus entre eux ou avec le dehors, ainsi que toutes attributions d'objets quelconques hors des conditions et cas strictement prévus par le règlement ;

- d'agir de façon directe ou indirecte auprès des détenus pour influer sur leurs moyens de défense et sur le choix de leur défenseur.

Article D273

Modifié par Décret n°98-1099 du 8 décembre 1998 - art. 57 JORF 9 décembre 1998

Les détenus ne peuvent garder à leur disposition aucun objet ou substance pouvant permettre ou faciliter un suicide, une agression ou une évasion, non plus qu'aucun outil dangereux en dehors du temps de travail.

Au surplus, et pendant la nuit, les objets et vêtements laissés habituellement en leur possession peuvent leur être retirés pour des motifs de sécurité.

Sauf décision individuelle du chef d'établissement motivée par des raisons d'ordre et de sécurité, un détenu peut garder à sa disposition, selon les modalités prescrites par les médecins intervenant dans les établissements pénitentiaires, des médicaments, matériels et appareillages médicaux.

Article D274

Modifié par Décret n°98-1099 du 8 décembre 1998 - art. 58 JORF 9 décembre 1998

L'entrée ou la sortie des sommes d'argent, correspondances ou objets quelconques n'est régulière que si elle est conforme aux dispositions du présent titre et du règlement intérieur de l'établissement ou si elle a été expressément autorisée par le chef de l'établissement dans le cas où celui-ci est habilité à le faire.

En toute hypothèse, les sommes, correspondances ou objets doivent être soumis au contrôle de l'administration.

Indépendamment des avis prévus à l'article D. 280, il est donné connaissance à l'autorité judiciaire, en vue de l'application éventuelle des pénalités prévues à l'article 434-35 du code pénal, de la découverte des sommes, correspondances ou objets qui seraient trouvés en possession des détenus ou de leur visiteurs et qui auraient été envoyés ou remis contrairement aux prescriptions des deux alinéas qui précèdent.

Article D310

Modifié par Décret n°2003-259 du 20 mars 2003 - art. 16 JORF 22 mars 2003

Le chef de l'établissement remet au chef de l'escorte des détenus à transférer les extraits de jugement ou d'arrêt et les autres pièces figurant au dossier individuel des intéressés, ainsi que les effets ou objets leur appartenant, à l'exclusion de l'argent qui est transmis par virement.

Indépendamment de l'application éventuelle des dispositions de l'article R101, le poids et le volume des objets ainsi transportés sont toutefois limités dans les conditions précisées par l'instruction de service.

Article D335

Modifié par Décret n°2009-420 du 15 avril 2009 - art. 1

Les objets dont les détenus sont porteurs à leur entrée dans un établissement pénitentiaire sont pris en charge par le régisseur chargé de la gestion des comptes nominatifs, sous réserve de ceux qui peuvent être laissés en la possession des intéressés.

Ils sont alors, après inventaire, inscrits sur un registre spécial, au compte de l'intéressé pour lui être restitués à sa sortie.

Si le détenu entrant est porteur de médicaments, le médecin doit en être immédiatement avisé afin de décider de l'usage qui doit en être fait.

Article D336

Modifié par Décret n°98-1099 du 8 décembre 1998 - art. 188 JORF 9 décembre 1998

Les bijoux, après estimation, et les valeurs sont inventoriés, inscrits au registre visé à l'article D. 335 et déposés au service comptable de l'établissement pénitentiaire. A la demande du détenu, ils peuvent toutefois être rendus à sa famille, avec l'accord du magistrat saisi du dossier de l'information, lorsque l'intéressé est prévenu.

En cas de perte à l'établissement, il est remis au détenu où à ses ayants droit la valeur d'estimation de l'objet perdu.

Article D337

Modifié par Décret 85-836 1985-08-06 art. 1 JORF 8 août 1985

Les objets et les bijoux dont sont porteurs les détenus à leur entrée peuvent donner lieu au refus de leur prise en charge en raison de leur prix, de leur importance ou de leur volume.

Dans ce cas, ils n'en sont pas moins inscrits provisoirement au registre visé à l'article D335, mais les détenus sont invités à s'en défaire, soit en les renvoyant à leur famille, soit en les faisant déposer entre les mains d'un notaire ou de toute personne agréée par l'administration, soit en les vendant, les frais d'expédition, de garde ou de vente étant à la charge du détenu ; s'il s'agit d'un prévenu, le chef d'établissement en réfère préalablement au magistrat saisi du dossier de l'information.

Article D338

Modifié par Décret n°98-1099 du 8 décembre 1998 - art. 188 JORF 9 décembre 1998

Les effets personnels retirés aux détenus qui ont manifesté le désir de porter les vêtements fournis par l'administration sont inventoriés, nettoyés et désinfectés.

Ils sont ensuite mis au magasin de l'établissement pénitentiaire, en vue d'être restitués à leur propriétaire à la sortie de celui-ci.

Article D339

Le chef d'établissement donne connaissance à l'autorité judiciaire des sommes d'argent ou objets trouvés sur les détenus, apportés par eux ou qui leur sont envoyés lorsque, en raison de leur nature, de leur importance ou de leur origine, ces sommes ou objets paraissent susceptibles d'être retenus ou saisis.

Article D340

Modifié par Décret n°2009-420 du 15 avril 2009 - art. 3

Au moment de la libération, les bijoux, valeurs, vêtements et effets personnels sont remis au détenu qui en donne décharge. Si l'intéressé refuse de les recevoir, il en est fait remise à l'administration des domaines.

Lorsque le détenu est transféré, les objets lui appartenant sont déposés contre reçu entre les mains de l'agent de transfèrement s'ils ne sont pas trop lourds ou volumineux ; sinon, ils sont expédiés à la nouvelle destination du détenu aux frais de ce dernier ou sont remis à un tiers désigné par lui, après accord du chef d'établissement.

En cas de sortie consécutive à une décision de semi-liberté, de placement à l'extérieur en application de l'article D. 136, de placement sous surveillance électronique en application de l'article 723-7 ou de suspension de peine en application des articles 720-1 et 720-1-1, le condamné peut reprendre les bijoux, valeurs, vêtements et effets personnels lui appartenant, contre décharge.

Article D341

Modifié par Décret n°98-1099 du 8 décembre 1998 - art. 189 JORF 9 décembre 1998

Après un délai de trois ans depuis le décès d'un détenu, si les bijoux, valeurs, vêtements et effets personnels n'ont pas été réclamés par ses ayants droit, il en est fait remise à l'administration des domaines et cette remise vaut décharge pour l'administration pénitentiaire ; l'argent est de même versé au Trésor.

Après un délai de trois ans à compter de l'évasion d'un détenu, les objets et l'argent laissés reçoivent la même destination que ci-dessus, si la capture de l'intéressé n'a pas été signalée.

Article D403

Modifié par Décret n°98-1099 du 8 décembre 1998 - art. 99 JORF 9 décembre 1998

Les permis de visite sont délivrés pour les prévenus par les autorités visées à l'article D. 64.

Pour les condamnés, ils sont délivrés par le chef de l'établissement. A l'égard des condamnés hospitalisés dans les conditions prévues aux articles D. 391 et suivants, les permis de visite sont délivrés par le préfet de police à Paris, les préfets délégués pour la police auprès des préfets des départements des Bouches-du-Rhône, du Rhône, du Nord, de la Corse-du-Sud et de la Haute-Corse, les préfets et les sous-préfets dans les départements.

Ces permis sont, soit permanents, soit valables seulement pour un nombre limité de visites.

Article D404

Modifié par Décret n°98-1099 du 8 décembre 1998 - art. 100 JORF 9 décembre 1998

Sous réserve des motifs liés au maintien de la sécurité ou au bon ordre de l'établissement, le chef d'établissement ne peut refuser de délivrer un permis de visite aux membres de la famille d'un condamné ou à son tuteur. Toute autre personne peut être autorisée à rencontrer un condamné, s'il apparaît que ces visites contribuent à l'insertion sociale ou professionnelle de ce dernier.

Article D412

Les autres personnes qui justifient d'un intérêt autre que familial pour s'entretenir avec un détenu, notamment les officiers ou agents de police judiciaire, peuvent obtenir un permis de visite dans les conditions indiquées aux articles D. 64 et D. 403.

Ce permis précise, le cas échéant, les modalités particulières qui seraient prévues pour son application, notamment en ce qui concerne le lieu et l'heure de la visite.

Article D423

Modifié par Décret 83-48 1983-01-26 art. 1 JORF 28 janvier 1983

L'envoi ou la remise de colis est interdit dans tous les établissements à l'égard de tous les détenus.

Les seules exceptions qui peuvent être apportées à ce principe, par décision du chef d'établissement, concernent la remise de linge et de livres brochés n'ayant pas fait l'objet d'une saisie dans les trois derniers mois et ne contenant aucune menace précise contre la sécurité des personnes et celle des établissements.

Article D439

Modifié par Décret n°98-1099 du 8 décembre 1998 - art. 197 (V) JORF 9 décembre 1998

Les détenus sont autorisés à recevoir ou à conserver en leur possession les objets de pratique religieuse et les livres nécessaires à leur vie spirituelle.

Article D444

Modifié par Décret n°98-1099 du 8 décembre 1998 - art. 119 JORF 9 décembre 1998

Les détenus peuvent se procurer par l'intermédiaire de l'administration les journaux, les périodiques et les livres français et étrangers de leur choix n'ayant pas fait l'objet d'une saisie dans les trois derniers mois.

Toutefois, les publications contenant des menaces précises contre la sécurité des personnes ou celle des établissements pénitentiaires peuvent être, à la demande des chefs d'établissement, retenues sur décision du ministre de la justice.

Les détenus peuvent se procurer par l'intermédiaire de l'administration et selon les modalités qu'elle détermine un récepteur radiophonique et un téléviseur individuels.

Le règlement intérieur détermine les caractéristiques auxquelles doivent répondre ces appareils, ainsi que les conditions de leur utilisation.

Les échanges et les prêts de livres personnels entre détenus sont autorisés.

Pièce 2

Liberté • Égalité • Fraternité
RÉPUBLIQUE FRANÇAISE

MINISTÈRE DE LA JUSTICE

NOTE 15 SEP. 2009 509

LE PRÉFET,
DIRECTEUR DE L'ADMINISTRATION PÉNITENTIAIRE

à

Madame et Messieurs les directeurs interrégionaux des services pénitentiaires

Monsieur le directeur interrégional, chef de la mission des services pénitentiaires de l'outre-mer

Madame la directrice de l'école nationale d'administration pénitentiaire

Pour information

Mesdames et Messieurs les Premiers Présidents des cours d'appel

Mesdames et Messieurs les Procureurs Généraux près les cours d'appel

Objet : Relations des personnes détenues avec leur entourage - Amélioration des conditions de visite et des modalités de remise d'objets aux personnes détenues.

P.J. : - Tableau récapitulatif des objets pouvant être remis à une personne détenue
- Tableau récapitulatif des modalités de remise des biens

Références :

- Articles D220, D273, D274, D310, D335 à D341, D403, D404, D423, D439, D444 du code de procédure pénale
- Note R2201 en date du 4 décembre 1998 sur les enquêtes administratives
- Note n° 206 en date du 31 mai 2006 relative au contrôle des personnes accédant à un établissement pénitentiaire
- Note n° 45 en date du 27 février 2009 relative aux mesures de sécurité applicables aux personnes accédant à un établissement pénitentiaire
- Note n° 159 en date du 14 avril 2009 relative aux mesures de sécurité applicables aux personnes accédant à un établissement pénitentiaire

L'administration pénitentiaire doit adapter sa réglementation aux évolutions de la vie contemporaine et réduire les contraintes de la détention à ce qui est strictement nécessaire au maintien de la sécurité.

En se plaçant dans une perspective très pratique et très concrète, et grâce à l'expertise des associations partenaires, ont été repérées des dispositions relatives à l'organisation et au fonctionnement des établissements qui, avec le temps, les évolutions technologiques ou le changement des mentalités, sont devenues obsolètes ou simplement inadaptées.

Les textes de référence doivent être modifiés et il est indispensable que leur application soit identique dans tous les établissements pénitentiaires et sur l'ensemble du territoire.

L'enjeu est d'atténuer les effets négatifs de l'incarcération, de protéger les liens familiaux et l'exercice de la parentalité, en veillant à rendre la règle applicable plus claire et plus simple à mettre en œuvre.

Nous devons aussi supprimer tout risque d'arbitraire, et le sentiment d'arbitraire lui-même qu'une règle non fondée sur son utilité propre est susceptible d'engendrer. Notre objectif est donc d'ouvrir la voie aux améliorations concrètes, effectives, dont nous avons besoin pour une administration moderne.

Ce travail de réforme concerne deux aspects essentiels des relations des personnes détenues avec leur entourage : il s'agit, d'une part, des conditions dans lesquelles les visites sont possibles et, d'autre part, des modalités de remise ou d'envoi d'objets aux personnes détenues.

La plupart des améliorations pratiques peut d'ores et déjà être apportée, sans qu'une modification du code de procédure pénale soit nécessaire. Celles-ci constituent l'objet de la présente note.

Certaines améliorations impliquent de modifier le code de procédure pénale. Ce travail sera mené avant la fin de l'année : ainsi l'article D.423 du code de procédure pénale sera modifié, de manière à permettre la remise de livres reliés et l'envoi, à titre exceptionnel, de colis postaux. Une seconde note vous sera alors adressée.

****

I- Actualisation des règles définissant les conditions dans lesquelles les visites sont possibles

1.1. La délivrance des permis de visite aux membres de la famille d'un condamné ou à son tuteur

L'arrivée en détention est une période difficile pour les personnes détenues. Il faut donc éviter que le sentiment d'une rupture avec la famille et les proches ne s'ajoute à la séparation effective que l'incarcération constitue. La dimension des liens familiaux doit d'emblée être prise en compte, dès le début de l'incarcération.

Les permis de visite des personnes condamnées sont délivrés par le chef d'établissement en application des dispositions de l'article D.404 du code de procédure pénale.

Par conséquent, le permis de visite est de droit pour les membres de la famille ou le tuteur d'une personne condamnée, sauf lorsqu'il existe des motifs liés au maintien de la sécurité ou au bon ordre de l'établissement.

La notion de famille

Des pratiques divergentes montrent que la notion de famille n'est pas interprétée partout de la même manière. Cela conduit parfois à ralentir l'attribution d'un permis pour des proches de la personne détenue. La définition de la famille ne doit pas être restrictive.

La notion de famille s'entend :

- des personnes justifiant d'un lien de parenté ou d'alliance juridiquement établi :
- ascendants et descendants,
- collatéraux (frères et sœurs notamment),
- conjoints pacsés ou mariés,
- concubins. La preuve du concubinage s'apporte par tous moyens (factures, quittance de loyer, attestation d'un service social, du service pénitentiaire d'insertion et de probation, etc.)

- des personnes ne justifiant pas d'un lien de parenté ou d'alliance juridiquement établi mais attestant d'un projet familial commun avec la personne détenue. Cela revient à prendre en compte la diversité et les évolutions des modèles familiaux, telles que les recompositions familiales. Par exemple, la personne qui partage, avec une personne détenue, l'autorité parentale sur un enfant, est considérée comme un membre de la famille. Il en va de même pour l'enfant du conjoint de la personne détenue.

Dans tous ces cas, la demande d'un permis de visite n'est suivie d'aucune enquête préalable, à l'exception des situations où il existe des risques pour le maintien de la sécurité ou le bon ordre de l'établissement.

La délivrance d'un permis

Le délai dans lequel un permis est accordé doit toujours être inférieur à dix jours. C'est comme vous le savez, un des moyens d'amortir le « choc carcéral ».

Lorsque le chef d'établissement demande une enquête préalable, et dans l'attente des conclusions de celle-ci, il est possible de délivrer, à titre exceptionnel, une autorisation provisoire de visite à un membre de la famille. Il appartient alors au chef d'établissement d'apprécier la situation au cas par cas.

1.2. Les modalités spécifiques d'entrée

Les modalités matérielles d'accès aux établissements ne doivent pas exclure a priori certaines catégories de visiteurs. Les conditions d'entrée des personnes qui rendent visite à leur proche incarcéré doivent, dans la mesure du possible, être adaptées à certaines situations objectives.

Il convient notamment de respecter les dispositions relatives à l'accès des personnes handicapées aux institutions.

- Ainsi, lorsqu'un visiteur est porteur d'un défibrillateur cardiaque implantable et qu'un certificat médical établit l'impossibilité d'approcher de champs électromagnétiques, il appartient au chef d'établissement de soumettre l'intéressé, avec son consentement, à une palpation de sécurité par un agent du même genre que lui. Les notes n°206 en date du 31 mai 2006 et n° 045 en date du 27 février 2009, visées en objet, décrivent la procédure applicable à ce type de visiteurs. Vous voudrez bien vous y référer.

- Un fauteuil roulant ou des béquilles doivent, par ailleurs, être mis à disposition des visiteurs dont l'état de santé le nécessite.

Dans l'intérêt de la préservation des liens de l'enfant avec son parent détenu, il importe aussi de faciliter la visite des jeunes enfants. La situation d'une personne accompagnée d'enfants en bas âge doit donc faire l'objet d'une attention particulière.

- A ce titre, des poussettes peuvent être proposées si la configuration des lieux le permet.

- Les enfants en bas âge doivent pouvoir conserver leur objet transitionnel (doudou), leur biberon et leur tétine. En cas de suspicion d'entrée de produits illicites, le personnel peut opérer les contrôles appropriés.

II- Actualisation des règles applicables à la remise d'objets aux personnes détenues

2.1. Les objets autorisés et les limitations à respecter

Il est nécessaire que l'ensemble des établissements dispose de repères clairs et normés. Les dispositions qui suivent tiennent compte des possibilités ouvertes par l'usage du contrôleur de bagage à rayon X. Ces possibilités permettent d'étendre la liste des objets pouvant être remis à une personne détenue.

Le champ de la présente note concerne :
- la liste des effets vestimentaires pouvant être remis par les proches
- l'entrée des biens culturels, d'apprentissage et d'information ;
- le petit appareillage médical d'usage courant ;
- l'ensemble des documents et les échanges d'objets favorisant la parentalité.

a) Peuvent être remis aux personnes détenues, dans les limites imposées par le respect du bon ordre des établissements :

- **Les effets vestimentaires, dont les chaussures, le linge de toilette** ;

  A l'exception :

  - des vêtements pouvant provoquer une confusion avec l'uniforme pénitentiaire ou tout autre uniforme ainsi que les tenues à imprimé camouflage ou les vêtements pouvant servir à masquer une identité (cagoule, capuche) ;

- des vêtements en cuir, doublés ou matelassés qui protègeraient suffisamment pour franchir des dispositifs de sécurité et faciliter ainsi une évasion ;

- des chaussures munies d'une structure métallique (tige, boucle, etc.).

- **Les CD et DVD**, en vente dans le commerce et dont le support visuel permet de déterminer la provenance ;

  A l'exception :

  - des CD et DVD inscriptibles et réinscriptibles ou dont la provenance est indéterminée ;

  - du matériel audiovisuel (téléphones, radios, téléviseurs et autres appareils d'enregistrement du son et de l'image, etc.) ;

  - des matériels informatiques.

- **Les revues, ouvrages d'apprentissage, dictionnaires et livres à condition qu'ils soient brochés.**

  Remarque : la remise de livres reliés, qui implique une modification de l'article D. 423 du code de procédure pénale, demeure interdite tant que cet article n'aura pas été modifié.

- Le petit appareillage médical (les lunettes de vue, les appareillages dentaires, oculaires ou auditifs) sous réserve de l'avis de l'UCSA.

  Sont prohibés : tous médicaments et produits para-pharmaceutiques.

- **Les documents relatifs à la vie familiale** tels que les autorisations d'intervention chirurgicale, demandes de pièce d'identité, autorisations de sortie du territoire, carnet de santé, documents scolaires (cahiers, carnets de correspondance...), contrat d'apprentissage et de qualification, documents nécessaires à une prise de décision concernant la famille ainsi que les petits objets et dessins réalisés par les enfants.

b) Restent exclus d'une remise aux personnes détenues :

- les aliments, plantes ou animaux ,
- les bijoux ;
- les valeurs pécuniaires.

2.2. Les modalités de remise des biens

Elles doivent, autant que possible, prendre place dans l'ensemble des actions menées au titre du respect des liens familiaux, de la prévention du suicide et de la lutte contre la pauvreté des personnes détenues.

a. Remise à l'occasion des visites

Pour permettre d'exercer une fonction parentale, pour favoriser l'exercice de l'autorité parentale ou la vie de la famille, il est nécessaire que la dimension concrète des échanges, telle que la consultation en commun de documents, soit prise en compte.

Les objets autorisés peuvent être **apportés** aux personnes détenues au moment des visites. Ils sont alors confiés au personnel pénitentiaire, qui se chargera de les remettre à la personne détenue après avoir effectué les contrôles de sécurité nécessaires.

Peuvent être également **remis** lors du parloir les objets ou documents relatifs à la vie familiale : il s'agit par exemple des autorisations d'intervention chirurgicale, des demandes de pièce d'identité, des autorisations de sortie du territoire, des carnets de santé, des livrets scolaires, des contrats d'apprentissage et de qualification, des documents nécessaires à une prise de décision concernant la famille ainsi que des petits objets et dessins réalisés par les enfants ou leur parent détenu en vue d'être offerts.

b. Dépôt à l'établissement en dehors des visites

Lorsqu'une personne détenue se trouve en situation de fragilité, du fait de son arrivée en détention ou parce qu'elle est isolée, elle doit pouvoir obtenir les effets ou objets dont elle a besoin. Il s'agit d'améliorer ses conditions de détention et d'atténuer un sentiment d'exclusion.

Le dépôt d'objets à l'établissement en dehors des heures de visites est possible dans les situations suivantes :

- au moment de l'arrivée de la personne détenue à l'établissement, pendant la période où elle ne peut pas encore recevoir de visites (visiteurs en attente d'un permis de visite) ;
- en dehors de la période d'arrivée, pour les personnes détenues socialement isolées (qui ne reçoivent pas, ou très peu, de visites).

Ce dépôt se fait sous réserve de l'accord du chef d'établissement, selon des modalités définies par le règlement intérieur.

Vous voudrez bien me saisir de toute difficulté rencontrée dans l'application de la présente note.

Ces dispositions qui sont importantes parce qu'elles ont un effet direct sur des aspects très concrets de la vie en détention, s'appliquent à compter du 12 octobre 2009.

Claude d'HARCOURT

Tableau récapitulatif : objets pouvant être remis à une personne détenue

	Autorisé	Interdit	Précisions
Vêtements	Les effets vestimentaires, dont les chaussures, le linge de toilette	Vêtements pouvant être confondus avec un uniforme pénitentiaire Les tenues de camouflage Cagoule, capuche Tout vêtement qui permettrait de franchir des dispositifs de sécurité Les chaussures munies d'une structure métallique (tige, boucle, etc.)	
Livres, revues	Revues, ouvrages d'apprentissage, dictionnaires, livres brochés.	Livres reliés (dans l'attente d'une modification à venir de l'article D.423 du code de procédure pénale)	Pouvoir connaître la nature des ouvrages (vérification des livres en langue étrangère)
CD, DVD	CD et DVD	CD et DVD inscriptibles et réinscriptibles ou dont la provenance est indéterminée Matériel audiovisuel (téléphones, radios, téléviseurs et autres appareils d'enregistrement du son et de l'image...) Matériels informatiques	Le support visuel doit permettre de déterminer la provenance
Vie familiale	Tout document relatif à la vie familiale ; Les petits objets ou dessins confectionnés par les enfants pour leur parent détenu		Contrôle visuel ou bagage X si nécessaire
Matériel de santé	Petit appareillage médical (les lunettes de vue, les appareillages dentaires, oculaires ou auditifs)	Médicament et produits para-pharmaceutiques	Avis de l'UCSA
Autre		Aliments, plantes ou animaux Bijoux Valeurs pécuniaires	

Tableau récapitulatif : modalités d'envoi ou de remise des biens

	Quoi ?	Quand ? Pour qui ?
Remise à l'occasion des visites	Objets et documents relatifs à la parentalité	Pendant les parloirs
Dépôt à l'établissement	L'ensemble des objets autorisés	En dehors des visites pour les arrivants et personnes isolées

Entraînement n° 9 | DIFFICULTÉ : ××× / DURÉE : 1 HEURE

Énoncé

Vous êtes le surveillant Nicolas Ambroise.

Muté depuis 3 mois en qualité de surveillant dans la maison d'arrêt de XY, dans la Manche (50) où exerce votre concubine, vous devez accompagner, en fourgon cellulaire, un détenu fragile de 41 ans, Paul D, afin qu'il soit entendu par un juge des affaires familiales dans le cadre d'une procédure de divorce.

L'audience se déroule au tribunal de grande instance de Caen, à 50 kilomètres de la maison d'arrêt. Le rendez-vous est prévu le 24 décembre prochain à 10 heures en présence de son épouse, Nathalie D, qui réside dans cette ville.

Paul D, dénoncé par sa femme et condamné à 15 ans pour actes de barbarie sur mineurs de moins de 15 ans, avec la complicité de son frère toujours recherché, est placé au quartier isolé dans l'attente d'une prochaine affectation dans un établissement pour peine.

Paul D exerçait le métier d'ambulancier à Saint-Lô et avait été condamné précédemment pour conduite en état alcoolique.

Il est actuellement écarté de la population pénale et placé au quartier d'isolement depuis 13 mois en raison de menaces de mort proférées par d'autres détenus pour les actes commis et d'une large médiatisation dans la région.

La maison d'arrêt XY, qui reçoit 65 % de prévenus, dispose d'une capacité d'accueil de 70 détenus hommes, incarcérés pour la moitié d'entre eux en raison d'infractions sexuelles.

Dans ce même établissement un quartier disciplinaire et d'isolement est ouvert, secteur de la détention que vous connaissez pour y être affecté depuis votre arrivée.

À ce titre, vous côtoyez fréquemment le personnel médical de l'établissement et notamment votre concubine, infirmière à l'unité de consultations et de soins ambulatoires que vous accompagnez lors des visites en cellule des détenus punis ou isolés.

L'un comme l'autre vous connaissez donc bien Paul D, en raison de son traitement médical remis quotidiennement (pour les angoisses) depuis le début de son isolement.

Il vous est donc régulièrement demandé d'accompagner à sa cellule des membres du corps médical et de convenir, effectivement, de la grande fragilité de ce détenu.

Il a commis de nombreuses tentatives de suicide par ingestion de médicaments et mutilations (entailles multiples au bras et au cou), ne supportant ni la pression des codétenus, ni le divorce demandé par son épouse.

À l'égard de cette dernière, il n'a jamais caché auprès de certains personnels de détention et de l'infirmerie ses funestes intentions.

Lundi 10 novembre 2022, jour où il reçoit sa convocation à l'audience du 24 décembre, il aurait interpellé par la fenêtre, le soir, vers 22 h 30, son voisin de cellule pour lui indiquer clairement qu'il envisageait des représailles à l'encontre de sa compagne.

Son voisin de cellule, Lucien Mure, 26 ans et condamné pour escroquerie, en récidive, à 6 mois de prison, vous a informé dès le lendemain matin des intentions de Paul D en ajoutant qu'il serait capable de s'évader du tribunal s'il ne pouvait mettre à exécution, à l'issue de l'audience, son action punitive.

L'évasion serait orchestrée par son frère, aidé par un ami commun qui viendrait au parloir le samedi 13 décembre 2020 à 15 h 30.

Selon Lucien Mure, le détenu Paul D pourrait détenir un couteau artisanal dissimulé dans la semelle de sa chaussure (des chaussures Adidas rouges) le jour de son audience avec le juge des affaires familiales.

Question

Vous rédigerez un compte rendu à l'attention du directeur de la maison d'arrêt.

Entraînement n° 10 | DIFFICULTÉ : XXX / DURÉE : 1 HEURE

Énoncé

Vous êtes le surveillant Patrice Legrand.

Vous êtes affecté à la surveillance des parloirs à la maison d'arrêt de Strasbourg.

Le 23 décembre 2022, vous êtes chargé par le chef de la détention d'accueillir les personnes qui souhaitent déposer un colis de Noël à l'attention d'une personne détenue.

Madame Odette Beauviage se présente à vous en indiquant qu'elle souhaite déposer un colis pour son petit-fils, Nicolas Beauviage, incarcéré dans l'établissement depuis le 13 mars 2016.

Vous connaissez très bien ce détenu qui ne pose pas de problèmes en détention. Il vit mal son incarcération. En effet, il purge une peine de 2 ans d'emprisonnement pour homicide involontaire et conduite en état alcoolique. Un samedi soir, en rentrant de discothèque, il était alcoolisé et il a eu un accident de la route. Sa petite amie, qui était passagère, est décédée. Il a été incarcéré après son placement en garde à vue et une comparution immédiate devant le tribunal. Cette situation l'a anéanti ainsi que les membres de sa famille qui le soutiennent autant que possible.

Vous contrôlez le colis par rapport à la liste établie par madame Beauviage. Vous constatez notamment qu'un sachet de bonbons ne figure pas sur la liste.

L'ensemble pèse 5,150 kilogrammes.

Le chef de détention est présent sur place lors de votre contrôle.

Question

À la suite de votre contrôle, vous rédigez un compte rendu sur ce que vous avez constaté et sur les décisions que vous avez, éventuellement, prises en application des principes posés dans les pièces jointes.

Documents

Pièce 1 : Circulaire du 22 novembre 2006 sur les colis alimentaires et l'envoi de subsides à l'occasion des fêtes de fin d'année.
Pièce 2 : Note DAP du 19 novembre 2009 sur les colis alimentaires et envois de subsides à l'occasion des fêtes de fin d'année.
Pièce 3 : Affiche « Apporter un colis de Noël à un proche incarcéré »
Pièce 4 : Inventaire déposé par madame Beauvisage.

Pièce 1

Liberté • Égalité • Fraternité
RÉPUBLIQUE FRANÇAISE

MINISTÈRE DE LA JUSTICE

Paris, le 22 NOV 2006 00 0310

DIRECTION
DE L'ADMINISTRATION PÉNITENTIAIRE

SOUS-DIRECTION DE L'ÉTAT MAJOR DE SÉCURITÉ

Bureau de gestion de la détention
EMS 1

Le Garde des Sceaux, ministre de la Justice

à

Messieurs les directeurs régionaux
Des services pénitentiaires
Monsieur de le directeur régional, chef de la mission des services pénitentiaires de l'Outre-mer

Pour attribution à

Mesdames et Messieurs les chefs d'établissement
Mesdames et Messieurs les directeurs des services pénitentiaires d'insertion et de probation

Pour information :
Monsieur de le directeur de l'Ecole nationale d'administration pénitentiaire

Circulaire du

Réf de classement	F 83 – F831
Nor	JUSK0640246
Date	22 NOV. 2006 00 0310
Titre	Colis alimentaires et envoi de subsides à l'occasion des fêtes de fin d'année
Mots clefs	Colis- colis de vivres- fêtes de fin d'année- association habilitée– aumônier agréé - service pénitentiaire d'insertion et de probation - permis de visite - familles
Textes abrogés	Circulaire du 3 novembre 1989 – Note du 3 décembre 1990

De façon traditionnelle, durant la période des fêtes civiles et religieuses de fin d'année, chaque personne détenue est autorisée à recevoir exceptionnellement un colis constitué de produits principalement alimentaires.

Ce colis est apporté par la famille, ou bien par une association habilitée.

Les dispositions ci-dessous actualisent et remplacent les directives antérieures.

I – Quel est le contenu de colis autorisé ?

Il s'agit d'un colis d'un poids maximum de 5 Kg ou bien exceptionnellement de 2 colis équivalent au total à ce même poids.
Les produits doivent être présentés dans des emballages papier, carton, ou plastique. Les boîtes métalliques et récipients de verre sont prohibés.
Les contenants transparents doivent être privilégiés.

Il doit s'agir de denrées alimentaires susceptibles de se conserver à l'air libre.

Au choix des familles ou des associations, peuvent être joints au colis, en plus des denrées alimentaires, du linge de toilette ou de table, du nécessaire de courrier, des timbres postes (1 carnet maximum), des dessins d'enfants, un agenda.
Cette liste n'est pas exhaustive, mais tout autre produit doit avoir été autorisé au préalable par le chef d'établissement.

Le colis confectionné par une association habilitée peut comporter des produits d'hygiène ou des effets vestimentaires, ou un jeu de société.

Le colis doit comporter un inventaire.

II - Qui est autorisé à apporter un colis ?

A - Les personnes titulaires d'un permis de visite permanent ou celles qui auront préalablement sollicité et obtenu une autorisation du chef d'établissement. Une autorisation peut être accordée pour cette occasion.

B - Les associations habilitées

1) Les associations habilitées comme intermédiaire

La famille, un ami ou tout autre personne disposant d'un agrément tel qu'un visiteur de prison, un enseignant bénévole (membre d'Auxilia, du Courrier de Bovet etc…), ou membre d'une association d'insertion, pourra , au lieu d'apporter elle même un colis, prendre attache de la délégation locale de la Croix Rouge française afin qu'un colis soit apporté à l'établissement par un représentant de cette délégation, à l'intention de la personne détenue désignée.

Aucun produit ne doit être apporté à l'association. Elle confectionne elle même le colis à partir de la somme remise par une des personnes visées ci-dessus. Cette somme doit être inférieure ou égale à 50 euros maximum.

2) L'action auprès des personnes détenues sans ressources ou isolées

Les associations habilitées, principalement le Secours catholique mais aussi la Croix Rouge française, organisent la remise de colis aux personnes détenues désignées par le service d'insertion et de probation, comme étant sans ressources ou isolées.

Le colis confectionné par une association se substitue à un colis familial.
Dans l'hypothèse où 2 colis seraient déposés à l'établissement pour la même personne, le colis de la Croix Rouge doit être dans tous les cas accepté et, au choix du détenu, remis à un indigent désigné par le service d'insertion ou expédié à sa famille par l'établissement. Le colis familial ne doit pas être accepté si le détenu a déjà reçu un colis de la Croix Rouge.

C -<u>Les consulats</u> sont autorisés à apporter, par l'intermédiaire d'un représentant consulaire un colis, tels que défini ci-dessus à chacun de ses ressortissants, ou bien choisir de solliciter l'intermédiaire de la Croix Rouge française pour cette action.

D – Les aumôniers agréés sont autorisés à déposer un colis tel que défini ci-dessus, pour les personnes détenues qu'ils visitent à l'occasion de la fête religieuse qu'ils célèbrent.

III- Quelles sont les modalités de remise du colis ?

<u>Rappel</u> : Les colis postaux à destination d'un établissement pénitentiaire habituellement prohibés, ne sont pas davantage admis durant la période des colis de fêtes.

<u>Le contrôle et l'inventaire</u> : Le colis familial remis à la porte de l'établissement est inventorié et contrôlé devant la personne qui l'apporte, par le surveillant affecté à cette opération.
Le chef d'établissement s'attache à organiser des conditions d'hygiène satisfaisantes pour la réception et le contrôle des colis : dotation de gants à usage unique, table dédiée, organisation d'un stockage temporaire dans un local non chauffé.

Autant que l'organisation des services le permet, la remise des colis dans la journée de son dépôt, doit être privilégiée.

Le colis est également inventorié devant la personne détenue qui le reçoit.

<u>La remise par l'association</u>

La remise individuelle du colis par des correspondants de la Croix Rouge française ou du Secours catholique doit être en tout état de cause privilégiée et facilitée par l'établissement.

Hypothèse de transfert d'un destinataire :

Dans le cas où un détenu destinataire d'un colis par l'intermédiaire d'une association a été transféré, le colis est restitué à l'association qui se charge de la suite à donner.

IV – Doublement du montant des subsides versés au compte nominatif

Le montant maximum des subsides que les détenus sont autorisés à recevoir est doublé au mois de décembre, ou bien au mois janvier. Le montant est entièrement versé sur la part disponible.
En l'occurrence, l'éventail des cantines doit être enrichi et adapté à la période des fêtes.

V – Autres manifestations durant la période des fêtes

Pendant cette période de l'année, les associations habilitées peuvent proposer une fête ou un moment de convivialité qu'il convient d'autoriser, en limitant la procédure d'autorisation d'accès de leurs membres à l'exigence d'une copie d'une pièce d'identité.

En particulier, l'Armée du salut organise chaque année dans un certain nombre d'établissements une fête à l'occasion de laquelle un présent est remis à chaque participant. Une note spécifique liste les établissements visités.

IV- Diffusion de ces dispositions

Une large diffusion doit être donnée aux dispositions ci-dessus par affichage en détention et dans les parloirs, dans les locaux d'accueil des parloirs de famille et par placement dans la correspondance adressée aux familles.
Cette information est relayée par les services d'insertion et de probation qui les diffusent aux centres d'accueil des familles, et à leurs partenaires institutionnels et associatifs. Les consulats susceptibles d'être concernés doivent également être destinataires.

Une note annuelle précise la période d'application de ces directives.

Pour le garde des Sceaux,

Le préfet,
Directeur de l'administration pénitentiaire

Claude d'HARCOURT

Pièce 2

Liberté • Égalité • Fraternité
RÉPUBLIQUE FRANÇAISE

19 NOV. 2009 000445

MINISTÈRE DE LA JUSTICE

DIRECTION
DE L'ADMINISTRATION PÉNITENTIAIRE

SOUS-DIRECTION DE L'ÉTAT MAJOR DE SÉCURITÉ

Bureau de gestion de la détention
EMS 1

NOTE

à

Madame et Messieurs les directeurs interrégionaux
des services pénitentiaires

Monsieur le directeur interrégional, chef de la
mission des services pénitentiaires de l'Outre-mer

Pour information

Madame la directrice
de l'Ecole nationale d'administration pénitentiaire

Dossier suivi par : Valérie HAZET
Colis
Colis alimentaire et envoi de subsides Noël 2009

OBJET : Colis alimentaires et envoi de subsides à l'occasion des fêtes de fin d'année

P.J : Circulaire du 22/11/2006.
Liste des établissements visités par l'Armée du salut avec composition du colis.
Liste des établissements visités par « une chorba pour tous » avec composition du colis.
Affiche à destination des proches.

Les modalités de remise de colis de vivres et d'envoi de subsides aux détenus à l'occasion des fêtes de fin d'année fixées par la circulaire du 22 novembre 2006 sont applicables cette année, du **lundi 7 décembre 2009 au lundi 11 janvier 2010 inclus.**

Les associations habilitées sont autorisées, comme l'indique la circulaire, à animer un moment récréatif suivi de la remise d'un paquet cadeau, dans les conditions qu'il appartient aux chefs des établissements concernés de déterminer avec eux.

La liste des établissements concernés par les différentes associations habilitées ainsi que la composition des colis vous sont joints en annexe (sauf pour la Croix Rouge qui confectionne des colis individualisés et non standardisés).

Les colis confectionnés par une association habilitée peuvent à la différence de ceux préparés par les familles comporter des produits d'hygiène, des effets vestimentaires ou un jeu de société.

Il sera procédé au contrôle des colis en priorité par passage sous le tunnel de détection, le découpage des aliments devant intervenir en ultime recours.

Vous trouverez en pièce jointe une affiche à destination des familles et de la population pénale qui décrit très précisément les types de produits et les modalités de conditionnement qu'il faut retenir. Pour plus de lisibilité, elle vous sera transmise directement par le SCERI, en format affiche.

Le Préfet,
Directeur de l'Administration pénitentiaire

Claude d'HARCOURT

Pièce 3 : Affiche « Apporter un colis de Noël à un proche incarcéré »

DIRECTION DE L'ADMINISTRATION PÉNITENTIAIRE

APPORTER UN COLIS DE NOËL À UN PROCHE INCARCÉRÉ

non

Pas de paquet cadeau, le personnel pénitentiaire est obligé d'ouvrir les colis.

Enlever les emballages en aluminium, les récipients en métal, tout ce que vous ne pourriez pas mettre dans votre four micro-onde et qui ferait sonner le détecteur de métal.
Tout ce qui peut blesser, se casser, couper est interdit donc pas de bocaux en verre.

Produits délicats à conserver.

L'alcool (y compris dans les plats cuisinés) et tous les liquides (y compris les eaux de toilette).

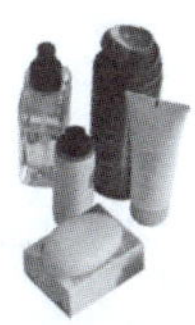

Produits d'hygiène.

Médicaments, seringue, stupéfiants.

Argent, bijoux.

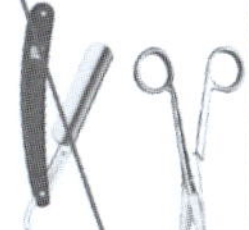

Armes, objets tranchants ou coupants.

Téléphones portables, matériel informatique : ordinateur, clé USB, MP3, clé 3G, etc.

oui

Le poids total du colis ne doit pas dépasser 5 kg soit en 1 paquet, soit en 2 paquets de 2,5 kg.

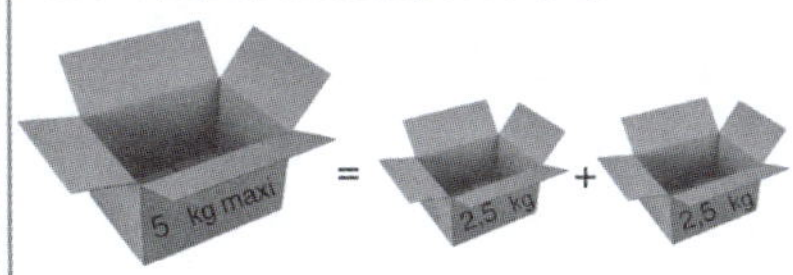

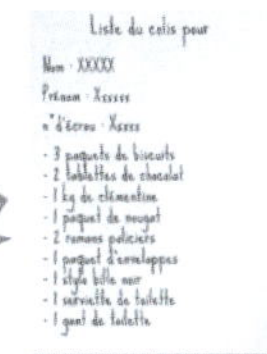

Mettre dans le colis la liste de tout ce qu'il contient, avec le nom de la personne détenue, son prénom et son numéro d'écrou.
Soyez attentif aux emballages, ils sont très réglementés !

QUI PEUT DÉPOSER UN COLIS ?

- Les personnes qui ont un permis de visite permanent. Si plusieurs personnes veulent apporter un colis, veillez à ce que le poids total des différents paquets ne dépasse pas 5 kg par personne incarcérée.

- Si vous n'avez pas de permis de visite, vous pouvez cependant exceptionnellement solliciter l'autorisation du chef d'établissement qui pourra alors vous délivrer une autorisation si la personne détenue ne reçoit pas de visite. Prenez soin de faire votre demande à l'avance pour que le chef d'établissement ait le temps de vous répondre.

- une association habilitée par l'administration pénitentiaire comme la Croix-Rouge.

Contacter la délégation locale de la Croix Rouge proche du lieu de détention qui peut confectionner un colis d'un montant que vous lui remettrez, dans la limite de 50 euros maximum.

Contact

CE QUE VOUS POUVEZ METTRE DANS LE COLIS

Il faut que les produits puissent rester à l'air libre.
Choisir des aliments qui se conservent facilement.

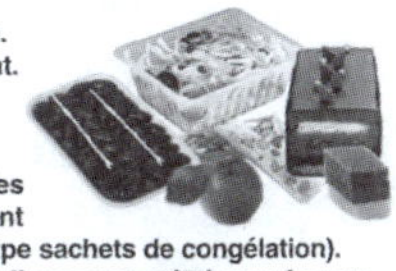

Emballer les aliments dans des boîtes en plastique transparent ou des sachets plastiques (type sachets de congélation).
Utiliser des élastiques ou des liens sans métal pour fermer les sachets.

Nécessaire de courrier.
Pas plus de 10 timbres par colis.

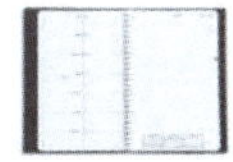

Agenda.

Livres de poches, uniquement.
Pas de couverture rigide.

Linge de toilette.

Photos, dessins d'enfants.

En application de la note n°310 du 22 novembre 2006 sur le colis alimentaire et l'envoi de subsides à l'occasion des fêtes de fin d'année.

Liberté • Égalité • Fraternité
RÉPUBLIQUE FRANÇAISE
MINISTÈRE DE LA JUSTICE ET DES LIBERTÉS

Les bénévoles de l'accueil des familles et les surveillants pénitentiaires des parloirs peuvent vous renseigner.

Pièce 4 : Inventaire déposé par madame Beauviage

Madame Veuve Beauviage
Permis de visite 221

Le 23 décembre 2022

Colis pour Nicolas Legrand
Écrou 2474
Maison d'arrêt de Strasbourg

Contenu du colis :
3 paquets de biscuits
2 tablettes de chocolat au lait
1 kilo d'oranges
500 grammes de cerises
1 set de couture
1 bocal de pâte à tartiner aux noisettes
10 timbres
1 agenda
1 serviette
1 gant de toilette brodé
1 petit flacon de parfum Calvin Klein

Corrigé n° 1 – Proposition de rédaction

Centre pénitentiaire de Fresnes
Surveillant Patrice Legrand
Le 12 avril 2022
À Monsieur le Directeur
Objet : Tentative de suicide du détenu Mandor.

J'ai l'honneur de vous informer des faits suivants :

Le 12 avril 2022, vers 17 h 30, lors de la distribution du repas, j'ai retrouvé le détenu Daniel Mandor inconscient, couché dans son lit. Il ne répondait pas à mes stimulations.

Le médecin du service médical de l'établissement a été immédiatement appelé et il s'est déplacé dans la cellule. Le détenu a sûrement ingéré plusieurs comprimés.

Le détenu a rapidement repris conscience.

Les pompiers sont arrivés à 17 heures 50. Ils ont emmené le détenu aux urgences. Le pronostic vital ne semblait pas engagé.

Revenu d'hospitalisation en psychiatrie le 10 avril 2022, le détenu Daniel Mandor fait l'objet d'une surveillance spécifique notamment par une ronde et un contrôle d'œilleton toutes les 30 minutes.

Lors de la fouille de la cellule du détenu, j'ai découvert six lettres dont une adressée au juge d'instruction où Mandor fait part de ses intentions suicidaires.

Je reste à votre disposition pour tout renseignement complémentaire que vous pourriez souhaiter.

Signature : Patrice Legrand

Corrigé n° 2 – Proposition de rédaction

Comment aborder le sujet ?

Attention aux informations parasites : la date de naissance, la date d'écrou et les informations sur la condamnation du détenu ne sont pas utiles pour comprendre votre action. Vous ne devez pas y faire référence dans votre copie. Il en de même des informations concernant les troubles psychiques du détenu et le fait qu'il a été conduit au quartier disciplinaire.

Maison d'arrêt de Paris La Santé
Patrice Legrand
Surveillant
Paris,
Le 8 février 2022
À Monsieur le Chef de détention
Objet : Violences à mon égard du détenu Pascal Dupont.

J'ai l'honneur de vous rendre compte des faits suivants :

Le 7 février, à 17 heures, alors que j'étais en poste au bâtiment B, 1er étage, le détenu Pascal Dupont m'a appelé parce qu'il voulait sortir de sa cellule. Lorsque j'ai ouvert la cellule, le détenu a forcé le passage et m'a bousculé.

Ma tête a heurté le mur de la coursive et je me suis cogné le dos.

J'ai immédiatement repoussé le détenu et j'ai réussi à le réintégrer en cellule. J'ai refermé la porte et j'ai déclenché l'alerte.

Lorsque les surveillants sont intervenus, ils sont entrés dans la cellule du détenu et ils ont découvert qu'il venait de se coudre les lèvres avec du fil et une aiguille.

Le détenu Dupont a été immédiatement conduit à l'infirmerie pour être pris en charge médicalement.

À votre demande, je me suis rendu à l'hôpital Cochin pour des examens de contrôle. Je ne bénéficie pas d'incapacité temporaire de travail.

À mon retour à l'établissement, j'ai été reçu par la direction. Je confirme mon souhait de porter plainte contre le détenu. Je n'éprouve pas le besoin d'être reçu par un psychologue.

Je reste à votre disposition pour tout renseignement complémentaire que vous pourriez souhaiter.

Surveillant Legrand

Corrigé n° 3 – Proposition de rédaction

Comment aborder le sujet ?

Attention aux informations parasites : les informations concernant la maison d'arrêt de Fleury-Mérogis mais aussi la date de naissance, la date d'écrou et les informations sur la condamnation du détenu ne sont pas utiles pour comprendre votre action. Vous ne devez pas y faire référence dans votre copie.

Maison d'arrêt de Fleury-Mérogis
Patrice Legrand, Surveillant
Fleury-Mérogis,
Le 16 janvier 2022
À Monsieur le Chef de détention
Objet : Rixes entre les détenus Renoir et Adam.

J'ai l'honneur de vous rendre compte des faits suivants :

Le 16 janvier 2022, j'étais en poste au bâtiment B, 2e étage de la maison d'arrêt pour hommes.

Vers 13 heures 15, alors que j'effectuais le mouvement des détenus classés aux ateliers, j'ai entendu du bruit et des cris dans la cellule 205. Je suis immédiatement intervenu. La cellule était occupée par deux détenus : Alain Renoir et Philippe Adam.

Lorsque j'ai ouvert la porte de la cellule, le détenu Renoir était par terre, l'autre était en train de le frapper à coups de poing.

À mon arrivée, ils ont cessé de se battre. Alain Renoir avait déjà un hématome important à l'œil droit et il saignait au niveau des lèvres. Les deux détenus ont été conduits au service médical. Alain Renoir, compte tenu de ses blessures, a fait l'objet d'une extraction vers l'hôpital d'Évry.

Le détenu Adam a pu réintégrer sa cellule.

Renoir et Adam ont été placés dans la cellule 205 le 3 janvier 2022 à leur demande car ils se connaissaient. Ils habitent dans la même ville et ont un lien de parenté éloigné.

Interrogés sur l'origine de l'altercation, ils n'ont pas voulu donné d'explication.

Je reste à votre disposition pour tout renseignement complémentaire que vous pourriez souhaiter.

Surveillant Legrand

Corrigé n° 4 – Proposition de rédaction

Comment aborder le sujet ?

Attention aux informations parasites : les informations sur le quartier disciplinaire ne sont pas utiles pour comprendre votre action. Vous ne devez pas y faire référence dans votre copie.

Patrice Legrand
Surveillant à la maison d'arrêt de Dijon
Dijon,
Le 20 janvier 2022
À Monsieur le Directeur
Objet : Incendie de cellule au quartier disciplinaire.

J'ai l'honneur de vous rendre compte des faits suivants :

Ce jour, vers 15 heures 50, alors que j'étais en poste au quartier disciplinaire, un incendie s'est déclaré dans la cellule du détenu Attar.

Alerté par la présence de fumée, je suis intervenu avec mon collègue David Renon, équipés d'un appareil respiratoire d'intervention.

J'ai également utilisé l'extincteur et la lance à incendie présente dans le quartier disciplinaire.

Si l'incendie a été rapidement maîtrisé, le détenu a été incommodé par les fumées. Il a fait immédiatement l'objet d'une prise en charge par le service médical de l'établissement. Il a été extrait à l'hôpital pour des examens complémentaires mais ses jours ne sont pas en danger.

Lorsque les fumées ont été dispersées, je suis entré dans la cellule. L'incendie a été causé volontairement par le détenu qui a mis le feu à ses draps et à sa couverture à l'aide des allumettes à sa disposition.

Je reste à votre disposition pour tout renseignement complémentaire que vous pourriez souhaiter.

Surveillant Legrand

LE PLUS DE VOTRE COPIE

Il est indiqué dans le sujet que le détenu purge une sanction disciplinaire pour une tentative d'évasion à partir de l'hôpital alors qu'il était sous la garde de la police. Le fait que le détenu mette le feu et qu'il risque d'être extrait à nouveau à l'hôpital pour être soigné peut vous alerter. Des détenus imaginent des stratagèmes pour être conduits à l'hôpital et tenter de s'en échapper, ces lieux sont beaucoup moins surveillés que les établissements pénitentiaires. Un soutien extérieur pour mener le projet à bien n'est pas à écarter. Vous pouvez préciser ces éléments dans votre compte rendu professionnel :

Compte tenu de ses antécédents d'évasion, il convient d'assurer une surveillance particulière lorsque le détenu est extrait à l'extérieur de l'établissement. En effet, il est possible d'imaginer que le détenu cherche, de nouveau, à être conduit à l'hôpital pour tenter à nouveau de s'évader, peut-être avec le soutien de personnes extérieures (famille, amis ou relations...).

Corrigé n° 5 – Proposition de rédaction

Comment aborder le sujet ?

Attention aux informations parasites. Vous devriez maintenant savoir les reconnaître.
Les insultes proférées à votre encontre doivent être rapportées dans votre document sous la forme suivante :
Le détenu m'a insulté en ces termes : « ...... »

Patrice Legrand,
Surveillant à la maison d'arrêt de Varennes-le-Grand
Dijon,
Le 9 janvier 2022
À Monsieur le Directeur
Objet : violente altercation avec le détenu Léger ayant nécessité une consultation médicale.

J'ai l'honneur de vous rendre compte des faits suivants :

Ce jour, vers 9 h30, le détenu Cédric Léger a voulu que j'aille déposer un courrier à sa place dans la boîte aux lettres de l'unité.

Je lui ai indiqué qu'il pourrait le faire plus tard car le courrier du jour avait déjà été relevé et que, donc, son courrier ne partirait que le lendemain matin.

Furieux, le détenu m'a insulté en ces termes :

« T'en as rien à foutre de nous. Pourquoi tu veux pas me rendre service ? Sale con. »

Comme je lui indiquais qu'il faisait l'objet d'un compte rendu d'incident, il a ajouté : « Je suis sûr que le courrier n'a pas été ramassé mais tu fais ça pour nous faire chier. Sale con de surveillant. » Puis il m'a bousculé et il m'a tiré le bras tout en serrant mon cou.

J'ai quand même réussi à me dégager et j'ai déclenché l'alarme générale.

Le détenu a été maîtrisé par mes collègues et il a été conduit au quartier disciplinaire.

Après cet incident, j'ai ressenti une douleur au pouce. J'ai été conduit aux urgences.

Je vous indique que je souhaite porter plainte contre ce détenu.

Je reste à votre disposition pour tout renseignement complémentaire que vous pourriez souhaiter.

Surveillant Legrand

Corrigé n° 6 – Proposition de rédaction

Comment aborder le sujet ?

Le chef de détention vous demande d'écrire un compte rendu à l'attention du chef d'établissement. Vous pouvez donc écrire « sous couvert ».

Patrice Legrand
À Monsieur le Directeur
Sous couvert du Chef de détention
de la maison d'arrêt de Paris La Santé

Maison d'arrêt de Paris La Santé
Patrice Legrand
Surveillant
Paris,
Le 12 décembre 2022
À Monsieur le Directeur
Sous couvert du Chef de détention
Objet : Comportement violent du détenu Kamel Rezai.

J'ai l'honneur de vous rendre compte des faits suivants :

Le 12 décembre 2022, à 11 h 30, j'ai effectué la distribution du repas.

Lorsque je suis arrivé à la cellule du détenu Kamel Rezai, il ne restait plus que des chipolatas alors que le menu affiché prévoyait également des steaks hachés.

Rezai a commencé à contester et a dit qu'il voulait un steak tout de suite.

Le premier surveillant, Philippe Antoine, présent à proximité de vous, l'a informé qu'il allait faire le nécessaire pour obtenir des steaks hachés.

Le détenu, malgré l'intervention du premier surveillant, a continué d'exprimer son mécontentement en menaçant de s'en prendre au surveillant qui viendrait lui apporter son repas et en pointant son doigt sur le nez du premier surveillant.

Le premier surveillant Antoine a repoussé le détenu pour lui faire réintégrer sa cellule. C'est alors que Rezai lui a porté un coup de poing au niveau du nez puis un deuxième au front.

Il profite de toutes les situations pour faire parler de lui et montrer son caractère récriminateur.

J'ai déclenché l'alarme.

Alors que le premier surveillant essayait de maîtriser le détenu, il a sorti une arme artisanale qu'il avait dissimulée dans son dos. J'ai réussi à attraper l'arme.

Rezai a été maîtrisé par l'équipe de surveillants venue en renfort. Il a été placé en prévention au quartier disciplinaire.

Je souhaite porter plainte contre ce détenu.

Je ne souhaite pas de soutien psychologique.

Je reste à votre disposition pour tout renseignement complémentaire que vous pourriez souhaiter.

Patrice Legrand

Corrigé n° 7 – Proposition de rédaction

Comment aborder le sujet ?

Ce sujet est l'épreuve du concours de décembre 2008. Les dates ont été actualisées. Plusieurs pièges sont à éviter :
Le nom du surveillant n'est pas donné.
Il faut nommer les éléments retrouvés dans les cellules sans en ajouter et sans en oublier.
Plusieurs événements s'enchaînent et vous devez les restituer dans un ordre chronologique.
Pour cette épreuve, les correcteurs ont reçu une proposition de notation qui prouve que la forme est aussi importante que le fond et que trois points sont faciles à gagner.
3 points pour la présentation, la propreté et l'orthographe (le candidat n'aura pas de points si le texte comporte plus de 5 fautes d'orthographe ou si le candidat a produit au total moins de 5 lignes de texte).
1 point pour la présence d'un en-tête (nom de l'établissement, nom du surveillant, date du compte rendu), d'une phrase d'introduction et de conclusion.
6 points pour la mention des éléments suivants :

- Date des faits (0,5 point)
- Heure des faits (0,5 point)
- Présence du premier surveillant sur la cour de promenade (0,5 point)
- Présence d'une torche artisanale (0,5 point)
- Localisation de la torche (0,5 point),
- Mention que la toiture est noircie (0,5)
- Rendu compte à l'adjoint au chef d'établissement (0,5 point)
- Mention que l'adjoint décide la fouille de la cellule (0,5 point)
- Mention du nom du surveillant qui a aidé à effectuer la fouille (0,5 point)
- Mention du nom et du prénom des détenus occupant la cellule, les dates d'incarcération et de libération et le motif de l'incarcération ne sont pas nécessaires (0,5 point et 0 s'il manque un ou plusieurs noms et prénoms)

Maison d'arrêt XY
Surveillant X
Le 13 novembre 2022
Objet : découverte d'un incendie – saisie d'objets prohibés

J'ai l'honneur de vous rendre compte des faits suivants :

Le 13 novembre 2022, vers 14 heures 30, alors que j'étais sur le terrain de sports avec le premier surveillant MARTIN pour les contrôles habituels avant la mise en promenade des détenus, j'ai vu qu'une torche artisanale non enflammée était présente au-dessus du grillage d'une cellule.

Cette cellule est située au 4e étage du bâtiment B.

Elle est occupée par les détenus suivants : Jérôme A, Anthony L et Kévin C.

Nous avons pu constater que la sous-toiture du bâtiment a été noircie.

J'ai aussitôt appelé Monsieur l'adjoint au chef d'établissement qui m'a demandé d'effectuer la fouille de la cellule concernée.

Le surveillant Durand m'a aidé à effectuer la fouille.

Nous avons pu saisir la torche artisanale et nous avons également découvert à cette occasion qu'une couverture et des draps avaient été détériorés, qu'un poste de radio était aménagé en cache et que des cintres en plastique avait été tordus et redressés.

Lors du contrôle des barreaux, j'ai constaté qu'un d'eux était scié presque entièrement.

Je reste à votre disposition pour tous renseignements complémentaires.

Signature

Corrigé n° 8 – Proposition de rédaction

Comment aborder le sujet ?

Ce sujet est l'épreuve du concours de la session 2009.
Dans le compte rendu professionnel, le sujet prévoit que le surveillant propose des mesures adaptées pour régler ce type de problème s'il devait survenir à nouveau.
Dans la note du 15 septembre 2009, il est indiqué qu'il faut réduire les contraintes de la détention à ce qui est strictement nécessaire au maintien de la sécurité. Ainsi, la note prévoit les modalités de remise d'objets aux personnes détenues. Cette remise doit s'effectuer le plus facilement possible pour les familles après contrôle de l'administration pénitentiaire. La remise de documents aux parloirs n'est pas prévue par le règlement intérieur de l'établissement où le surveillant Paterne travaille et cette facilité n'est pas expressément autorisée par le chef d'établissement, comme le stipule l'article D.274 du Code de procédure pénale.
Dans le compte rendu professionnel, le surveillant peut proposer au chef d'établissement de modifier le règlement intérieur et de rédiger des notes de service pour les personnels et pour les détenus les informant qu'il est désormais possible de recevoir, après contrôle de l'administration, certains objets dont la liste figure dans le tableau récapitulatif annexé à la note du 15 septembre 2009. Ces notes permettraient à tous de connaître cette nouvelle

disposition. Pour les personnels, il s'agit d'une note qui cadre la pratique professionnelle et, pour les familles, cela permet qu'elles soient informées de la possibilité de remettre des objets et les modalités qui en découlent.

Centre pénitentiaire de Y.
Date
Monsieur Paterne, Surveillant
à Monsieur le Directeur du centre pénitentiaire de Y.
Sous couvert de
Monsieur le Chef de détention
Sous couvert de
Monsieur l'officier responsable de bâtiment
Objet : Compte rendu de remise de documents aux parloirs. Détenu André
Références : Article D.274 du Code de procédure pénale et note du 15 septembre 2009 du directeur de l'administration pénitentiaire.

J'ai l'honneur de vous rendre compte des faits suivants :

Le (date), (heure), alors que j'étais en poste aux parloirs, j'ai pu constater que le détenu André était en possession de plusieurs documents familiaux et de dessins d'enfants.

Face à cette situation, j'ai aussitôt rendu compte à l'officier responsable de bâtiment à qui j'ai précisé la situation de fragilité dans laquelle se trouve actuellement le détenu André. En effet, il a récemment fait une tentative de suicide suite à l'absence de nouvelles de sa famille.

Alors que j'ai soumis cette situation à l'officier, vous avez bien voulu autoriser la remise de ces objets au détenu André.

Cependant, appelé à connaître une répétition de ce type de situation, je me permets de vous solliciter afin que soit rédigée une note de service à l'attention des personnels et des familles encadrant la remise d'objets aux parloirs, comme le prévoit l'article D.244 du Code de procédure pénale. Ces facilités sont également prévues par la note du directeur de l'administration pénitentiaire dans laquelle il est demandé d'adapter la réglementation aux évolutions et de réduire les contraintes à ce qui est nécessaire.

La note qui sera ainsi rédigée pourra apporter un soutien réglementaire aux personnels et un cadre de référence pour les familles qui disposeront de repères clairs et normés. Pourront être remis aux détenus afin de favoriser l'exercice parental ou la vie de famille différents documents dont la liste reste à déterminer en tenant compte de la note du 15 septembre 2009. Les modalités de remise des biens devront être portées à la connaissance de tous, traduisant ainsi l'importance d'une telle action au titre du respect des liens familiaux et de la prévention du suicide.

Je me tiens à votre disposition.

Signature
Surveillant Paterne.

Barème de correction de l'épreuve

Pour votre information, le barème de correction de l'épreuve était bâti ainsi :
- 8 points pour la présentation, la propreté et l'orthographe (pas de points si plus de 5 fautes d'orthographe ou moins de 5 lignes de texte) ;
- 2 points pour la présence d'un en-tête (nom de l'établissement, nom du surveillant, date du compte rendu), d'une phrase d'introduction et de conclusion.

Les points importants qui devaient figurer (1 à 5 points par information) :
- Le fait qu'il a été rendu compte à l'officier.
- La situation du détenu (sa fragilité, sa tentative de suicide).
- Les références de l'article D.274 du Code de procédure pénale et la note du directeur de l'administration pénitentiaire du 15 septembre 2009.
- La proposition d'une note de service à l'attention du personnel et des familles.
- Le fait que la note est un cadre de référence pour les familles et un soutien réglementaire aux personnels.
- Les modalités de remise des biens

La note finale pouvait être minorée de 6 points maximum s'il y avait la présence d'informations périphériques non utiles dans le compte rendu (3 points) ou si le candidat mentionnait des faits ou des informations ne figurant pas dans l'énoncé (3 points).

Corrigé n° 9 – Proposition de rédaction

Comment aborder le sujet ?

Compte tenu de la personnalité du détenu, sa détermination ne laisse pas de doute.
Vous pouvez proposer d'ajouter les éléments suivants :
- la personnalité du détenu peut laisser craindre qu'il ne mette son projet à exécution ;
- une fouille minutieuse du détenu s'impose avant son départ en extraction au TGI de Caen ;
- une surveillance particulière doit être mise en place au TGI de Caen afin d'empêcher toute velléité d'évasion du détenu.

Maison d'arrêt XY
Nicolas Ambroise
Surveillant
Le 11 novembre 2022
À Monsieur le Directeur
Sous couvert du Chef de détention

Ce jour, le détenu Lucien Mure a souhaité me voir et faire les déclarations suivantes :

Hier, Paul D, son voisin de cellule, lui a confié qu'il envisageait des représailles envers son épouse, cette dernière ayant demandé le divorce.

Paul D est convoqué le 24 décembre 2020 à 10 heures devant un juge des affaires familiales du tribunal de grande instance de Caen ; Son épouse sera présente et il envisage de l'agresser avec un couteau artisanal qu'il aurait dissimulé dans la semelle de l'une de ses chaussures Adidas rouges.

Si Paul D n'arrive pas à ses fins contre son épouse dans le bureau du juge, il envisagerait de s'évader à l'issue de l'audience, aidé par son frère et un ami commun. Une rencontre au parloir, le samedi 13 décembre 2022 à 15 h 30, devrait permettre de finaliser le projet d'évasion.

Paul D est un détenu fragile qui supporte mal la situation d'incarcération mais aussi le fait que son épouse demande le divorce. Il est suivi médicalement. Il est possible qu'il mette son projet à exécution.

Assurant l'escorte le jour de l'audience, j'assurerai une fouille minutieuse des effets personnels du détenu, notamment ses chaussures.

Il serait bon que les services de sécurité du tribunal de grande instance de Caen soient informés du risque de violence dans le cabinet du juge et d'une possible tentative d'évasion avec une complicité extérieure à fin d'assurer une surveillance particulière des lieux.

Je reste à votre disposition pour tout renseignement complémentaire que vous pourriez souhaiter.

Signé : Nicolas Ambroise

Corrigé n° 10 – Proposition de rédaction

Comment aborder le sujet ?

Dans le sujet, il fallait remarquer qu'un paquet de bonbons ne figurait pas sur l'inventaire mais que la liste déposée par madame Beauviage comportait également un certain nombre de produits interdits.
Concernant le poids du colis, le dépassement minime (150 grammes) pouvait être accepté au moment du contrôle.

Maison d'arrêt d'Y
Surveillant DUVAL
Le 15 décembre 2022
À Monsieur le Chef de détention
Objet : Colis de Noël contenant des objets interdits
Visiteur : Legrand Germaine – permis de visite 221

J'ai l'honneur de vous rendre compte des faits suivants :

Ce jour, madame Germaine Legrand s'est présentée au parloir pour déposer un colis de Noël pour le détenu Nicolas Legrand (écrou 2474).

Lors des opérations de contrôle et par rapport à l'inventaire qu'elle m'a remis, j'ai constaté qu'un sachet de bonbons ne figurait pas sur la liste.

De plus, madame Legrand a souhaité apporter à son petit-fils des objets prohibés, à savoir :

– 1 set de couture (qui contenait une paire de ciseaux et des aiguilles)
– 1 bocal de Nutella (bocal en verre)

– 1 flacon de parfum de marque (interdiction des produits d'hygiène)

Ces objets ont été rendus à madame Legrand.

J'ai accepté la remise du paquet de biscuits qui n'était pas noté sur l'inventaire ainsi que le reste des produits autorisés par la circulaire.

Je précise que le colis pesait 5,150 kilogrammes avant le contrôle mais qu'après le retrait des produits interdits, le poids du colis était conforme.

Je reste à votre disposition pour tous renseignements complémentaires que vous pourriez souhaiter.

Surveillant Duval

SUJET N° 1 : Compte rendu

Session 2022, 2e session

DURÉE : 3 HEURES

Rédigez un compte-rendu adressé à votre hiérarchie au sujet des événements décrits ci-dessous, susceptibles de se produire à l'occasion de l'exercice du métier de surveillant. Vous veillerez à ne pas signer votre écrit par votre véritable nom, vous utiliserez le nom d'emprunt décrit ci-dessous.

Énoncé

Vous êtes la surveillante Rose affectée à la maison d'arrêt de Nogaro dans le Gers.

Cet établissement compte 500 personnes détenues répartie sur 2 bâtiments :

- Bâtiment A quartier hommes ;
- Bâtiment B quartier femmes.

Vous êtes de service cet après-midi au 1er étage « des travailleurs » du bâtiment A. Vous travaillez en binôme avec le collègue Pierre. Vers 15h30, avant la remontée des promenades (prévue à 16 h) vous procédez au sondage des barreaux et vous constatez qu'un barreau de la fenêtre est scié. Cette cellule est occupée par deux détenus, le détenu Jacques et le détenu David. Vous alertez le premier surveillant qui vous demande à vous et à votre collègue de procéder à la fouille de la cellule. Lors de la fouille de la cellule, vous trouvez une lame de scie dissimulée dans la doublure du pantalon rangé dans le placard du détenu David. A la remontée de la promenade, les détenus seront fouillés et placés au quartier disciplinaire. Ils nient les faits et affirment que le barreau était déjà scié. A l'issue de cet incident, le gradé vous demande de lui rendre compte par écrit de ce qui s'est passé.

Documents joints :

- PRO surveillant atelier
- PRO surveillant étage
- Textes de référence procédure disciplinaire

Liberté • Égalité • Fraternité
RÉPUBLIQUE FRANÇAISE

MINISTÈRE DE LA JUSTICE

+PRO

Pratiques de Références Opérationnelles

La surveillance d'étage ou d'unité de vie

AXE MÉTIER

OCTOBRE 2014

MPRO01
VERSION 2

Direction de l'administration pénitentiaire

Énap
École nationale d'administration pénitentiaire

SOMMAIRE

CADRE DE RÉFÉRENCE

IDENTIFICATION DES MISSIONS LIÉES AU POSTE
RÈGLES D'ACTION

RAPPEL DE LA MISSION DE SERVICE PUBLIC PÉNITENTIAIRE

« Le service public pénitentiaire participe à l'exécution des décisions pénales. Il contribue à l'insertion ou à la réinsertion des personnes qui lui sont confiées par l'autorité judiciaire, à la prévention de la récidive et à la sécurité publique dans le respect des intérêts de la société, des droits des victimes et des droits des personnes détenues. Il est organisé de manière à assurer l'individualisation et l'aménagement des peines des personnes condamnées. » (Article 1 du décret n° 2010-1711 du 30 décembre 2010 portant code de déontologie du service public pénitentiaire).

TEXTES DE RÉFÉRENCE

Loi n° 2009-1436 du 24 novembre 2009 pénitentiaire.

Code de déontologie du service public pénitentiaire

Code de procédure pénale (CPP):

- Art. R.57-6-18 (règlement intérieur type des établissements pénitentiaires)
- Art. R.57-7-83 et R. 57-7-84 (usage de la force)
- Art. R.57-8-16 à R. 57-8-19 (contrôle des correspondances)
- Art. D.219 à D.221 (exemplarité et comportement des personnels de l'administration pénitentiaire)
- Art. D. 222 (accès des personnels masculin en quartier femmes)
- Art. D.262 (liste des autorités administratives et indépendantes et des autorités judiciaires avec lesquelles les personnes détenues peuvent communiquer librement)
- Art. D. 266 (maintien de l'ordre en établissement pénitentiaire)
- Art. D. 269 à D. 275 (mesures de contrôle)
- Art. D. 276 (organisation et consignes de service)
- Art. D. 283-6 (usage de la force)

CIRCULAIRES :

- Circ. du 20 février 1998 modifiée relative à l'uniforme du personnel de surveillance
- Circ. du 27 décembre 2001 relative à la mise en œuvre de l'aménagement et la réduction du temps de travail dans les services déconcentrés de l'administration pénitentiaire
- Circ. du 09 juin 2011 relative à la correspondance téléphonique et à la correspondance écrite des personnes détenues
- Circ. du 9 juin 2011 relative à la confidentialité des documents personnels des personnes détenues
- Circ. du 12 décembre 2012 relative à l'usage de la force et des armes dans l'administration pénitentiaire.

NOTES :

- Note AP du 11 février 2002 relative au pouvoir des personnels de surveillance dans les établissements pénitentiaires
- Note AP du 05 février 2002 relative aux consignes élémentaires de sécurité à mettre en œuvre au sein des établissements pénitentiaires modifiée par note du 15 novembre 2013
- Note du 8 novembre 2013 relative à la prise en charge des détenus particulièrement signalés
- Note du 15 novembre 2013 relative aux moyens de contrôle des personnes détenues
- Note du 28 novembre 2013 relative à la prévention et gestion des incidents (volet 1 : contrôle des locaux, prévention des violences, les clefs, documents et écrits professionnels)
- Note du 11 décembre 2013 relative à la mise en œuvre de la note du 15 novembre 2013 relative aux moyens de contrôle des personnes détenues
- Note du 29 avril 2014 relative à la prévention et à la gestion des incidents (volet 2 : contrôle des personnes détenues, gestion de l'information et du renseignement, formation professionnelle, continue et d'adaptation à l'emploi des personnels sur la thématique de la sécurité)

Pratiques de références opérationnelles

- L'observation des personnes détenues
- La procédure disciplinaire des personnes détenues majeures

Règles pénitentiaires européennes,

- 19-5 et 19-6 relatives à l'hygiène
- 51-1 et 51-2 relatives aux mesures de sécurité applicable aux détenus
- 54-1, 54-3 et 54-4 relatives aux procédures de fouilles
- 64-1 et 64-2 relatives à l'usage de la force

OBLIGATIONS DE L'ADMINISTRATION PÉNITENTIAIRE

L'administration pénitentiaire est garante de l'exécution des décisions de justice et doit veiller à préserver l'intégrité physique des personnes qui lui sont confiées par l'autorité judiciaire.
Le surveillant d'unité de vie est l'interlocuteur privilégié de la population pénale. Il organise la vie en détention, contribue au respect des règles élémentaires de la vie collective et individuelle. Il a une approche individualisée des personnes détenues en fonction du régime de détention dans le cadre des lois et règlements.
Il est le garant de l'intégrité physique et morale des personnes détenues placées sous sa responsabilité.

Le rôle du surveillant d'unité de vie est déterminé essentiellement par la qualité de son observation, il est le mieux placé pour mesurer l'état physique et psychologique des personnes détenues, au quotidien Il doit par conséquent être capable d'évaluer l'importance de ses observations et de les communiquer à sa hiérarchie. Enfin, le surveillant est un acteur essentiel dans le cadre de la prévention des évasions, notamment par la mise en œuvre de la réglementation.

RÈGLES DÉONTOLOGIQUES

La sécurité des établissements repose sur la vigilance et la conscience professionnelle de chacun des agents.

Le fonctionnaire de l'administration pénitentiaire doit être en pleine possession de ses moyens physiques et intellectuels dans l'exercice de ses fonctions. Il doit faire preuve de discrétion professionnelle pour tous les faits, informations ou documents dont il a connaissance. Il doit demeurer intègre, impartial et objectif.

Il doit garantir le respect de la dignité humaine des personnes détenues qui lui sont confiées.

Il doit se conduire et accomplir ses tâches de manière exemplaire.

Il doit maintenir l'ordre et la discipline avec fermeté et humanité.

Il doit respecter l'ensemble des obligations résultant des textes réglementaires:

Il est rappelé pour les agents des services déconcentrés qu'il est notamment interdit :

- De se livrer à des actes de violence sur les personnes détenues,
- D'user à leur égard, soit de dénominations injurieuses, soit de tutoiement, soit de langage grossier ou familier,
- De fumer dans les lieux fermés et couverts affectés à un usage collectif ou de boire à l'intérieur de la détention ou d'y paraître en état d'ébriété,
- D'occuper sans autorisation les personnes détenues pour leur service particulier,
- De recevoir d'une personne détenue un don ou un avantage quelconque,
- De se charger pour eux d'aucune commission,
- De faciliter ou de tolérer toute transmission de correspondance, tous moyens de communication irrégulière des personnes détenues entre elles ou avec l'extérieur,
- D'agir de façon directe ou indirecte auprès des personnes détenues pour influer leurs moyens de défense et le choix de leur défenseur.

Par ailleurs les agents sont tenus de se porter aide et assistance chaque fois que les circonstances l'exigent.

1. La prise de service

La ponctualité est impérative lors de la prise de service pour le bon fonctionnement de l'établissement.
L'agent doit porter la tenue réglementaire.
L'organisation du service prévoit réglementairement un temps de prise de fonction à hauteur de 15 min, intégré dans le cycle de travail. Ce temps permet notamment au premier surveillant d'effectuer l'appel nominatif de tous les agents de son service, un quart d'heure avant la prise de poste, afin de s'assurer de leur présence effective et de pallier les absences éventuelles.
Chaque surveillant doit prendre connaissance des consignes données par le premier surveillant lors de l'appel (lecture des notes de service, comportement et surveillance spéciale de certaines personnes détenues...).
L'agent prend possession de son trousseau de clés en l'échangeant contre le jeton qui lui a été attribué. Il ne doit en aucun cas se séparer de son trousseau durant son service et sera responsable de sa restitution ou du jeton échangé avec le collègue d'étage. Il ne doit en aucun cas quitter l'établissement avec les clefs.

2. La prise de poste

La présence de chaque personne détenue doit être contrôlée au moment du lever et du coucher, ainsi que deux fois par jour au moins, à des heures variables.
Ainsi lors du contrôle du matin, généralement vers 7h, l'agent doit s'assurer, porte ouverte, de la présence effective et de l'intégrité physique des personnes détenues. En l'absence de réaction, il doit leur demander de bouger et de parler.
Il les informe des différents mouvements (parloirs, activités socio-culturelles, sport, extractions...) afin qu'elles soient prêtes le moment venu.
L'agent doit également contrôler visuellement l'état des barreaux.

Après ce contrôle, l'agent enregistre dans le logiciel de gestion de la détention l'effectif de son unité qui sera validé par le gradé.

A chaque prise de poste, il contrôle le matériel mis à la disposition du poste (moyens de communication notamment).

3. Pendant le service

Chaque agent doit être en mesure de communiquer à tout moment le nombre de personnes détenues présentes à l'étage et, le cas échéant, la destination des personnes détenues autorisées à se déplacer vers un autre secteur.

Il effectue les contres appels ordonnés par la hiérarchie au cours de son service.

En plus de l'appel nominatif hebdomadaire (visant à contrôler la carte d'identité intérieure et l'intégrité physique des personnes détenues), un appel nominatif peut se pratiquer en cas d'absence d'une personne détenue ou d'incident grave pour identifier la ou les personnes détenues concernées.

Le surveillant d'étage doit effectuer l'ensemble des missions qui lui sont dévolues et planifiées par le gradé sur le logiciel de gestion de la détention notamment: fouille de cellule, changement de cellule, contrôle des locaux vides, mouvements internes ou externes, ...

L'agent rend compte de l'exécution de ses missions et de toutes observations utiles notamment en les consignant dans le logiciel de gestion de la détention.
L'agent doit être particulièrement attentif au bon déroulement des douches où se produisent de nombreuses agressions. Le nombre de personnes détenues accédant simultanément aux locaux de douche ne doit pas être supérieur au nombre de douches disponibles.
Les portes des douches doivent être fermées, même lorsqu'elles sont occupées.

Le surveillant rythme les mouvements en détention. Il assure notamment la mise en place des activités et le contrôle des déplacements

Il veille au bon ordre de l'unité de vie dont il est responsable en faisant respecter le règlement intérieur..

Le surveillant doit connaître sa fiche de poste et sa fiche réflexe (ou fiche POI) et les consulter régulièrement.

Le surveillant d'étage est le premier interlocuteur de la personne détenue. Il peut, à ce titre, établir ou maintenir le dialogue avec chaque personne détenue et répondre aux sollicitations quotidiennes et personnelles (état d'un compte nominatif, vérification d'une démarche auprès du greffe, problèmes de cantine...).
L'agent doit toujours garder à l'esprit que certaines informations ne doivent pas être communiquées aux personnes détenues (date, horaire et lieu d'extraction, de transfèrement par exemple).
Il doit également s'assurer de l'intégrité physique des personnes détenues de l'unité de vie tout au long de son service.
En service de nuit, des rondes sont faites après le coucher et au cours de la nuit, suivant un horaire fixé et quotidiennement modifié par le chef de détention, sous l'autorité du chef d'établissement.

4. Lors de la relève de la mi-journée

L'agent chargé de la relève doit rejoindre son collègue, qui est en fin de service, sur l'étage ou l'unité d'affectation.

L'agent qui quitte son service consigne les effectifs. L'agent qui prend son service à la suite s'assure de la concordance de ces effectifs avec ceux qu'il constate. L'agent de relève doit être informé par tout moyen des points suivants :

- L'effectif théorique et l'effectif réel ;
- Le (s) lieu(x) où se trouve(nt) la/les personne(s) détenue(s) absente(s) de l'étage (extraction etc.) ;
- Le «climat» général de l'étage ;
- les incidents ayant eu lieu durant le service ou les évènements susceptibles d'avoir une incidence sur le comportement d'une personne détenue (mauvaise nouvelle, grève de la faim, conflit, comportement agressif…) ;
- Le matériel mis à disposition

5. Les consignes de sécurité

a. La méthodologie de l'ouverture d'une porte de cellule

Avant d'ouvrir une porte, le surveillant doit respecter les étapes suivantes :

- contrôler visuellement la cellule par l'œilleton en passant un doigt dessus pour vérifier que celui-ci est présent. Ce contrôle permet de localiser la personne détenue et d'évaluer son comportement ;
- retirer les verrous lorsqu'ils existent ;
- se placer légèrement de côté et mettre son pied en appui contre la porte pour prévenir toute tentative de passage forcé ;
- ouvrir la porte et sortir le pêne afin d'éviter de se faire enfermer dans la cellule avec la personne détenue ;
- ne pas laisser les clefs sur la porte.

La plupart des établissements pénitentiaires sont équipés de portes de cellule qui s'ouvrent sur la coursive, vers l'extérieur de la cellule. Certains nouveaux établissements seront dotés de portes dites « double action », qui, au quotidien, s'ouvrent vers l'intérieur de la cellule et, en cas d'intervention, peuvent s'ouvrir côté coursive par un dispositif simple de changement de sens d'ouverture. Ce système, mis en œuvre avec succès dans d'autres pays, contribue notamment à une meilleure surveillance globale de la coursive, tout en permettant d'établir un rapport différent entre l'agent et la personne détenue.

b. Les autres règles

Le surveillant ne doit jamais se défaire de son trousseau de clefs ni de ses moyens de communication et d'alarme. A cette fin, il doit utiliser les dispositifs de sécurité mis à sa disposition (mousqueton, dragonne…).

Il doit contrôler l'identité de toute personne, détenue ou pas, entrant dans son unité de vie et s'assurer de la raison de sa présence à cet endroit. Il assure leur sécurité.

Il doit être attentif aux différentes consignes écrites de l'encadrement.

Les grilles ou portes de l'unité doivent rester fermées, elles ne seront ouvertes que le temps nécessaire au passage des personnes détenues.

Lorsque l'agent accompagne une personne détenue, il doit toujours se tenir derrière elle dans la mesure du possible.

Les portes des personnes détenues classées au service général doivent rester fermées

6. Les mouvements des personnes détenues

L'agent met en œuvre les déplacements collectifs (promenade, sport, parloir…) conformément aux dispositions du règlement intérieur et sous le contrôle de l'encadrement.

L'agent autorise les mouvements individuels prévus ou sollicités par un service et doit, dans la mesure du possible, limiter au strict minimum le nombre de personnes détenues en mouvement simultané sur son unité de vie.

Toute personne détenue doit avoir sa carte d'identité intérieure sur elle lors de ses déplacements.

L'agent peut effectuer une fouille par palpation et/ou intégrale, sur ordre de sa hiérarchie.

7. La surveillance des distributions

Le surveillant d'étage ou d'unité encadre et contrôle les distributions des repas, cantines, literies, produits d'hygiène, correspondance.

Il est interdit au surveillant de distribuer des médicaments, son rôle consiste à assurer la protection du personnel de l'unité sanitaire (US).

a. Les repas

Les repas comprennent le petit déjeuner, le déjeuner et le dîner et sont servis aux heures fixées par le règlement intérieur.

Le service est assuré par les personnes détenues classées au service général sous le contrôle du surveillant.

Avant la distribution, l'agent doit contrôler le nombre

et la qualité apparente des repas. Il ne doit pas y avoir plus d'une porte ouverte sur son unité à la fois.

Pour des raisons d'équité mais également de sécurité, il doit alterner le sens de la distribution.

Il doit contrôler l'hygiène de la personne détenue classée au service général (tenue vestimentaire, cheveux propres...), celle du matériel (chariot et ustensiles de distribution...), s'assurer de la bonne température des aliments et de la quantité servie.

Tout refus de plateau doit être signalé, par écrit, au supérieur hiérarchique.

b. Les cantines

Le surveillant distribue les bons de cantine. Lorsqu'il n'existe pas de poste spécialisé, il doit être particulièrement attentif à la distribution des cantines pour prévenir tout risque de vol et de racket.

c. La literie

Lorsqu'il n'existe pas de poste spécialisé, l'agent informe les personnes détenues du changement de linge.
Lorsque la tâche lui incombe, le surveillant doit être vigilant quant à l'état des effets (un drap déchiré peut servir à la conception d'un «yoyo»...) et au nombre restitué. Toute dégradation ou disparition d'effet donne lieu à la rédaction d'un écrit professionnel .

d. Les produits d'hygiène

Le surveillant signale à l'encadrement de secteur les besoins en matière d'hygiène des personnes détenues, notamment des personnes détenues sans ressources suffisantes.

e. La correspondance

Le courrier est distribué tous les jours, du lundi au samedi et remis en main propre à la personne détenue destinataire.

Les personnes détenues peuvent écrire tous les jours et sans limitation.

Hors les cas où des boîtes aux lettres ont été positionnées sur l'unité ou le bâtiment et notamment pour le courrier à destination de l'unité sanitaire, le surveillant ramasse le courrier et s'assure que la personne détenue a noté son nom et son numéro d'écrou au dos de l'enveloppe.

Le courrier doit être remis par les personnes détenues sous pli ouvert, pour permettre leur contrôle, excepté pour les courriers à l'attention des avocats désignés et des autorités administratives et judiciaires dont la liste est fixée par le ministre de la justice. De la même manière les courriers à destination du SPIP, de l'unité sanitaire et des aumôniers sont remis pli fermé.

Aucun document mentionnant le motif d'écrou d'une personne détenue ne doit être laissé à sa disposition : ce type de document est systématiquement confié au greffe et la personne détenue pourra par la suite solliciter ce service pour le consulter dans un local dédié. De même les personnes détenues peuvent confier leurs documents personnels au greffe en vue de leur conservation et de la préservation de leur caractère confidentiel.

8. L'encadrement des personnes détenues classées au service général

Les personnes détenues classées au service général effectuent leur travail sous la responsabilité du surveillant.
Elles portent obligatoirement la tenue de travail fournie par l'administration et contrôlée par le surveillant.
Le surveillant doit être vigilant quant aux trafics éventuels. En effet, les personnes détenues classées peuvent être particulièrement sollicitées par les autres personnes détenues. En aucun cas, le classement au service général ne confère à la personne détenue classée une quelconque autorité sur les autres personnes détenues.

9. Le respect des conditions d'hygiène

La propreté dans la cellule est exigée de toutes les personnes détenues. La négligence dans l'entretien de la cellule constitue une faute disciplinaire. Le surveillant fait procéder au nettoyage de la cellule si nécessaire.
Conformément aux dispositions du règlement intérieur de l'établissement, le surveillant s'assure que les personnes détenues ont accès aux douches. Il fait respecter notamment les tours de douche.

En cas de refus répétés, l'agent doit inciter la personne détenue à aller à la douche et signale les refus à sa hiérarchie.
Toute personne détenue a la possibilité de se faire couper les cheveux.
Tout changement conséquent dans l'aspect physique doit faire l'objet d'un signalement à la hiérarchie afin, notamment, d'actualiser la photographie de la personne détenue.

10. Les contrôles des locaux et fouilles des personnes détenues

Pendant son service, le surveillant est tenu de procéder à la fouille des cellules (même inoccupées), planifiées dans le logiciel de gestion de la détention par le responsable de secteur.
Le surveillant doit s'assurer du bon entretien de la cellule et de son équipement. A chaque changement de cellule, il procède à l'état des lieux contradictoire

départ/ arrivée et valide le changement d'affectation. Il doit être attentif à tout changement de configuration de l'équipement de la cellule.

Sur décision du chef d'établissement ou de son délégataire, chaque fouille de cellule peut impliquer la fouille intégrale de ses occupants. Le surveillant peut être appelé à procéder également à la fouille de locaux communs.

Les fouilles , intégrales ou par palpations, sont strictement encadrées. La finalité des fouilles est de s'assurer que les personnes détenues ne détiennent sur elles aucun objet ou produit susceptible de faciliter les agressions, les évasions, de permettre la consommation de produits ou substances toxiques, de faciliter les communications illicites ou les suicides.

Il convient de distinguer la fouille par palpation de la fouille intégrale. La fouille par palpation s'effectue sans qu'il soit demandé à la personne détenue de se dénuder. En revanche, la fouille intégrale suppose que la personne détenue se déshabille complètement mais proscrit tout contact.

Les personnes détenues ne peuvent être fouillées que par des agents du même sexe et dans les conditions qui préservent le respect de la dignité inhérente à la personne humaine.

Les fouilles intégrales doivent être distinguées des investigations corporelles internes qui relèvent de la compétence exclusive du personnel médical, sur prescription de l'autorité judiciaire. Il s'agit pour un médecin (qui n'exerce pas au sein de l'établissement) de procéder notamment à un examen des cavités corporelles ou à une radiographie. Cette mesure peut être sollicitée de manière exceptionnelle par le chef d'établissement, auprès du procureur de la République, lorsque la personne détenue est soupçonnée d'avoir ingéré ou introduit des objets ou substances prohibés ou dangereux.

Il doit rendre compte de l'exécution des tâches ainsi accomplies.

11. Le contrôle du barreaudage

Le contrôle des barreaux consiste en un sondage quotidien, dans tous les locaux qui en sont pourvus (cellules, douches, coursives, offices, salles d'activité ...). Pour éviter toute tentative d'arrachement, la barre de sondage doit disposer d'une dragonne de maintien.
Le sondage s'effectue de manière auditive, barreau par barreau, à l'aide d'une barre de sondage et éventuellement d'un miroir.
L'agent opère également un contrôle visuel de l'état général du barreaudage.
Pour la sécurité du surveillant, le sondage doit s'effectuer en binôme et hors la présence de la personne détenue. Si la personne détenue est présente dans la cellule au moment du contrôle, il convient de la faire sortir sur la coursive, sous la surveillance d'un des surveillants du binôme.
Lors du sondage des barreaux il convient aussi de contrôler l'état général de la cellule, les dispositifs de fermeture de la porte (serrure, loquet, taquet), l'état des gonds de la porte, le bon fonctionnement de l'éclairage et de l'interphone, la fenêtre, porte, murs...

12. L'observation des personnes détenues

L'observation contribue à assurer les missions du service public pénitentiaire, elle permet d'apprécier le dispositif sécuritaire de l'établissement et le comportement général de chaque personne détenue.

L'agent en poste à l'unité de vie doit être capable d'identifier et de repérer les comportements individuels et de groupe des personnes dont il assure la gestion au quotidien.

Il devra notamment observer les points suivants :

- Relations (avec les personnes détenues, les intervenants, le personnel...) ;
- Activités (promenade, sport, bibliothèque...) ;
- La position de la personne détenue au sein d'un groupe (leader...) ;
- L'état physique et psychologique de la personne détenue.

Le surveillant doit être attentif à tout évènement anormal ou simplement inhabituel (une personne détenue qui maigrit rapidement doit être signalée à la hiérarchie et à l'unité sanitaire).

Le surveillant doit notamment être attentif :

- Aux bruits et conversations (sciage de barreaux, des personnes détenues parlant d'une éventuelle agression, sonnerie de téléphone portable...);
- Aux odeurs suspectes (début d'incendie, substance illicite...) ;
- Aux tensions éventuelles entre personnes détenues qui peuvent conduire à la commission de violences.
- À des refus soudain de se rendre aux parloirs, à l'école, à des entretiens psychologiques, si une habitude avait pu être prise.

Ces informations sont transmises à la hiérarchie, selon la gravité, sans délai.

Les différentes observations peuvent être rapportées oralement auprès de l'encadrement , et doivent être consignées sur le logiciel de gestion de la détention et/ ou sur tout autre support mis à disposition (fiches d'observation, cahier de consignes etc.). Elles pourront

être prises en compte dans le cadre de la commission pluridisciplinaire unique, en cours de procédure disciplinaire ou être évoquées au cours d'une commission d'application des peines pour évaluer un comportement en détention. .
Il est rappelé qu'une attention particulière doit être portée de jour comme de nuit aux personnes détenues placées sous surveillance spécifique (renforcée ou adaptée).

13. Le maintien de la discipline

Le surveillant doit faire appliquer les règles fixées par le Code de procédure pénale, le règlement intérieur et les notes de service établies par le chef d'établissement, en faisant preuve d'autorité et de discernement pour le maintien de la sécurité et la bonne organisation de la vie en collectivité.

Il rédige les comptes rendus d'incident en cas de faute disciplinaire commise par une personne détenue.

14. La gestion des incidents

Le surveillant ne doit utiliser la force envers les personnes détenues qu'en cas de légitime défense, de tentative d'évasion, de résistance violente ou par inertie physique aux ordres donnés, sous réserve que cet usage soit proportionné et strictement nécessaire à la prévention des évasions ou au rétablissement de l'ordre.
En cas d'incident nécessitant une intervention, le surveillant donne l'alerte, sécurise son unité et intervient s'il en a les capacités.
Dans le cadre du déclenchement du POI, le surveillant doit mettre en application la procédure d'intervention et de sécurisation du secteur défini par la fiche de poste et les fiches réflexes.
En cas d'incident sur une autre unité, il sécurise son secteur, bloque les mouvements. Il enferme les personnes détenues en tenant compte des profils et de la présence éventuelle d'intervenant extérieurs. Il contrôle son effectif et se tient à la disposition de la hiérarchie. Il libère les moyens de communication.
Les moyens d'alerte sont divers : API, sifflet, téléphone, alarme coup de poing, émetteur-récepteur, voix.
Suivant la nature de l'incident, il effectue, à la demande de l'encadrement, un contre-appel numérique ou nominatif.

CONCLUSION

L'agent doit être en mesure de répondre aux questions diverses des personnes détenues (se renseigner, le cas échéant, auprès de ses collègues, de sa hiérarchie ou du service compétent).
L'observation permet une prise en charge adaptée de la personne détenue, notamment dans le cadre du PEP.
Le surveillant d'étage ou d'unité de vie doit prioritairement veiller à communiquer les informations recueillies pour assumer pleinement et quotidiennement sa double mission de surveillance et de réinsertion. Il doit être notamment un interlocuteur privilégié des autres services de l'établissement.
Il doit avoir un comportement personnel exemplaire tant à l'égard de la population pénale que de ses collègues.

Signification des sigles

Alarme portative individuelle	**API**
Code de procédure pénale	**CPP**
Compte rendu d'incident	**CRI**
Parcours d'exécution de peine	**PEP**
Plan opérationnel intérieur	**POI**

Bureaux émetteurs : Bureau de la prise en charge en milieu fermé et bureau de l'action juridique et du droit pénitentiaire

Objet : Le régime disciplinaire des personnes détenues

Textes de référence :

- Le code de procédure pénale, notamment ses articles 726, R.57-7 et suivants ;
- Le code de justice administrative notamment son article R. 522-1 ;
-Le code des relations entre le public et l'administration, notamment ses articles L. 121-1 et suivants, L. 231-1 et suivants, L.311-5 et R. 312-4 ;
- La loi n° 2009-1436 du 24 novembre 2009 pénitentiaire ;
- Le décret n° 2010-1634 du 23 décembre 2010 portant application de la loi pénitentiaire et modifiant le code de procédure pénale (deuxième partie : Décrets en Conseil d'Etat) ;
- Le décret n° 2011-1312 du 17 octobre 2011 portant création d'une indemnité allouée aux assesseurs extérieurs à l'administration pénitentiaire siégeant dans les commissions de discipline des personnes détenues ;
- Le décret n° 2014-477 du 13 mai 2014 relatif à la fouille des personnes détenues et à la délégation de signature du chef d'établissement pénitentiaire ;
- Le décret n° 2014-1279 du 23 octobre 2014 relatif aux exceptions à l'application du principe « silence vaut acceptation » sur le fondement du 4° du I de l'article 21 de la loi n° 2000-321 du 12 avril 2000 relative aux droits des citoyens dans leurs relations avec les administrations ainsi qu'aux exceptions au délai de deux mois de naissance des décisions implicites sur le fondement du II de cet article ;
- Le décret n°2016-1432 du 24 octobre 2016 relatif aux conditions de consultation par les personnes détenues poursuivies en commission de discipline du dossier de la procédure et des éléments utiles à l'exercice des droits de la défense;
- Le décret n° 2019-98 du 13 février 2019 modifiant les dispositions réglementaires du code de procédure pénale relatives au régime disciplinaire des personnes détenues ;
- L'arrêté du 13 mai 2013 portant autorisation unique de mise en œuvre de traitements de données à caractère personnel relatifs à la vidéoprotection au sein des locaux et des établissements de l'administration pénitentiaire ;
- La circulaire DAP NOR JUSK0740004C du 11 décembre 2007 sur la gestion des archives des services déconcentrés de l'administration pénitentiaire ;
- La circulaire DAP NOR JUSK1140028C du 09 juin 2011 d'application des articles 4, 39 et 40 de la loi n° 2009-1436 du 24 novembre 2009 pénitentiaire, relatifs à la correspondance téléphonique et à la correspondance écrite des personnes détenues ;
- La note DAP-DPJJ du 19 mars 2012 relative aux mesures de bon ordre appliquées aux personnes détenues mineures ;
- La note DAP du 14 octobre 2016 relative au régime juridique encadrant certaines modalités de contrôle des personnes détenues ;
- La note DAP du 3 avril 2017 sur la mise en œuvre des mesures de fouille des personnes détenues ;
- La note DAP du 2 août 2017 sur l'application de l'alinéa 2 de l'article 57 de la loi pénitentiaire ;
- La note DAP du 6 août 2018 relative à l'anonymisation des écrits professionnels.

2

Corrigé

Surveillant Rose

Maison d'arrêt de Nogaro

Le *(date)*

Au chef du bâtiment A

J'ai l'honneur de vous rendre compte des faits suivants :

Ce jour, lors du sondage des barreaux, dans la cellule occupée par les détenus Jacques et David, j'ai constaté qu'un barreau de la fenêtre était scié.

J'ai immédiatement informé la hiérarchie.

Avec mon collègue, le surveillant Pierre, nous avons effectué la fouille de la cellule.

Nous avons alors découvert une lame de scie dissimulée dans la doublure du pantalon rangé dans le placard du détenu David.

A la remontée de la promenade, les détenus ont été fouillés et placés au quartier disciplinaire.

Ils nient les faits et affirment que le barreau était déjà scié.

Le sondage des barreaux étant réalisé quotidiennement, je suis persuadé, que les barreaux étaient intacts avant ce jour.

Je reste à votre disposition pour tous renseignements complémentaires.

Surveillant Rose

SUJET N° 2 : Compte rendu

DURÉE : 3 HEURES

Rédigez un compte-rendu adressé à votre hiérarchie au sujet des événements décrits ci-dessous, susceptibles de se produire à l'occasion de l'exercice du métier de surveillant. Vous veillerez à ne pas signer votre écrit par votre véritable nom, vous utiliserez le nom d'emprunt décrit ci-dessous.

Énoncé

Vous êtes le surveillant Pierre Normal, affecté au centre de détention de Labas, dans le département du Gers.

Cet établissement compte 600 personnes détenues, réparties sur trois bâtiments d'hébergement de 200 personnes chacun.

Chaque bâtiment (A, B, C) dispose de deux étages (un rez-de-chaussée et un étage), d'une capacité de 100 places chacun, divisés en deux ailes (gauche et droite) de 50 places.

Vous êtes de service cet après-midi au 1er étage du bâtiment B, le B1, qui accueille des personnes détenues en régime dit "de confiance". Ce dispositif les autorise à pouvoir laisser la porte de leur cellule ouverte durant la journée et circuler librement à l'intérieur de leur étage, sous respect du règlement intérieur, du bon ordre, et du calme.

Le gradé de service est le major Hicks, qui est responsable de l'encadrement des équipes de toute la détention.

Vers 15 h 30, alors que vous procédez à la distribution quotidienne du courrier des personnes détenues, cellule par cellule, vous déposez deux lettres pour la personne détenue Chevreuil Jean (n° d'écrou 1276) sur la table de la cellule qu'il occupe (la B150), ce dernier étant parti en promenade.

Vers 18 h 00, alors que vous effectuez la distribution du repas, la personne détenue Agneau Michel (n° d'écrou 1278), occupant la cellule B149, située à côté de celle de Jean Chevreuil, demande à vous parler.

M. Agneau vous indique qu'il est ami avec M. Chevreuil, mais que ces derniers temps, il le trouve plutôt déprimé. Il aurait des problèmes avec sa femme et ses enfants, cette dernière ayant même évoqué le souhait de mettre fin à leur relation.

Il sait aussi que Jean Chevreuil a eu une altercation verbale il y a deux jours avec le détenu Brebis Patrick (n° d'écrou 1945), sans savoir à quel sujet, mais depuis Chevreuil évite de croiser Brebis, et garde une lame de rasoir en permanence sur lui.

Michel Agneau vous explique que Jean Chevreuil et lui ont l'habitude de jouer ensemble aux échecs après la fin de la promenade vers 17 h 00, et ceci tous les jours sans exception depuis deux ans, mais aujourd'hui il n'est pas venu jouer.

Il dit aussi que M. Chevreuil a refermé sa porte de cellule quand il est revenu de promenade après avoir lu son courrier, et qu'il n'est ressorti qu'une seule fois vers 17 h 30 pour aller discuter avec un autre détenu, Loup Jacques (n° d'écrou 1101), affecté à la cellule B118, pour lui demander des médicaments, puis a réintégré sa cellule avec un pilulier plein de cachets, fourni par Jacques Loup.

Vous remerciez le détenu Agneau et repassez à la cellule de Jean Chevreuil pour lui parler. En entrant de la cellule vous constatez que celui-ci ne réagit pas à vos interpellations et vous remarquez qu'il semble comateux, sur son lit.

Vous appelez le gradé, qui se déplace et appelle un médecin après avoir confirmé l'état semi-conscient de Jean Chevreuil.

Il vous donne ensuite l'ordre de lui rendre compte de la situation par écrit.

Documents d'appui :

- extrait du PRO : prévention du suicide (3 pages)
- extraits des articles R-57-7-1 à 3 du code de procédure pénale (2 pages)

Liberté • Égalité • Fraternité
RÉPUBLIQUE FRANÇAISE

MINISTÈRE DE LA JUSTICE
ET DES LIBERTÉS

+PRO

Pratiques de Références Opérationnelles

Prévention du suicide

AXE THÉMATIQUE

OCT. 2010

TPRO5

VERSION 1

AVANT-PROPOS

« Il n'existe pas de recette technique univoque mais une palette d'approches et de mesures complémentaires envisageables pour maintenir ou restaurer l'espoir et l'envie de vivre chez les personnes incarcérées, notamment les plus fragiles et lors des moments les plus difficiles de leur parcours pénitentiaire »*

La préoccupation de l'administration pénitentiaire concernant les suicides est une préoccupation ancienne mais une politique particulièrement volontariste est mise en œuvre depuis 2002. La mise en application des recommandations du plan TERRA, suivies de celles de la commission Albrand en 2009 sont des preuves de la dynamique dans laquelle s'inscrit notre administration pour lutter contre ce phénomène. L'ensemble des acteurs du monde carcéral s'est mobilisé autour de ces actions, ce qui démontre à quel point la question est perçue comme majeure.

La rédaction de ce guide a mis en exergue un point fondamental : aucune pratique ne peut être réellement opérationnelle si elle n'est pas sous tendue par des valeurs fortes, partagées et acceptées par tous les destinataires de ce guide.

Au-delà de chaque mesure à mettre en oeuvre, c'est l'aspect humain qui doit primer et guider l'action des personnels. Agir en la matière, c'est prendre en compte la souffrance de l'autre. Le dialogue, la connaissance de chaque individu, qu'il soit détenu ou personnel, l'observation, l'échange d'information, sont les premiers outils de la prévention du suicide.

Obligation professionnelle, devoir de citoyen, la prévention du suicide doit être surtout et avant tout pour chacun de nous et chaque acteur de la communauté carcérale, un devoir de respect de l'Homme pour l'Homme.

Rappel de la mission de service public pénitentiaire

Le service public pénitentiaire participe à l'exécution des décisions pénales. Il contribue à l'insertion ou à la réinsertion des personnes qui lui sont confiées par l'autorité judiciaire, à la prévention de la récidive et à la sécurité publique dans le respect des intérêts de la société, des droits des victimes et des droits des personnes détenues. Il est organisé de manière à assurer l'individualisation et l'aménagement des peines des personnes condamnées. (Loi du 24 novembre 2009 dite « Loi pénitentiaire »)

La prévention du suicide se définit comme toute action individuelle ou collective qui peut agir sur la réduction des facteurs déclenchants du suicide. L'administration pénitentiaire intègre complètement cet objectif dans ses missions. Son approche pluridisciplinaire concourt à une connaissance du détenu, un repérage des personnes à risque suicidaire, et à une prise en charge adaptée.

LES OBLIGATIONS DE L'ADMINISTRATION PÉNITENTIAIRE

La prévention du suicide doit être considérée au regard de trois éléments :

- l'adaptation de la prise en charge des personnes détenues,
- la mise en place d'outils favorisant cette prévention,
- l'amélioration des conditions de détention dans ses aspects humains et matériels.

L'approche doit être nécessairement pluridisciplinaire. Chaque acteur de la communauté carcérale doit, à son niveau, contribuer à cet objectif.

L'administration doit assurer à chaque personne détenue une protection effective de son intégrité physique en tous lieux collectifs et individuels.

RÈGLES DÉONTOLOGIQUES

Dans l'exercice de ses fonctions, le fonctionnaire doit être particulièrement vigilant à la dimension humaine que revêt la prévention du suicide.
Il doit être capable de reconnaître la souffrance psychique chez l'autre et adapter son comportement professionnel en conséquence.

EN CAS DE PASSAGE À L'ACTE SUICIDAIRE, QUELQUES RÉFLEXES À INTÉGRER :

- Garder son calme.
- Au moment de l'alerte regarder, noter l'heure.
- Pas d'alerte générale.
- Donner des informations claires (lieu, mode opératoire, état apparent du détenu, matériels apparemment nécessaires pour l'intervention)
- Se protéger (gants).
- En cas de pendaison, soulager le poids du corps
- Répartir les taches avant et/ou pendant l'intervention, communiquer.
- Faciliter l'accès des secours internes et externes
- Si possible garder le nœud intact
- Se protéger en cas d'insufflation.
- Ne pas sortir le corps.
- Garder la cellule en état.

Le surveillant

Evaluation du potentiel suicidaire

Le surveillant, premier interlocuteur de la personne détenue, sans exclure les autres secteurs de l'établissement, doit porter une attention particulière :

- aux secteurs suivants :
  - le greffe (notamment au moment de l'écrou)
  - le quartier ou cellules arrivants
  - le quartier disciplinaire
  - le quartier d'isolement
  - les parloirs
  - le SMPR
- aux périodes suivantes :
  - la nuit
  - les fêtes
  - la première nuit au quartier arrivant
  - le placement et plus particulièrement la première heure au quartier disciplinaire
  - les retours de parloirs ou d'extraction
  - les retours de permission de sortie
  - ...

Il doit aussi être attentif, s'il en a connaissance, à un élément qui peut précipiter, déclencher le passage à l'acte :

- date d'anniversaire, du décès d'un proche
- annonces de mauvaises nouvelles (ex : à l'occasion des parloirs, dans la remise de courriers, au greffe ...)
- évènements judiciaires (procès, confrontation, ...)
- ...

Transmission des informations

Lorsque le détenu est en sécurité, le surveillant transmet immédiatement l'information à sa hiérarchie et lui rapporte les éléments objectifs :

« J'ai vu le détenu X .... , j'ai vu dans sa cellule ..., j'ai vu son état... »
« J'ai relevé sur GIDE ..., j'ai relevé sur le cahier de consignes ... »
« le détenu m'a fait part de ... »
« J'ai retiré de sa cellule ..., je l'ai placé en salle ... »

Avant la fin de son service, le surveillant doit s'assurer que les informations recueillies sont accessibles :

- renseigner le CEL, GIDE...
- mettre par écrit ses observations sur le cahier de consignes et d'observation, les fiches d'observation
- mettre par écrit les démarches déja entreprises
- avertir oralement sa relève de la situation

Prise en charge

La prise en charge débute dès l'évaluation du potentiel suicidaire de la personne détenue.

Mesures d'urgence pouvant être mises en œuvre en cas de crise suicidaire :

- rassurer le détenu
- déplacer l'individu dans un lieu neutre (hors de sa cellule)
- rester en contact avec le détenu (visuel ou oral)
- le faire adhérer ou l'associer en tout cas à des échéances à très court terme (je vais rapidement repasser, je reviens dans 5 minutes ....) et les tenir
- l'accompagner dans ses démarches (prise de rendez vous en directe avec UCSA, SPIP,...)

Le cas échéant, sur décision de sa hiérarchie il applique les consignes de :

- changement de cellule
- fouille approfondie de la cellule
- doublement si le détenu est seul
- mise à disposition de DPU (dotation de protection d'urgence)
- surveillance adaptée de jour comme de nuit

Dans le cas d'un passage à l'acte suicidaire, le surveillant doit :

- alerter,
- intervenir,
- prodiguer les gestes de premier secours

Extraits de l'article R.57-7-1 du code de procédure pénale :

Constitue une faute disciplinaire du premier degré le fait, pour une personne détenue :

4° D'obtenir ou de tenter d'obtenir par violence, intimidation ou contrainte la remise d'un bien, la réalisation d'un acte, un engagement, une renonciation ou un avantage quelconque ;

5° De commettre intentionnellement des actes de nature à mettre en danger la sécurité d'autrui ;

7° De participer ou de tenter de participer à toute action collective de nature à compromettre la sécurité des établissements ou à en perturber l'ordre ;

11° D'introduire ou tenter d'introduire au sein de l'établissement des produits stupéfiants, ou sans autorisation médicale, des produits de substitution aux stupéfiants ou des substances psychotropes, de les détenir ou d'en faire l'échange contre tout bien, produit ou service ;

16° D'inciter une personne détenue à commettre l'un des manquements énumérés par le présent article ou de lui prêter assistance à cette fin.

Extraits de l'article R.57-7-2 du code de procédure pénale :

Constitue une faute disciplinaire du deuxième degré le fait, pour une personne détenue :

1° De refuser de se soumettre à une mesure de sécurité définie par une disposition législative ou réglementaire, par le règlement intérieur de l'établissement pénitentiaire ou par toute autre instruction de service ou refuser d'obtempérer immédiatement aux injonctions du personnel de l'établissement ;

3° De mettre en danger la sécurité d'autrui par une imprudence ou une négligence ;

6° De formuler dans les lettres adressées à des tiers des menaces, des injures ou des propos outrageants à l'encontre de toute personne ayant mission dans l'établissement ou à l'encontre des autorités administratives et judiciaires, ou de formuler dans ces lettres des menaces contre la sécurité des personnes ou de l'établissement ;

8° D'enfreindre ou tenter d'enfreindre les dispositions législatives ou réglementaires, le règlement intérieur de l'établissement ou toute autre instruction de service applicables en matière d'introduction, de détention, de circulation, ou de sortie de sommes d'argent, correspondance, objets ou substances quelconques, hors les cas prévus aux 10° et 11° de l'article R. 57-7-1 ;

12° De consommer des produits stupéfiants ;

13° De consommer, sans autorisation médicale, des produits de substitution aux stupéfiants, des psychotropes ou des substances de nature à troubler le comportement ;

14° De se trouver en état d'ébriété ;

16° D'inciter une personne détenue à commettre l'un des manquements énumérés au présent article ou de lui prêter assistance à cette fin.

Extrait de l'article R.57-7-3 du code de procédure pénale :

Constitue une faute disciplinaire du troisième degré le fait, pour une personne détenue :

1° De ne pas respecter les dispositions du règlement intérieur de l'établissement ou les instructions particulières arrêtées par le chef de l'établissement ;

3° De communiquer irrégulièrement avec une personne détenue ou avec toute autre personne extérieure à l'établissement ;

4° De négliger de préserver ou d'entretenir la propreté de sa cellule ou des locaux communs ou de prendre soin des objets mis à disposition par l'administration ;

6° De faire un usage abusif ou nuisible d'objets autorisés par le règlement intérieur ;

8° D'inciter une personne détenue à commettre l'un des manquements énumérés au présent article ou lui prêter assistance à cette fin.

Corrigé

Surveillant Pierre Normal
Centre de détention de Labas

au Major Hiks

J'ai l'honneur de vous rendre compte des faits suivants.

Pendant mon service au B1., suite à une discussion avec le détenu Agneau, peu après 18 heures, je me suis rendu dans la cellule de détenu Jean Chevreuil (n° d'écrou 1276). J'ai constaté qu'il était allongé sur le lit, dans un état comateux, et qu'il ne réagissait pas à mes interpellations.

Vous êtes venu sur place et le médecin a confirmé l'état semi-conscient de Jean Chevreuil.

Il me semble important de vous informer d'une discussion que j'ai eu, ce jour, avec le détenu Agneau Michel (n° d'écrou 1278) et qui peut fournir des éléments d'explication à l'état de Chevreuil.

M. Chevreuil apparaissait déprimé depuis quelques temps.

Il avait des problèmes avec sa femme et ses enfants, cette dernière ayant même évoqué le souhait de mettre fin à leur relation.

Je précise que, dans l'après-midi, alors qu'il était en promenade, j'ai laissé sur sa table de cellule – au moment de la distribution du courrier, deux lettres à son attention.

Michel Agneau a refermé la porte de cellule quand il est revenu de promenade après avoir lu son courrier, et qu'il n'est ressorti qu'une seule fois vers 17 h 30 pour aller discuter avec un autre détenu, Loup Jacques (n° d'écrou 1101), affecté à la cellule B118. Ce dernier lui a fourni un pilulier plein de cachets.

J'ai également appris, au cours de cette discussion, que le détenu Chevreuil a eu une altercation verbale il y a deux jours avec le détenu Brebis Patrick (n° d'écrou 1945), et que depuis Chevreuil évite de croiser Brebis, et garde une lame de rasoir en permanence sur lui.

Il parait opportun de placer le détenu Chevreuil en surveillance spéciale en prévention du suicide et de lui demander pourquoi il évite le contact avec le détenu Brebis. Une fouille de sa cellule pourrait permettre de trouver la lame qu'il cache et aussi d'autres objets dangereux.

Le détenu Loup doit être interrogé relativement au fait qu'il a un stock de médicaments et qu'il en a donné à un codétenu.

Je reste à votre disposition pour tous renseignements complémentaires.

PARTIE 2

Réussir les **épreuves d'admission**

Vous avez franchi le cap de l'admissibilité. L'épreuve orale est souvent redoutée et redoutable car elle s'apparente à un entretien d'embauche qui se déroulerait sur une journée entière. Votre passage devant les membres du jury sera précédé d'une attente souvent longue. Vous serez confronté, dans un environnement qui ne vous est pas familier (souvent une salle de formation sur le site d'un établissement pénitentiaire), à des personnels en uniforme et en civil.

Vous n'avez pas de temps de préparation, pas de support pour vous aider. Une bonne préparation vous permettra de dédramatiser cette situation et d'avoir « *un moral de vainqueur* ».

PRÉSENTATION COLLECTIVE DES MISSIONS DE L'ADMINISTRATION PÉNITENTIAIRE

Le matin, les candidats doivent assister à une présentation collective d'une durée de 30 minutes des missions de l'administration pénitentiaire et du métier de surveillant de l'administration pénitentiaire.

La présence des candidats à cette présentation est obligatoire.
Cette présentation a pour but de vous présenter les spécificités du métier de surveillant et de vous éclairer sur tous ses aspects, les meilleurs comme les plus difficiles : le statut des personnels, la hiérarchie, les horaires de travail, l'usage de l'armement, les conditions de vie en détention pour les détenus...

Cette présentation sert de support aux entretiens avec le jury ; la durée de la présentation est très courte et vous allez recevoir pourtant un nombre important d'informations. Prenez des notes.

Les candidats retenus après les épreuves écrites sont convoqués, par courrier, pour les épreuves d'admission.

Les épreuves d'admission sont ainsi constituées :

- Les candidats doivent se soumettre à des **tests psychotechniques** interprétés par le psychologue, suivis d'un **entretien psychologique** pratiqué exclusivement par un psychologue ou un psychiatre. Les tests et l'entretien sont utilisés lors de l'épreuve orale. Ils constituent une aide à la décision des groupes d'examinateurs.
- **Une épreuve orale** consistant au choix du candidat déterminé au moment de son inscription au concours :
  - en un **entretien de personnalité** portant sur son aptitude à exercer les fonctions de surveillant et ses motivations *(durée : vingt minutes maximum, coefficient : 5)* ;
  - en la **reconnaissance des acquis de son expérience professionnelle** dès lors qu'il dispose d'une expérience professionnelle minimale de trois ans *(durée : vingt minutes maximum, coefficient : 5).*
- Une série d'**épreuves physiques** obligatoires notées sur 20 *(coefficient : 2)*, dont la nature et les modalités sont fixées par arrêté.

Tests psychotechniques et entretien psychologique

Conseils

Les tests psychotechniques permettent d'évaluer la capacité du candidat à réussir dans l'exercice de sa mission de surveillant pénitentiaire. On estime en effet que certains traits de personnalité sont souhaitables dans ce métier.

1. Les tests utilisés

Le test D48 créé par Anstey analyse le niveau d'intelligence, l'esprit logique et l'intelligence rationnelle en vous demandant de résoudre 40 problèmes en 25 minutes.

Le questionnaire PNP de Pichot a été construit spécifiquement pour détecter chez l'adulte l'existence de déviations sur trois des dimensions de la personnalité particulièrement importantes pour l'adaptation professionnelle et sociale : le névrosisme général, la dimension paranoïaque et la dimension psychopathique. Le névrosisme est mesuré par trois épreuves. Un questionnaire, un test d'associations à choix forcé et un questionnaire de goûts alimentaires.

L'inventaire de personnalité d'Eysenck permet de décrire votre personnalité et notamment si vous êtes un sujet froid, hostile, non émotif et peu enclin à aider autrui. Il évalue votre stabilité émotionnelle et votre introversion en évaluant votre capacité d'extériorisation, votre inhibition et vos tendances impulsives et sociales.

Le test de Binois et Pichot mesure votre intelligence à travers 44 questions écrites où vous devez désigner le synonyme d'un mot de référence parmi 6 propositions.

Chacun des tests à vocation à évaluer des éléments de votre personnalité. Ils se complètent et ne peuvent avoir de sens qu'après une analyse globale des résultats par un personnel formé à la psychologie. Les résultats de ces tests seront discutés avec vous par un psychologue.

2. Bien répondre aux tests

Les tests permettent de mettre en exergue les personnalités qui ne seraient pas en adéquation avec le profil recherché pour exercer le métier de surveillant. L'administration pénitentiaire recherche des candidats équilibrés, ayant du sang froid et maîtres d'eux-mêmes. Des personnes qui ont une bonne sociabilité, qui ne sont pas impulsifs et autoritaires. Il faut avoir une bonne ouverture d'esprit, avoir du discernement et être capable de prendre des initiatives adaptées et bien pesées.

Partant de là, il est possible de définir un profil de poste : sociabilité, ouverture d'esprit et capacité d'initiative, aptitude à la maîtrise de soi, convivialité.

En fait, le but est plutôt de repérer par les tests des profils qu'il vaut mieux éviter dans cette profession que de sélectionner un profil type. En particulier, un sentiment de malaise général, un comportement trop méticuleux, ou une psychorigidité franche (parano).

Il vous est donc conseillé de vous présenter sous un aspect compatible avec la profession que vous souhaitez exercer. Il ne s'agit pas de vous montrer dans votre intimité. Vous ne répondez pas à des tests projectifs, mais à des tests de recrutement. Il ne s'agit pas de « viol de la conscience » mais de discerner les aptitudes qui favorisent une bonne adaptation à un métier donné.

Évidemment, on aborde là la question de la sincérité dans les réponses aux tests. La fabrication des tests permet d'introduire des questions qui vérifient votre niveau de sincérité au moment où vous répondez. Cet « *indice de désirabilité sociale*» indique un niveau correspondant aux réponses que vous avez formulées non pas en fonction de vous-même, mais de l'idée que vous vous faisiez de la réponse qu'il fallait donner. Parmi les questions posées, certaines sont donc des « questions pièges » permettant d'évaluer le niveau de mensonge du candidat. Par exemple : « *Avez vous menti au moins une fois à votre mère quand vous étiez enfant?* » Il est sûr que la majorité des cas les réponses sont positives : « *oui, ça m'est arrivé !* ». Le candidat qui veut se présenter sous un jour trop favorable répondra négativement. C'est la même idée qui motive la question « *Vous arrive t'il de remettre au lendemain des choses que vous pourriez faire le jour même ?* »

Chacun des exercices est chronométré. Ne commencez pas à chercher « la bonne réponse » et ne réfléchissez pas trop longtemps. Pour répondre aux tests, soyez donc le plus sincère et le plus spontané possible.

3. L'entretien avec le psychologue

L'après-midi est consacrée à l'entretien psychologique. Il est pratiqué exclusivement par un psychologue ou un psychiatre.

L'entretien permet de valider les tests effectués le matin et de vérifier si le candidat est apte psychologiquement à exercer le métier de surveillant.

Les tests et l'entretien constituent une aide à la décision des groupes d'examinateurs.

Si le psychologue est soumis au secret professionnel inhérent à sa fonction, son avis est important au moment de la délibération du jury en fin de journée. La réussite aux tests et l'avis du psychologue est primordial.

Entretien de personnalité

DURÉE 20 MINUTES

COEFFICIENT 5

Méthodologie et conseils

L'épreuve orale consiste en un entretien de personnalité portant sur l'aptitude du candidat à exercer les fonctions de surveillant et ses motivations (durée : 20 minutes maximum, coefficient : 5). Si le candidat a choisi la reconnaissance des acquis de son expérience professionnelle, dès lors qu'il dispose d'une expérience professionnelle minimale de trois ans, il est interrogé sur sa carrière et son parcours professionnel.

Toute note inférieure à 10 sur 20 est éliminatoire.

1. Une épreuve qui demande de la préparation et de l'entraînement

Le jury va s'attacher à vous évaluer dans quatre domaines :

- votre profil ;
- votre personnalité ;
- votre connaissance de l'environnement professionnel pénitentiaire ;
- votre aptitude à exercer les missions prévues dans le cadre d'emploi.

La présentation orale que vous devez faire devant le jury nécessite une préparation et un entraînement.

Chez vous, réfléchissez aux informations importantes que vous souhaitez porter à la connaissance du jury. Inscrivez-les sur une feuille de papier.

Inscrivez tout d'abord les données relatives à votre état civil.

Indiquez votre âge, votre situation familiale, votre lieu de domiciliation, la composition de votre foyer.

Si vous vivez en couple, vous pouvez préciser la situation professionnelle de votre partenaire.

Si vous avez des enfants, indiquez leur âge et s'ils sont encore à votre charge.

Inscrivez ensuite les informations relatives à votre parcours scolaire et à votre parcours professionnel. Concernant la scolarité, indiquez les informations essentielles (les diplômes obtenus, vos qualifications, le niveau d'études atteint). Concernant votre expérience professionnelle, soyez le plus exhaustif possible (notez les années ou le temps pendant lequel vous avez occupé l'emploi, les fonctions et les missions qui vous ont été confiées). Mentionnez les langues que vous connaissez et votre niveau. Si vous êtes étudiant ou en formation, indiquez vos stages, vos jobs d'été, les expériences que vous avez eues dans le monde du travail, même de courtes durées.

Dans une troisième partie, vous décrirez vos passe-temps, vos passions, les sports que vous pratiquez ou que vous avez pratiqués (niveau atteint en sport, si vous pratiquez en club ou pas, si vous avez des fonctions dans le club). Indiquez également si vous êtes membre d'associations et éventuellement les fonctions que vous y occupez.

Enfin, listez vos motivations pour occuper l'emploi de surveillant pénitentiaire. Si la sécurité de l'emploi est une motivation pour vous, inutile de le cacher au jury. Vous pouvez l'indiquer.

Les expériences en rapport direct ou indirect avec votre futur métier doivent être mises en valeur. N'oubliez pas d'indiquer au jury que vous êtes pompier volontaire, moniteur de secourisme, bénévole dans une association d'aide aux personnes en difficultés ou arbitre sportif. Il en est de même si vous avez effectué votre service national dans la gendarmerie ou la police ou si vous avez une expérience dans les métiers de la sécurité...

Notez les éléments sans faire de phrases structurées. Utilisez des mots « guides » que vous mémoriserez facilement et qui vous serviront à structurer votre présentation. Soulignez-les. Le jour de l'examen, cette méthode vous permettra de ne pas donner au jury l'impression que vous avez appris un discours par cœur et que vous le récitez.

Entraînez-vous plusieurs fois à reprendre l'ensemble des éléments, dans un ordre logique. Faites des phrases courtes. Simulez votre présentation à haute voix et en vous chronométrant. Si possible, faites cet exercice devant un ami ou un membre de votre famille. Il pourra vous donner son sentiment sur votre prestation et il vous aidera à vous corriger (tic de langage, débit trop lent ou trop rapide, discours confus).

Exemple :

Stéphane Dupont, 25 ans, célibataire, pas d'enfants.
Domicile : Paris, appartement, locataire.
Permis B, une voiture + permis moto
2016 – BAC technologique informatique
2017 – BTS informatique
2019 – employé sociétés de téléphonie mobile (accueil client, réparation de petites pannes, assistance technique). Multiplication des contrats précaires, promesse d'embauche définitive, mais jamais de concrétisation. Beaucoup d'objectifs commerciaux de plus en plus hauts.

Football avec les amis.
Judo de 12 à 16 ans, arrêt à cause d'une blessure.
Brevet de secourisme.
Sécurité de l'emploi, pas de certitude sur une embauche.
Goût pour le travail en équipe, le sens de l'organisation.
Métier de contacts, relations humaines.
Mobile.

2. Déroulement de l'épreuve orale

L'entretien avec le jury dure 20 minutes.

Un membre du jury vous appellera pour entrer dans la salle d'examen. Préparez à l'avance votre carte d'identité et votre convocation.

A. Votre entrée dans la salle

Saluez les membres du jury simplement (« *Bonjour Mesdames et Messieurs* »). Inutile d'aller vers le jury pour serrer la main, ce n'est pas l'usage dans les épreuves de concours !

Dirigez-vous vers la table qui vous est réservée. La table est généralement placée en face du jury, laissant un espace qui permet à la fois une conversation et crée une distance qui ne doit pas vous perturber. Vous êtes en situation d'examen. Les personnes en face de vous ne sont pas là pour vous juger mais pour vous recruter et, pour ce faire, elles doivent évaluer votre capacité à exercer le métier de surveillant.

Un des membres du jury vous invitera à vous asseoir. Si ce n'est pas le cas, asseyez-vous.

Compte tenu de la durée de l'épreuve, mettez-vous à l'aise en retirant votre manteau ou votre blouson.

Le métier de surveillant s'effectue en uniforme. Le port de l'uniforme demande de la rigueur. Il confère une autorité. Vous travaillerez dans un système fortement hiérarchisé.

Adaptez votre tenue à la situation de l'examen. Si le jury ne tient pas compte de la tenue vestimentaire du candidat, elle doit cependant être sobre et appropriée à la situation de l'entretien.

Le port d'un tailleur pour les dames ou d'un costume et d'une cravate pour les hommes n'est pas nécessaire. Préférez une tenue dans laquelle vous serez à l'aise durant l'entretien et qui correspond à votre personnalité.

Quelques petits conseils concrets : pas de minijupes ni de décolletés pour les candidates, les hommes porteront une chemise et seront rasés. Le chewing-gum est proscrit.

Plus que vos habits, votre attitude, vos gestes, votre comportement (ce que l'on appelle le « para-verbal ») sont importants. N'oubliez pas que la communication passe par le discours mais aussi par votre corps.

L'administration pénitentiaire, compte tenu de l'impératif de sécurité qu'elle doit assumer, ne doit pas se tromper dans les hommes et les femmes qu'elle recrute. Confier une arme à quelqu'un n'a rien d'anodin. Au final, vous devez vous poser la question suivante : « *Si j'étais membre de jury, est-ce que je me choisirais ?* »

Le jury doit être certain que vous êtes prêt à représenter l'État au quotidien et que vous serez digne du port de l'uniforme qui vous sera attribué.

B. La présentation du jury

Le jury commencera par se présenter et vous indiquer ce qu'il attend de vous pendant l'épreuve.

Le président du jury se tient généralement au centre de la table et ouvre le dialogue avec vous.

Cette phase vous permettra d'identifier les membres du jury.

Profitez de la présentation des membres du jury pour vous détendre.

LA COMPOSITION DU JURY

Le jury est composé de cinq fonctionnaires de l'administration : un président du jury, trois assesseurs et un psychologue ou un psychiatre.

Le président du jury est le directeur interrégional de la région pénitentiaire, siège d'un centre d'examen, ou son représentant (généralement un membre du corps des directeurs des services pénitentiaires).

Les assesseurs sont :

- un membre du corps des directeurs des services pénitentiaires ;
- un membre du corps de commandement du personnel de surveillance de l'administration pénitentiaire, comptant au moins cinq années de services publics effectifs dans le corps ;
- un membre du corps d'encadrement et d'application de l'administration pénitentiaire comptant au moins cinq années de services publics effectifs dans le corps.

Les personnels de surveillance siègent en uniforme.

Le président du jury présentera ensuite la façon dont se déroulera l'épreuve.

L'épreuve est généralement découpée en **trois séquences** :

– La présentation du candidat

– Les questions du jury au candidat sur la présentation qu'il vient d'effectuer

– Les questions du jury sur les capacités du candidat à occuper l'emploi auquel il postule.

À la fin de l'épreuve, le président du jury vous demandera de prendre la parole pour poser éventuellement des questions si vous en avez.

C. Votre présentation devant le jury

Cette phase permet au jury de se forger une première idée de votre personnalité. Vous ne devez pas la rater. Le jury ne vous connaît pas et ne dispose, avant votre entrée dans la pièce, d'aucune information sur vous. Il n'a aucun dossier vous concernant et ne disposera, pour forger son jugement, que des informations que vous lui donnerez et, au moment de la délibération de fin de journée, de l'avis du psychologue qui vous aura reçu précédemment au regard des tests psychologiques.

Pour votre présentation, vous disposez d'une dizaine de minutes. C'est à la fois très court pour parler de soi mais, dans les faits, ce temps paraît souvent bien long au candidat, du fait notamment d'un manque de préparation de cette partie. Il faut absolument préparer cette partie et vous entraîner.

Commencez votre présentation. Prenez le temps de respirer, de faire des pauses. Pensez à regarder les membres du jury. Le jury est composé de plusieurs membres, vous devez les regarder chacun. Balayez-les de votre regard. N'oubliez pas que, parfois, les membres du jury ont convenu d'un rôle à jouer qui peut être perturbant pour vous : l'un sera en situation d'écoute, l'autre en train de prendre des notes et le troisième semblera ne pas s'intéresser à vous… Continuez votre présentation, sans rien laisser paraître.

Parlez avec un débit rythmé. Articulez et faites attention à la grammaire et à la structure de vos phrases. Faites des phrases courtes et bien construites.

Le jour de l'entretien, prévoyez d'avoir une bouteille d'eau à proximité de vous. Buvez avant de commencer votre présentation, vous éviterez d'avoir la « bouche sèche ». Buvez une gorgée à l'issue de votre présentation pour aborder dans les meilleures conditions possibles l'entretien avec le jury.

D. La discussion avec le jury

Les membres du jury vont souhaiter des compléments d'informations ou des explications supplémentaires à votre présentation.

Pour vous, l'objectif est de convaincre que vous avez les qualités nécessaires pour exercer le métier de surveillant pénitentiaire. Vous devrez être en mesure de montrer votre intérêt pour ce métier et être en mesure de décrire comment vous vous représentez les missions du surveillant au quotidien.

Pour le recruteur, l'objectif est de mesurer si votre profil correspond au métier de surveillant. En vous observant et en vous écoutant, il va se faire une première idée de votre personnalité. Il va chercher également à mesurer votre motivation, votre capacité d'intégration et d'adaptation à l'administration pénitentiaire.

Si le jury peut vous poser des questions personnelles ou en lien avec votre vie familiale, il n'abordera jamais vos convictions religieuses ou politiques ou des questions relatives à votre orientation sexuelle. Si c'était le cas, vous devez en informer le bureau des concours de l'administration pénitentiaire. C'est un cas d'annulation du concours.

Les questions les plus fréquentes sont :

- *Êtes-vous prêt à déménager en région parisienne ?*
- *Si vous avez des enfants, comment allez-vous assurer leur garde lorsque vous allez travailler de nuit ou terminer tard ?* Le cas échéant, pensez à une organisation compatible avec les exigences du poste.
- *Est-ce que votre partenaire vous soutient dans votre projet ? Éventuellement, quelles sont ses réticences ?*
- Que pense votre famille de votre choix ?

Pour évaluer vos dispositions naturelles à exercer le métier de surveillant, certains critères sont déterminants. Ils peuvent être résumés ainsi :

- l'honnêteté, la probité ;
- le respect de la hiérarchie ;
- la maîtrise de soi ;
- l'esprit d'équipe ;
- la capacité à travailler dans un environnement particulier ;
- le sens de l'organisation ;
- la polyvalence ;

– la mobilité ;
– la disponibilité ;
– le sens de la communication, de l'information ;
– le sens de l'observation ;
– le sens de l'autorité ;
– la capacité à gérer les conflits.

Les questions qui vous seront posées seront donc axées sur ces critères.

Le jury peut vous demander ce que représente pour vous le port de l'uniforme, si vous avez déjà utilisé une arme ou ce que représente pour vous le port d'une arme…

Les questions sont « ouvertes », c'est-à-dire qu'elles méritent une réponse qui ne doit pas être uniquement « oui » ou « non ». Vous devez être capable de soutenir une opinion en l'argumentant.

Ne répondez pas hâtivement, prenez le temps de la réflexion. Si la question consiste à vous demander votre avis, votre réponse doit être le fruit d'une réflexion qui doit être courte mais un minimum définie.

Vos propos seront toujours nuancés. Vous ne devez pas vous montrer excessif.

Répondez aux questions en regardant celui ou celle qui les a posées. Si deux membres du jury vous posent une question en même temps, montrez que vous avez entendu les deux questions et que vous allez y répondre successivement. Un surveillant doit être organisé…

Selon les éléments que vous aurez apportés lors de votre présentation, le jury pourra s'en aider pour vous poser des questions liées à votre expérience personnelle.

Si vous pratiquez le football dans un club, le jury peut vous questionner ainsi :

Exemple :

– Lors de la pratique de votre sport, avez-vous été confronté à des situations de violences ou à des situations tendues ? Comment avez-vous réagi ? Qu'en pensez-vous ?

Le jury peut également vous positionner dans une situation imaginaire liée à votre expérience :

Exemple :

– *« Deux joueurs d'équipes différentes commencent à se battre à la sortie des vestiaires. L'un reproche à l'autre de l'avoir poussé lors d'une action de jeu sur le terrain et sans que l'arbitre ne l'ait vu. Que faites-vous ? »*

Pour évaluer votre capacité à gérer les conflits, le jury peut poser également des questions directes :

Exemple :

– *Avez-vous été confronté à une situation de violence par le passé ? Si oui, laquelle ? Comment avez-vous réagi ? Qu'en pensez-vous ? Comment avez-vous vécu ce moment ?*

Le jury peut également vous mettre en situation :

Exemple :

– *Vous êtes dans la rue en train de vous promener. Vous voyez un jeune homme en train d'en agripper un autre, plus jeune. Vous êtes manifestement en face d'une situation de racket, le plus jeune crie : « Rends-moi mon téléphone portable ! » Que faites-vous ?*

Le jury pourra vous présenter une situation professionnelle à laquelle vous pourriez être confronté et vous demandera votre avis ou ce que vous pensez devoir faire.

Puisque vous n'avez pas d'expérience pénitentiaire, le jury ne cherche pas à juger votre pratique au regard de la réglementation (que, par définition, vous n'êtes pas censé connaître). Il cherche à tester votre réactivité, votre bon sens et si vous avez une réaction appropriée face à une situation inconnue ou inhabituelle.

Le jury peut aussi évaluer votre réalisme face à telle ou telle question, votre humanisme aussi.

E. La fin de l'entretien

À la fin de l'épreuve, le président du jury vous demandera si vous avez des questions à poser. Ce n'est pas obligatoire.

Ne posez pas de questions dont les réponses sont facilement accessibles sur le site Internet du ministère de la Justice ou dans les brochures mises à la disposition du public.

Ne posez pas de questions relatives au déroulement même de l'épreuve (attitude d'un membre du jury, nature des questions qui ont été posées…).

Ne demandez pas non plus quelle note vous avez obtenue. Une telle question serait tout à fait mal venue. De plus, elle aurait pour résultat de prouver que vous n'êtes pas sûr de vous-même.

F. Et après…

Le jury doit se concerter avant de noter un candidat. La note est fixée provisoirement après l'audition du candidat puis, en fin de journée, elle est posée définitivement après l'audition de l'ensemble des candidats.

L'avis du psychologue et les résultats obtenus aux tests psychotechniques servent à valider ou infléchir la décision du jury. Le psychologue est soumis au secret professionnel, s'il s'oppose à votre recrutement il n'est pas tenu d'exprimer les raisons qui motivent sa décision et il ne rend pas compte des éléments que vous pouvez lui fournir lors de l'entretien que vous aurez avec lui.

Pour vous aider à préparer l'entretien, réfléchissez à l'univers de la prison et du monde carcéral.

1. La radicalisation en prison et la séparation des détenus radicaux

Les attentats de Paris (*Charlie Hebdo* et l'Hyper Cacher de la porte de Vincennes) ont conduit le gouvernement à présenter le 19 février 2015 un plan qui prévoit la mise en place de quartiers spécialisés pour détenus radicalisés et l'embauche de personnel pénitentiaire supplémentaire.

NOTE DU FORMATEUR

250 détenus (au 1er janvier 2020) sont écroués pour association de malfaiteurs en vue d'une entreprise terroriste (AMT), auxquels s'ajoutent 904 détenus (893 hommes, 11 femmes) pour des faits de droit commun, mais repérés pour leur risque de radicalisation (DCSR, pour « droit commun susceptible de radicalisation »).

On constate en effet que la prison est un « nid » de radicalisation islamiste.

Chérif Kouachi *(Charlie Hebdo)* et Amedy Coulibaly (Hyper Cacher) se sont rencontrés en 2005 à la prison de Fleury-Mérogis, et c'est Djamel Beghal, un autre détenu (islamiste condamné pour un projet d'attentat contre l'ambassade américaine à Paris) qui les radicalisera.

Mohamed Merah (Toulouse) a accéléré sa radicalisation en prison par une lecture plus assidue du Coran (selon une déclaration du procureur de la République de Paris en mars 2012), comme Mehdi Nemmouche (le musée juif de Bruxelles).

NOTE DU FORMATEUR

Mohamed Merah, les frères Kouachi et Mehdi Nemmouche ont été placés très jeunes en foyer de l'enfance (pour maltraitances ou carences éducatives) : il faudra aussi qu'un jour on s'interroge sur le dispositif de protection de l'enfance, qui semble bien défaillant.

La détection des personnes radicalisées ou en voie de radicalisation reste complexe : elles ont en effet adapté et modifié leurs comportements, pour ne pas attirer l'attention. On évoque désormais des « signaux faibles », comme le refus de parler au personnel féminin.

NOTE DU FORMATEUR

Le 30 décembre 2019, 525 personnes (454 hommes et 71 femmes) étaient incarcérées pour des faits en lien avec le terrorisme islamiste (dénommées TIS par l'administration pénitentiaire) : 223 condamnés, 272 prévenus (dont un mineur).

Depuis 2018, des **quartiers d'évaluation de la radicalisation** (QER) se développent, et des **quartiers de prise en charge de la radicalisation** (QPR) sont réservés aux détenus radicalisés dans **79 établissements pénitentiaires** désignés, mais les détenus incarcérés dans les quartiers spécifiques ont un « régime de détention quasi équivalent à celui de l'isolement », relève encore le Contrôleur général des lieux de privation de liberté (CGLPL). Tous sont soumis à des conditions de détention « exorbitantes », « justifiées par des impératifs de sécurité », dont le « caractère systématique interroge sur leur légalité ». Le rapport regrette que « la préparation à la sortie [ne soit] pas pensée », et le CGLPL conclut que « dépourvue de projet d'aménagement de peine et des perspectives sociales et professionnelles, la prise en charge de la radicalisation proposée apparaît sans effet ».

NOTE DU FORMATEUR

C'est le juge d'application des peines du parquet national antiterroriste qui est chargé du suivi de ces détenus après leur libération. Premier djihadiste condamné, Flavien Moreau, 33 ans, a été libéré le 13 janvier 2020 de la prison de Condé-sur-Sarthe (Orne), après avoir purgé une peine de sept ans de prison ferme. Considéré comme toujours très radicalisé, il fait l'objet d'une double mesure de surveillance, à la fois judiciaire et administrative. Sur le plan judiciaire, il peut s'agir d'un certain nombre d'interdictions, notamment celle d'entrer en contact avec certaines personnes, ainsi qu'un suivi renforcé de la part des services d'insertion et de probation. Sa surveillance administrative prévoit par ailleurs une interdiction de sortie de sa commune de domiciliation et un pointage quotidien.

Améliorer la formation des imams

Le plan précise que l'isolement des détenus radicalisés ou en voie de radicalisation, pour être efficace, doit être assorti d'une révision des conditions de recrutement et de formation des imams.

Une formation sur la laïcité a par exemple été organisée, à laquelle participent certains personnels pénitentiaires.

La loi du 9 décembre 1905 sur la séparation des églises et de l'État garantit le libre exercice des cultes : l'administration pénitentiaire doit permettre à chaque détenu de « satisfaire aux exigences de sa vie religieuse, morale ou spirituelle » (CPP, art. R57-9-3), et d'exercer le culte de son choix « selon les conditions adaptées à l'organisation des lieux » (loi pénitentiaire de 2009, art. 26). Sept confessions sont agréées au niveau national : elles sont organisées en aumôneries, et des aumôniers agréés interviennent en détention pour célébrer les offices religieux, animer des réunions cultuelles et apporter une assistance spirituelle.

Les prisons françaises accueillent 1 655 intervenants cultuels rémunérés ou bénévoles : 720 sont catholiques, 74 israélites, 231 musulmans, 60 orthodoxes, 345 protestants, 18 bouddhistes, 191 témoins de Jéhovah et 33 « divers » (administration pénitentiaire, 2018).

NOTE DU FORMATEUR

Dans certaines prisons, les musulmans peuvent atteindre jusqu'à 60 % de la population carcérale : c'est un phénomène classique de surreprésentation des populations pauvres.

Lutter contre la surpopulation carcérale

La surpopulation carcérale complexifie la tâche : la promiscuité est un terreau sur lequel prospère le prosélytisme fondamentaliste.

Augmenter les effectifs

Le plan prévoit également que les établissements pénitentiaires seront mieux dotés en personnel, mais l'administration pénitentiaire peine à recruter.

Améliorer le renseignement pénitentiaire

Le bureau du renseignement pénitentiaire a pour mission de détecter les mouvements de repli identitaire et de radicalisation. Il travaille en étroite collaboration avec le ministère de l'Intérieur. Ses effectifs ont été renforcés. La collaboration entre les deux administrations s'est intensifiée, pour mieux prévenir et lutter contre les actes de terrorisme – « une coopération de très grande qualité, mise en œuvre dans un esprit de loyauté et de responsabilité » : c'est ainsi que la garde des Sceaux a qualifié la relation entre les services du renseignement pénitentiaire et ceux du ministère de l'Intérieur lors d'une séance de travail commune avec le ministre de l'Intérieur organisée à Fresnes, le 26 février 2015.

NOTE DU FORMATEUR

Depuis le 5 janvier 2015, l'administration pénitentiaire est présente au sein de l'unité de coordination et de lutte antiterroriste (UCLAT).

2. La politique de réinsertion des détenus

L'exigence de réinsertion est au cœur des missions confiées à l'administration pénitentiaire, qui porte en elle la prévention de la récidive.

Le service public pénitentiaire a notamment pour mission de favoriser « la réinsertion sociale des personnes qui lui sont confiées par l'autorité judiciaire » (depuis la loi du 22 juin 1987), et cette mission relève tout particulièrement des services pénitentiaires d'insertion et de probation (depuis le décret du 13 avril 1999).

NOTE DU FORMATEUR

Le **service pénitentiaire d'insertion et de probation** (SPIP), constitué au niveau départemental, regroupe l'ancien comité de probation et d'assistance aux libérés (qui intervenait en milieu ouvert avec les condamnés libres) et le service socio-éducatif des établissements pénitentiaires (qui prenait en charge les actions de réinsertion envers les détenus) : la fusion de ces deux services a permis un meilleur suivi des condamnés, qui peuvent être alternativement pris en charge en milieu ouvert et en milieu fermé, par des **conseillers pénitentiaires d'insertion et de probation** (CPIP).

La réinsertion commence avec la prise de conscience de son acte, difficile pour certains détenus qui refusent toute activité (travailler, étudier, etc.), et se coupent de tout contact avec leurs proches, à l'extérieur. Une majorité de détenus a connu l'échec scolaire, et l'illettrisme est très important en prison (il touche près de 10 % des détenus, selon la section française de l'Observatoire international des prisons) : ils étaient nombreux à n'être pas bien insérés avant leur incarcération, ils éprouvent d'autant plus de mal à se réinsérer à leur sortie de prison (44 % des personnes détenues n'ont aucun diplôme, plus de 80 % ont un niveau inférieur au baccalauréat).

NOTE DU FORMATEUR

Les détenus sortent souvent de prison sans aucune ressource : un tiers d'entre eux se retrouve seul, sans argent, sans emploi et sans abri, et rares sont les employeurs disposés à recruter un ancien détenu, même s'il a purgé sa peine depuis longtemps.

L'ancien détenu, s'il ne l'a pas fait en détention, doit commencer des démarches (ouverture de droits, recherche d'un logement, d'un emploi, d'une formation, etc.) dans des conditions souvent difficiles. Le soutien de la famille, si elle existe, ou des proches, constitue un élément très important dans la volonté du détenu de retrouver une vie normale après sa libération : un détenu entouré à sa sortie a plus de chances de réussir sa réinsertion, sociale et professionnelle.

> **NOTE DU FORMATEUR**
>
> L'administration tente de favoriser le maintien des liens familiaux : 170 unités de vie familiale (UVF), réparties dans 52 établissements pénitentiaires (chiffres au 23 juillet 2019), permettent l'accueil par un détenu de sa famille dans un appartement meublé de deux à trois pièces, séparé de la détention, pour un séjour de 6 à 72 heures (loi pénitentiaire du 24 novembre 2009, art. 36).

Les opérations de réinsertion démarrent dès l'entrée du détenu dans un centre pénitentiaire afin de préparer au mieux sa sortie, et certaines associations interviennent même en prison.

> **NOTE DU FORMATEUR**
>
> La réinsertion post-carcérale est le processus qui consiste à réintroduire un détenu dans la société civile à la fin de sa peine, elle est à la fois psychologique et sociale, et permet de lutter activement contre la récidive.

- **La réinsertion professionnelle** est la reprise d'une activité professionnelle : elle nécessite souvent un travail sur l'ensemble des problèmes du détenu, sa situation administrative (il n'a souvent plus de papiers), sa situation familiale (isolement, divorce, famille éloignée, autorité parentale, etc.), sa santé (alcool, toxicomanie, dépression, etc.), et son hébergement. Elle se prépare surtout en prison, par des formations professionnelles, des études (préparation du baccalauréat, de concours, sachant que l'ex-détenu ne pourra pas prétendre à un emploi dans la fonction publique), en travaillant dans des ateliers (expérience professionnelle, découverte de métiers, etc.) ou aux services généraux (nettoyage de locaux, cuisine, etc.).

> **NOTE DU FORMATEUR**
>
> Les règles pénitentiaires européennes (RPE) et la charte d'action du service public pénitentiaire français : elles rappellent un ensemble de principes fondamentaux et soulignent que « chaque détention est gérée de manière à faciliter la réintégration dans la société libre des personnes privées de liberté » (règle 6). Plus d'informations : http://www.justice.gouv.fr/art_pix/RPE2.pdf ; http://www.justice.gouv.fr/art_pix/RPE3.pdf (sur l'application en France).

- **La réinsertion sociale** est la reprise des activités quotidiennes, des relations sociales, amicales et associatives (les trois « piliers » sont le logement, l'éducation et l'emploi) : une réinsertion professionnelle réussie n'est souvent qu'une réinsertion sociale incomplète.

La prison propose des activités sportives et culturelles qui participent à la réinsertion sociale, mais celle-ci n'est pas vraiment préparée en prison.

Le logement apporte une certaine stabilité aux anciens détenus, et favorise leur réinsertion sociale.

Le travail en détention

L'importance accordée au travail des personnes détenues s'explique par les effets stabilisateurs qu'induit l'accès à un emploi pour une personne condamnée à une longue, voire très longue, peine de détention : autonomie financière, structuration du temps, accroissement du potentiel de réinsertion par l'acquisition de compétences professionnelles. En 2018, 19 284 personnes disposaient d'un emploi en détention (pour plus de 70 000 personnes incarcérées) : 28 % contre 46,2 % en 2000 (chiffres OIP).

La perception d'une rémunération permet au détenu d'indemniser les parties civiles, et de se constituer un pécule pour sa libération (Code de procédure pénale, art. D320).

NOTE DU FORMATEUR

La prison est un lieu de punition, mais aussi celui de l'amendement du condamné, par le travail et l'éducation (Code pénal de 1791).

Il existe trois grandes formes de travail au sein des établissements pénitentiaires (Code de procédure pénale, art. D433-1).

Le service général (Code de procédure pénale, art. D433-3) représente l'entretien des locaux (hébergement, vie collective) et les tâches nécessaires au fonctionnement des établissements (cuisine, distribution des repas, gestion des déchets, lingerie, entretien des espaces verts, etc.). Les détenus qui participent aux services généraux sont employés par l'administration pénitentiaire, qui prend en charge les cotisations salariales et patronales de sécurité sociale.

Les détenus qui travaillent en production pour le compte notamment d'entreprises privées doivent percevoir une rémunération horaire brute équivalente à 45 % du SMIC (4,56 € en 2020). Pour les missions de service général, le taux varie selon la classification du poste, définie selon le « degré de technicité » des tâches (un cuisinier se situe en classe I, un plongeur en classe III). En classe III, le taux est à 20 % du SMIC (2,03 euros) ; en classe II, 25 % (2,53 euros) ; en classe I, 33 % (3,35 euros).

NOTE DU FORMATEUR

On parle d'un classement pour désigner l'accès à l'emploi et d'un déclassement pour en désigner sa sortie (démission, mesure disciplinaire).

Le travail de production permet que des détenus, appelés « opérateurs », travaillent pour le compte de la régie industrielle des établissements pénitentiaires (RIEP), gérée par le service de l'emploi pénitentiaire (SEP), qui vend sa production par le biais d'un catalogue (mobilier de bureau pour collectivités, ou de détention, habillement et mobilier urbain et extérieur, etc.).

NOTE DU FORMATEUR

2 832 opérateurs accueillis sur 1 193 postes de travail, encadrés par 214 personnels techniques et administratifs, répartis dans 47 ateliers de production sur 26 établissements (plus de 50 000 m² de surface industrielle), ont travaillé 1 500 000 heures dans 10 secteurs d'activités, réalisant un chiffre d'affaires HT de plus de 24,3 millions (2018). En 2018, les personnels d'encadrement ont dispensé 28 735 heures de formation à 615 stagiaires, qui ont pu ensuite intégrer les ateliers.

■ **Le travail en concession** de main-d'œuvre pénitentiaire permet que des détenus, appelés « opérateurs », travaillent en sous-traitance pour le compte d'entreprises privées. Ils réalisent le plus souvent des travaux non qualifiants (des tâches simples, répétitives, sans grande valeur ajoutée, comme du conditionnement, du pliage, de l'assemblage, du façonnage ou de la manutention).

Un contrat de droit public dit « contrat de concession de main-d'œuvre pénitentiaire » est conclu entre l'administration pénitentiaire et l'entreprise privée : il précise les conditions de mise à disposition et d'emploi des personnes détenues, il décrit les obligations des parties et les règles de rémunération et de protection sociale des personnes détenues, ainsi que les mesures d'hygiène et de sécurité du travail.

Les relations de travail des personnes incarcérées ne font pas l'objet d'un contrat de travail (Code de procédure pénale, art. 717-3) : c'est un droit dérogatoire du travail qui s'applique en prison (seules les règles d'hygiène et de sécurité du Code du travail s'imposent).

Le contrat de travail est remplacé par un « acte d'engagement » (loi pénitentiaire du 24 novembre 2009, art. 33), cosigné par le chef d'établissement, l'entreprise concessionnaire et la personne détenue, qui énonce les droits et obligations du travailleur, ainsi que ses conditions de travail et sa rémunération.

Chaque mois, l'entreprise concessionnaire communique à l'administration le nombre d'heures travaillées et le taux de rémunération appliqué à chaque personne.

Le régisseur des comptes nominatifs de l'établissement pénitentiaire calcule une rémunération brute et édite une feuille de paye qu'il transmet à la personne détenue avant de verser sur son « compte nominatif » la rémunération nette qui lui revient : lorsqu'elle excède 200 euros par mois, elle fait l'objet d'un prélèvement, pour indemniser les victimes et constituer un pécule de libération (Code de procédure pénale, art. D320 et suivants). L'administration verse à l'URSSAF les cotisations sociales, et facture la prestation à l'entreprise concessionnaire.

En dehors de ces trois régimes principaux, les personnes détenues peuvent être autorisées à travailler pour le compte d'associations, qui servent d'intermédiaire entre la personne détenue (elle ne peut être liée par aucun contrat de travail) et les entreprises extérieures qu'il a lui-même prospectées : cela permet à la personne détenue d'exercer une activité à forte valeur ajoutée (conception ou amélioration de programmes informatiques, par exemple) sans avoir besoin d'être salariée par l'entreprise qui passe commande.

En théorie, la **rémunération du travail des détenus** ne peut être inférieure à un taux horaire fixé par décret, indexé sur le salaire minimum de croissance (concrètement, 45 % du SMIC pour les activités de production, entre 20 et 33 % pour le service général, selon la qualification requise pour l'activité). L'administration pénitentiaire fixe un seuil minimum de rémunération (SMR) pour les ateliers de production.

> **NOTE DU FORMATEUR**
> Le seuil minimum de rémunération, sorte de SMIC carcéral, est officiellement de 3,90 euros brut de l'heure.

> **NOTE DU FORMATEUR**
> Depuis 1977, les personnes détenues qui travaillent cotisent à l'assurance vieillesse, mais leurs faibles rémunérations rendent difficile la validation des trimestres (compte tenu du niveau des rémunérations du service général dans les établissements pénitentiaires, les personnes détenues ne valident, par année travaillée, qu'un trimestre sur les quatre).

Les activités socio-éducatives et socioculturelles

Le développement des activités socio-éducatives en prison découle de la reconnaissance du droit de détenus à accéder à des dispositifs de droit commun, et de la mission de réinsertion de l'administration pénitentiaire : les activités socio-éducatives (ou socioculturelles) contribuent à la réinsertion sociale des détenus.

L'accès à l'enseignement est un droit fondamental (Code de procédure pénale, art. D450 à D456). L'enseignant est essentiellement dispensé par des enseignants de l'Éducation nationale (environ 400), ou par les groupements d'établissements pour la formation continue (GRETA), ou encore sous forme de cours par correspondance.

Les formations mises en œuvre sont principalement axées sur les services et le bâtiment, elles sont dispensées sous forme de stages modulaires.

> **NOTE DU FORMATEUR**
> Environ 15 % des détenus suivent une formation professionnelle.

Chaque établissement pénitentiaire est doté d'une **bibliothèque**.

Quelques associations mènent des interventions bénévoles (**initiation à l'informatique et formation à la programmation, enseignement général pour adulte, alphabétisation, lutte contre l'illettrisme**).

En lien avec les collectivités territoriales (commune, conseil départemental), avec le soutien du ministère de la Culture, les services pénitentiaires d'insertion et de probation organisent des **programmations culturelles** (spectacles, expositions, concerts) et des ateliers de **pratique artistique** (arts plastiques, écriture, théâtre, musique, audiovisuel, etc.).

La pratique des **activités physiques** et sportives est désormais encouragée (Code de procédure pénale, art. D459-1), également par la récente signature de conventions entre l'administration pénitentiaire et 14 fédérations sportives.

L'aménagement des peines

Le prononcé d'une peine par un tribunal ne signifie pas son exécution immédiate : la loi prévoit même, pour prévenir la récidive, que les peines « peuvent être aménagées en cours d'exécution pour tenir compte de l'évolution de la personnalité et de la situation du condamné ». Certains aménagements portent sur la durée de la peine (les réductions de peines et la libération conditionnelle), d'autres sur les modalités d'exécution des peines d'emprisonnement inférieures à deux ans, pour éviter ou limiter l'effet désocialisant de l'incarcération. Lorsque le condamné présente des garanties suffisantes en termes de réinsertion et de prévention de la récidive, le juge d'application des peines (JAP) peut décider que la peine d'emprisonnement s'effectuera sous l'un des régimes suivants :

- le **placement sous surveillance électronique** : le condamné est assigné à résidence par le biais d'un bracelet et d'un boîtier relié à sa ligne téléphonique, il bénéficie d'horaires de sortie pendant la journée ;
- le **placement extérieur** (Code de procédure pénale, art. D136) : le condamné est pris en charge dans un centre à l'extérieur de la prison, il exerce une activité pendant la journée et réintègre son lieu d'hébergement le soir ;
- la **semi-liberté** : le condamné bénéficie d'horaires de sortie pendant la journée et doit réintégrer l'établissement pénitentiaire tous les soirs.

NOTE DU FORMATEUR

Les centres de semi-liberté et quartiers de semi-liberté ainsi que les centres pour peines aménagées et les quartiers pour peines aménagées comportent un régime essentiellement orienté vers la réinsertion sociale et la préparation à la sortie des condamnés (Code de procédure pénale, art. D72-1, modifié par le décret 2010-1635 du 23 décembre 2010).

La semi-liberté est un régime d'exécution des peines qui permet au condamné d'exercer à l'extérieur de l'établissement pénitentiaire une activité professionnelle, de suivre un enseignement, une formation professionnelle, un stage, de suivre un traitement médical, de participer à la vie de sa famille, tout autre temps disponible étant nécessairement passé à l'intérieur de la prison. Ce temps est exécuté dans un **centre de semi-liberté** (CSL), un **quartier de semi-liberté** (QSL) situé dans une maison d'arrêt ou un centre pénitentiaire, ou un **centre pour peines aménagées** (CPA). Le retour à la prison est généralement quotidien (le soir, après le travail), parfois seulement en fin de semaine (du vendredi soir au lundi matin, par exemple : la semi-liberté est alors dite « élargie »).

Les centres pour peines aménagées et quartiers pour peines aménagées sont des établissements pénitentiaires qui reçoivent des détenus volontaires faisant l'objet d'une mesure de semi-liberté ou d'un placement à l'extérieur, ainsi que ceux dont le reliquat de peine est inférieur à un an, afin de leur permettre de concrétiser un projet de réinsertion.

NOTE DU FORMATEUR

Vous trouverez sur Internet un reportage de 83 minutes intitulé « Prisons ouvertes : un pas vers la réinsertion ? », de Bernard Nicolas (par exemple en streaming sur Arte boutique) ; il est fortement conseillé de le regarder.

Le décret du 30 avril 2002 a créé des centres pour peines aménagées en se fixant trois objectifs fondamentaux :

- développer un nouveau mode de prise en charge de la petite et moyenne délinquance en donnant la priorité à la réinsertion et à la prévention de la récidive ;
- favoriser les mesures d'aménagement de peine pour les personnes condamnées qui répondent aux critères juridiques permettant de bénéficier de ces mesures ;
- amener le condamné à mettre en place un projet individuel dans le cadre d'un aménagement de peine.

NOTE DU FORMATEUR

Deux centres pour peines aménagées (CPA) existent actuellement : Metz, et Villejuif. Ils ne reçoivent que des hommes majeurs (moins de 5 % des détenus sont des femmes, et près de 8 % sont mineurs). Il existe aussi cinq quartiers pour peines aménagées (QPA) soit un total de 611 places.

NOTE DU FORMATEUR

Consulter la note de la DAP 08-280/PMJ1/PMJ4 du 8 juillet 2008 relative aux missions et fonctionnement des centres pour peines aménagées.

Le placement sous surveillance électronique

Le **placement sous surveillance électronique** (PSE) est une mesure d'aménagement de peine qui permet d'éviter l'incarcération : il s'agit pourtant d'une peine d'emprisonnement ferme.

Le placement sous surveillance électronique peut également être mis en place pour faire respecter une **assignation à résidence sous surveillance électronique** (ARSE), dans le cadre d'une mesure de contrôle judiciaire, alternative à la détention provisoire, en attendant le jugement, ou dans le cadre d'une **surveillance électronique de fin de peine** (SEFIP), lorsque le détenu bénéficie d'une libération conditionnelle.

NOTE DU FORMATEUR

On évoque souvent le « bracelet électronique » : il se porte en fait à la cheville.

Le placement sous surveillance électronique (PSE) impose que le détenu reste à son domicile (à l'endroit où il est hébergé) à certaines heures fixées par ordonnance, en général la nuit, avec une heure de couvre-feu et une heure à partir de laquelle il peut sortir (par exemple pour aller travailler, étudier, suivre une formation, rechercher un emploi, etc.) : s'il sort en dehors des heures autorisées, un surveillant pénitentiaire est aussitôt averti par une alarme à distance (le PSE ne permet pas la géolocalisation).

Le PSE permet également de « participer de manière essentielle à la vie de sa famille (horaires scolaires, etc.), de suivre un traitement médical (par exemple dans le cadre d'une obligation de soins), ou de s'investir dans tout autre projet d'insertion ou de réinsertion de nature à prévenir les risques de récidive ».

La personne qui fait une demande de PSE doit tout d'abord remplir quelques conditions matérielles :

- avoir un domicile fixe ou un hébergement stable (au moins pendant la durée du placement sous surveillance électronique) ;
- disposer d'un certificat médical attestant de la compatibilité de son état de santé avec le port du bracelet électronique (le cas échéant).

Ces éléments (ainsi que la vérification de la situation familiale, matérielle et sociale du condamné) sont recueillis au cours d'une enquête préalable de faisabilité diligentée par le service pénitentiaire d'insertion et de probation (SPIP). Il faut également que le dispositif technique soit disponible, ce qui n'est pas toujours le cas.

La personne placée sous surveillance électronique peut :

- exercer ou rechercher une activité professionnelle ;
- se doucher (le bracelet est étanche) ;
- passer sans sonner les portiques de sécurité des magasins ;
- résider au domicile familial (avec autorisation) ;
- poursuivre certaines de ses activités sportives, culturelles, artistiques (avec autorisation).

Elle ne peut pas enlever, casser ou détériorer le « bracelet électronique » ou le boîtier (cela peut entraîner des poursuites judiciaires).

Elle doit respecter les obligations liées au port du bracelet (horaires, travail ou formation, soins, indemnisation des victimes, etc.) : le juge peut, dans le cas contraire, prendre des mesures (retour en prison, poursuites pour évasion, etc.).

Le PSE pour les personnes « libres »

Une personne condamnée par le tribunal à une peine d'emprisonnement ferme qui n'a pas encore commencé à l'exécuter est dite « libre » : elle peut bénéficier d'une mesure de PSE si la peine ou le cumul des peines prononcé est inférieur ou égal à deux ans (à un an si elle est récidiviste). Elle sera convoquée par le service pénitentiaire d'insertion et de probation (SPIP) pour envisager un aménagement de peine (elle peut également la demander directement au juge d'application des peines par courrier recommandé avec accusé de réception).

Le SPIP mènera une enquête de faisabilité, pour déterminer si le placement sous surveillance électronique est possible, et dans quelles conditions. Le conseiller d'insertion et de probation (CPIP) peut se déplacer au logement pour vérifier que le matériel pourra être installé, et rencontrer la ou les personnes qui y vivent. La personne chez qui le système de surveillance est posé (parent, concubin, ami, directeur de foyer d'hébergement, etc.) doit formuler par écrit son accord pour cette installation.

NOTE DU FORMATEUR

Il existe des foyers d'hébergement qui acceptent d'héberger des personnes placées sous surveillance électronique.

Le PSE pour les personnes détenues

Depuis le 1er janvier 2011, les personnes détenues qui n'ont pas bénéficié d'un aménagement de peine bénéficient automatiquement (sauf incompatibilité entre la personnalité et la nature de la mesure, risque de récidive, refus de la personne condamnée ou impossibilité matérielle) de la surveillance électronique de fin de peine (SEFIP) pour les dernières semaines, au maximum les quatre derniers mois (les deux tiers de la peine à effectuer pour les peines inférieures à six mois), si la durée ou le cumul de leur(s) peine(s) n'excède pas cinq ans : les horaires de sortie sont alors limités à quatre heures par jour (maximum) pour permettre une démarche d'insertion (recherche d'emploi, etc.).

Les personnes détenues condamnées à une peine d'emprisonnement, qui ont un projet sérieux d'insertion ou de réinsertion, peuvent bénéficier d'un placement sous surveillance électronique (PSE). La loi pénitentiaire du 24 novembre 2009 prévoit que la situation de toute personne qui respecte ces critères doit être examinée par le service pénitentiaire d'insertion et de probation (SPIP) pour que soit envisagé un aménagement de peine : aucune demande n'est nécessaire, le SPIP, sous l'autorité du procureur de la République, examine automatiquement la situation des condamnés concernés.

Le personnel d'insertion et de probation doit rencontrer la personne condamnée incarcérée qui remplit les critères d'un aménagement de peine, pour apprécier la faisabilité de la mesure.

Le conseiller d'insertion et de probation l'assiste dans la construction de son projet, il adresse un rapport motivé aux autorités judiciaires s'il n'existe pas de projet, ou s'il n'est pas cohérent. Le condamné incarcéré peut également transmettre sa demande au juge d'application des peines (JAP), par l'intermédiaire du greffe de l'établissement pénitentiaire.

La décision de placement sous surveillance électronique fixe les obligations et interdictions imposées à la personne condamnée.

NOTE DU FORMATEUR

La décision est formalisée par une ordonnance du **juge d'application des peines**.

Il faut néanmoins que la peine ou le cumul des peines soit inférieur ou égal à deux ans (à un an si la personne est récidiviste), que la durée de peine restant à effectuer soit inférieure ou égale à deux ans (à un an si la personne est récidiviste), ou que le détenu prépare son éventuelle libération conditionnelle.

Le PSE pour les personnes mises en examen

Les personnes mises en examen peuvent faire l'objet d'une mesure **d'assignation à résidence sous surveillance électronique** (ARSE), dans le cadre de leur contrôle judiciaire, qui est une alternative à la détention provisoire.

NOTE DU FORMATEUR

La loi dite « Guigou » du 15 juin 2000 a supprimé la détention préventive, pour la remplacer par la détention provisoire, elle a créé le juge des libertés et de la détention (JLD) pour limiter les pouvoirs, jugés trop importants, du juge d'instruction : c'est le JLD qui accepte, ou non, le placement en détention provisoire demandé par le juge d'instruction.

La demande d'ARSE doit être formulée auprès du juge d'instruction (qui décide du contrôle judiciaire s'il ne demande pas de détention provisoire), ou du juge des libertés et de la détention (qui décide du contrôle judiciaire s'il refuse le placement en détention provisoire).

L'installation du dispositif

Quel que soit le cadre juridique (PSE, ARSE ou SEFIP), le bracelet est posé à la cheville, au greffe de l'établissement pénitentiaire ou dans les locaux du SPIP. Tout au long de la mesure, la personne placée sous bracelet électronique (appelée « le placé ») est suivie par le SPIP.

Un surveillant (appelé « référent pénitentiaire ») installe un boîtier dans le logement (il se branche sur une prise de courant). Le boîtier reçoit les informations émises par le bracelet : si le placé sort du logement pendant les heures interdites, le boîtier ne reçoit plus ces informations et une alarme se déclenche au centre de surveillance. Le surveillant pénitentiaire fait un contrôle téléphonique (il peut y avoir une panne d'électricité, une panne de réseau, un cas de force majeure), et avertit si nécessaire le procureur de la République, le juge compétent (qui peut décider de retirer la mesure) et le SPIP. Un conseiller d'insertion et de probation prend contact avec le placé pour avoir des explications. Le placé, en fin de mesure, rapporte le matériel au référent pénitentiaire, et le bracelet lui est retiré.

NOTE DU FORMATEUR

Selon les chiffres clés de l'administration pénitentiaire (au 1er janvier 2020), 245 000 personnes sont prises en charge par l'administration pénitentiaire : 82 860 sont placées sous écrou (dont 12 209 sous surveillance électronique ou à l'extérieur) pour 61 080 places (on compte 1 614 matelas au sol), 162 000 sont suivies en milieu ouvert par les 35 000 agents (dont 5 600 CPIP) dans 104 services pénitentiaires d'insertion et de probation (SPIP). Les statistiques sur la population pénale (personnes détenues et sous écrou) sont mises à jour tous les mois sur le site www.justice.gouv.fr.

Des statistiques trimestrielles sont aussi disponibles sur les personnes suivies en milieu fermé (personnes sous écrou), et des statistiques complètes depuis 1980.

3. La prise en compte de la covid dans les établissements pénitentiaires

Les personnes privées de leur liberté, comme les personnes en prison et incarcérées dans d'autres lieux de détention, sont plus vulnérables à la flambée de maladie à coronavirus (covid-19). Les détenus vivent dans un environnement de promiscuité, et peuvent donc constituer une source d'infection, d'amplification et de propagation des maladies infectieuses à l'intérieur comme à l'extérieur des prisons.

Pourtant, alors que la covid-19 bouleversait bien des pans de la société (surmortalité, chômage, déscolarisation, violences conjugales), les prisons ont constitué une surprenante et spectaculaire exception dans ce tableau dévasté : elles se sont vidées au point que la surpopulation chronique, plaie dont elles souffrent depuis des décennies, a quasiment disparu. Les conséquences de la pandémie ont eu pour effet de desserrer l'étau de la surpopulation et des matelas par terre.

Par voie d'ordonnance pour faire face à l'épidémie de covid-19, la garde des Sceaux de l'époque (Nicole Belloubet) a prévu des possibilités de libération anticipée pour les personnes condamnées à moins de cinq années d'emprisonnement et auxquelles il reste deux mois à effectuer. Cette politique de libération de détenus en fin de peine a augmenté le flux des sorties. Mais, surtout, le ralentissement de l'activité des tribunaux a provoqué une diminution du nombre d'incarcérations.

Alors que les prisons françaises comptaient 72 500 détenus pour 61 000 places avant la pandémie, les effectifs ont été réduits à 58 926 fin mai 2020. Si la surpopulation n'a pas disparu – le taux d'occupation de certaines maisons d'arrêt restant autour de 150 % –, la France comptait alors davantage de places de prison que de détenus.

Cellules surpeuplées plus rares, douches et promenades plus fréquentes. La panique qui avait saisi l'administration pénitentiaire qui craignait une contamination massive et des révoltes a cédé rapidement la place à une relative sérénité. Ce retournement inédit est d'autant plus impressionnant que, le 30 janvier, la Cour européenne des droits de l'homme avait dénoncé le « phénomène structurel » de la surpopulation des prisons françaises et prononcé une humiliante condamnation de la France pour « traitements inhumains ou dégradants ».

En parallèle de ces mesures, pour maîtriser la propagation du virus, l'administration pénitentiaire a décidé de supprimer les parloirs familiaux et toutes les activités en groupe, dont le travail et les formations.

L'administration a également pris des mesures permettant de lutter contre l'isolement carcéral. Chaque détenu a bénéficié d'un crédit de 40 euros par mois sur son compte téléphonique. Les proches pouvaient leur laisser des messages vocaux en composant un numéro non surtaxé. L'accès à la télévision a été rendu gratuit. Les détenus les plus démunis ont bénéficié d'une aide majorée de 40 euros par mois pour cantiner.

Lors de la deuxième vague de covid-19, en novembre 2020, le Contrôleur général des lieux privatifs de liberté a fait part au ministre de la Justice de sa préoccupation face à l'augmentation des incarcérations, alors même que de nombreux « clusters » se développaient en prison. Dans les maisons d'arrêt, souvent surpeuplées, où les détenus s'entassent à deux ou trois par cellule, les mesures sanitaires s'avéraient impossibles à respecter, et nulle mesure gouvernementale n'est venue corriger les risques de contamination encourus par les prisonniers et les surveillants. Malgré la gravité de la crise, il n'y a pas eu de disposition allant dans le sens d'une décroissance carcérale, alors qu'au printemps les libérations anticipées, soigneusement examinées par des magistrats, de condamnés proches de leur fin de peine avaient permis d'éviter une catastrophe sanitaire et de revenir à un seuil plus tolérable d'occupation des cellules. Le CGLPL a demandé au gouvernement que de nouvelles mesures soient prises pour réduire la population pénale à un niveau qui ne soit pas supérieur à la capacité d'accueil des établissements.

4. La création d'un Code pénitentiaire en vigueur depuis le 1er mai 2022

La création d'un Code pénitentiaire participe directement de l'exigence de plus grande accessibilité et de meilleure lisibilité des dispositions relatives aux peines.

Ce Code s'inscrit naturellement dans la continuité de l'adoption de la loi n° 2019-222 de programmation 2018-2022 et de réforme pour la justice du 23 mars 2019, et de la loi n° 2021-1729 du 22 décembre 2021 pour la confiance dans l'institution judiciaire, lesquelles ont fait évoluer en profondeur les réglementations pénale et pénitentiaire.

La codification porte, pour l'essentiel, sur les dispositions relatives à l'organisation des établissements et des services pénitentiaires, aux droits et obligations des personnes confiées au service public pénitentiaire, au régime de la détention ou encore au travail des personnes détenues.

Il importe de souligner que le Code pénitentiaire valorise dans son plan et intègre pleinement dans son périmètre et son contenu les missions assurées par les services pénitentiaires d'insertion et de probation pour la prise en charge en milieu ouvert des personnes placées sous main de justice.

Les dispositions du droit pénitentiaire qui concernent plus particulièrement les mineurs demeurent codifiées au sein du Code de la justice pénale des mineurs, publié en septembre 2019.

L'architecture du Code repose sur un plan organisé en sept livres, traitant en premier lieu des principes et de l'organisation du service public pénitentiaire, puis détaillant la diversité des interventions de ce service auprès de différentes catégories de publics.

Ainsi, le Code pénitentiaire s'ouvre sur un titre préliminaire rassemblant les dispositions générales et sommitales fixant les missions, catégories de publics et principes d'action du service public pénitentiaire. En particulier, la prohibition de la détention arbitraire et les exigences de la sauvegarde de la dignité de la personne humaine y sont affirmées avec force. Par ailleurs, une disposition rappelle, dès l'introduction du Code pénitentiaire, que les modalités spécifiques de la prise en charge des personnes mineures par l'administration pénitentiaire sont énoncées au Code de la justice pénale des mineurs.

Le livre Ier du Code pénitentiaire est consacré à la présentation du service public pénitentiaire. Il présente les acteurs du service public pénitentiaire, notamment à travers une description de l'organisation de l'administration pénitentiaire et des missions de ses personnels. Le titre II est consacré à la déontologie du service public pénitentiaire, dont le champ d'application n'est pas circonscrit aux seuls agents de cette administration, mais s'étend également aux intervenants concourant au service public pénitentiaire. Enfin, le titre III rassemble les dispositions relatives au contrôle et à l'évaluation des établissements et services pénitentiaires, qui régissent notamment les prérogatives en la matière des parlementaires, des autorités administratives et judiciaires, et du Contrôleur général des lieux de privation de liberté.

Les livres II à V traitent des interventions de l'administration pénitentiaire en direction des personnes détenues.

Le livre II détaille les différentes phases de la prise en charge des personnes détenues, en traitant notamment de la mise sous écrou, des règles d'affectation et d'encellulement, ou encore des transfèrements et extractions, des moyens de contrôle, de la prise en charge de personnes détenues dans des quartiers spécifiques, des fouilles, ainsi que de l'usage de la force et des armes, et enfin du régime disciplinaire.

Le livre III est consacré aux droits et obligations des personnes détenues (accès au droit, santé et protection sociale, gestion des biens, relations avec l'extérieur au moyen des visites et des correspondances écrites ou téléphoniques, exercice du culte, citoyenneté, accès aux publications écrites et audiovisuelles, etc.).

Le livre IV rassemble l'ensemble des dispositions régissant les dispositifs mis en œuvre pour la réinsertion des personnes (travail pénitentiaire, enseignement et formation professionnelle), la préparation de la sortie de détention (mesures d'aménagement de peine, mesures de semi-liberté, de placement à l'extérieur, de permission de sortir ou de détention à domicile sous surveillance électronique).

Le livre V est consacré à la libération des personnes détenues et aux mesures de surveillance (rétention de sûreté, d'injonction de soins, de surveillance judiciaire, de surveillance de sûreté et de surveillance électronique mobile, ainsi que dans le cadre des mesures judiciaires de prévention de la récidive terroriste et de la réinsertion).

Le livre VI traite de l'intervention de l'administration pénitentiaire auprès des personnes non détenues dans le cadre de mesures de sursis probatoire, de détention à domicile sous surveillance électronique prononcée à titre de peine, de peine de travail d'intérêt général, de peine de stage, de bracelet antirapprochement imposé à une personne condamnée et de suivi socio-judiciaire.

Enfin, le livre VII rassemble les dispositions particulières relatives aux départements d'outre-mer.

5. Les équipes de sécurité pénitentiaire (ESP)

Il existe plusieurs équipes en charge de la sécurité pénitentiaire, chacune avec leurs missions : les équipes locales de sécurité pénitentiaire, les équipes exerçant en unités hospitalières, les pôles de rattachement des extractions judiciaires, les équipes nationales de transfèrement, et les équipes régionales d'intervention et de sécurité. L'administration pénitentiaire fait également appel à des équipes cynotechniques, qui ont un statut différent des équipes de sécurité pénitentiaire.

L'ensemble de ces fonctions sont assurées par des surveillants pénitentiaires qui ont suivi une formation professionnelle ou passé un concours interne. L'École nationale d'administration pénitentiaire (Enap) propose de nombreuses formations à destination des surveillants afin qu'ils se spécialisent. Cela offre une grande diversité de missions et une évolution de carrière riche en possibilités.

NOTE DU FORMATEUR

C'est l'administration pénitentiaire qui est en charge des extractions judiciaires depuis 2019, après un transfert progressif depuis 2011. Elles étaient prises en charge jusque-là par les forces de la Police et de la Gendarmerie nationales.

Les équipes locales de sécurité pénitentiaire (ELSP)

Les ELSP assurent la sécurisation intérieure et périmétrique des établissements pénitentiaires, réalisent des extractions médicales et procèdent, pour les courtes distances seulement à des extractions judiciaires. C'est un dispositif nouveau, encore en cours de déploiement. À terme, chaque établissement pénitentiaire pourra en être doté.

Ces équipes sont constituées d'agents pénitentiaires qui ont bénéficié d'une formation spécifique de quatre semaines.

Les équipes exerçant en unités hospitalières (UHSI et UHSA)

Les unités exerçant en unités hospitalières ont pour mission de réaliser la sécurisation des unités hospitalières (dont la surveillance des détenus), des extractions médicales, des extractions judiciaires, des sorties sous escorte et des transferts administratifs des personnes affectées en unités hospitalières. Mises en place au sein de chaque établissement pénitentiaire, elles sont placées sous l'autorité du chef d'établissement.

Les pôles de rattachement des extractions judiciaires (PREJ)

Les pôles de rattachement des extractions judiciaires (PREJ) exercent à l'échelle régionale. Ils ont ainsi les missions suivantes au niveau régional : extractions judiciaires et sorties sous escorte, transferts administratifs et translations judiciaires. Si le PREJ est situé à plus de 40 minutes de l'établissement, les extractions judiciaires peuvent être assurées par l'établissement pénitentiaire lui-même ou par les forces de sécurité intérieure.

Les équipes nationales de transfèrement (ENT)

Les ENT réalisent les transferts de détenus au niveau national et international.

Les équipes régionales d'intervention et de sécurité (ERIS)

Les missions des ERIS sont diverses : rétablissement et maintien de l'ordre en cas de mouvements de détenus, intervention lors de crise de haute ampleur, fouilles sectorielles, prise en charge de la sécurité globale des opérations, transfert de détenus signalés (profil violents ou sensibles), formation des personnels exerçant en établissement pénitentiaire.

Leur domaine d'expertise recouvre d'une part l'ensemble des missions confiées aux équipes de sécurité pénitentiaire, et d'autre part des missions qui lui sont propres (situations sensibles). Les ERIS ont une doctrine spécifique à leurs activités (bonnes pratiques, spécialisations, compétences nécessaires, etc.). Elles sont constituées de personnels de surveillance de l'administration pénitentiaire spécialement recrutés et formés pour faire face aux situations de crise.

20 mises en situation professionnelle

1 Vous prenez votre poste à 7 heures le matin au quartier des arrivants. C'est le quartier où sont affectés les détenus qui sont arrivés durant la nuit à l'établissement. Vous faites le contrôle réglementaire des détenus dans la cellule. En ouvrant une porte de cellule, vous tombez nez à nez avec un de vos amis d'enfance. Que faites-vous ?

2 Vous êtes seul à l'étage, un détenu habituellement tranquille demande à vous voir. À l'ouverture de la porte, il sort en vous bousculant et dépose ses affaires sur la coursive. Que faites-vous ?

3 Vous êtes surveillant d'étage. Un détenu refuse de rentrer en cellule. Que faites-vous ?

4 Une dizaine de détenus font du sport au gymnase. À la fin de la séance, ils refusent de quitter les lieux et ne veulent pas retourner en cellule. Que faites-vous ?

5 Vous êtes responsable d'un étage et vous constatez qu'un détenu a des traces de coups. Que faites-vous ?

6 En fin de journée, la distribution du repas arrive à sa fin. Il reste deux détenus et il manque un repas. Que faites-vous ?

7 Vous êtes surveillant au parloir, un détenu met trop de temps à quitter sa famille. Que faites-vous ?

8 Vous êtes surveillant sur un étage de 80 détenus ; vous avez 10 douches à votre disposition et vous avez à effectuer en deux heures les douches pour les détenus du côté droit de la coursive. Un détenu est à la douche depuis plus de trente minutes. Que faites-vous pour qu'il sorte le plus rapidement possible ?

9 Un détenu vous demande de transmettre un paquet de cigarettes à l'un de ses codétenus. Que faites-vous ?

10 Il est une heure du matin. La consigne dit que vous devez être relayé au mirador, en poste armé, par un collègue. En arrivant pour vous relever ce collègue vous dit qu'il n'a pas le moral. Il vous dit également de ne pas en parler au chef. Que faites-vous ?

11 En détention, vous vous rendez compte que votre collègue a un téléphone portable dans sa poche. Que faites-vous ?

12 Votre supérieur vous confie une mission qui vous semble contraire à la réglementation. Que faites-vous ?

13 Vous êtes surveillant en poste à la porte d'entrée de l'établissement. Il est 23 heures. Une personne demande à entrer. Elle se présente comme étant le contrôleur général des lieux de privation de liberté. Que faites-vous ?

14 Vous êtes en poste au mirador. Vous avez une arme à disposition et vous apercevez un détenu au pied du mur d'enceinte. Que faites-vous ?

⓯ Il vous manque un détenu au moment de la relève par votre collègue. Que faites-vous ?

⓰ Un détenu vous confie subir des sévices sexuels de la part de son codétenu. Que faites-vous ?

⓱ Un détenu vous demande de voir un personnel d'encadrement. Que faites-vous ?

⓲ Un détenu se plaint auprès de vous d'une erreur de distribution de repas. Il n'a pas reçu son régime pour diabétique. Cette erreur s'est déjà produite la veille. Que faites-vous ?

⓳ Vous êtes surveillant d'étage. Vous ouvrez une cellule et vous voyez un détenu en pleurs. Que faites-vous ?

⓴ Vous trouvez un gramme de résine de cannabis lors d'une fouille de cellule. Que faites-vous ?

Questions personnelles

❶ Quelles sont les qualités que, selon vous, doit posséder un surveillant pénitentiaire ?

❷ Quelles sont vos qualités, que disent de vous vos amis, vos collègues, votre famille ?

❸ Quels sont, selon vous, les défauts gênants pour exercer le métier de surveillant ?

❹ Quels sont vos défauts ?

❺ Pourquoi souhaitez-vous devenir surveillant pénitentiaire ?

❻ Quelles sont vos appréhensions ?

❼ Quelles situations professionnelles pourraient vous mettre mal à l'aise ?

❽ Quels sont vos points forts ? Quels sont vos points faibles ?

Commentaires

Comparez vos réponses, relevez les points communs, les contradictions éventuelles et réfléchissez à des arguments.
Si vous avez indiqué que vous avez une passion pour le cinéma, imaginez que le jury vous demandera immanquablement le dernier film que vous avez vu au cinéma... Si vous aimez la peinture, quelle période ou quel artiste vous aimez.
Aimer la lecture, c'est lire plusieurs livres par mois. Aimer le cinéma c'est aller souvent au cinéma et pas uniquement pour voir les grands succès populaires. Inutile de dire que vous pratiquez la natation ou le jogging si vous pratiquez ces activités de manière épisodique.
Le jury va tester votre honnêteté intellectuelle et votre prise de recul. Vous devez montrer que vous êtes capable de citer vos qualités, vos défauts et vos axes d'amélioration. Pour préparer cette partie, faites appel à vos amis, à vos collègues et à votre famille. Eux mieux que vous connaissent vos points faibles et vos points forts.
Certains défauts et qualités peuvent l'être dans certains cas et pas dans d'autres. Être minutieux peut être une qualité mais aussi un défaut si cela vous conduit à perdre du temps sur des points qui n'ont pas d'intérêt majeur. Le jury pourra vous demander des exemples précis ou des situations qui serviront à illustrer votre propos.

En tout état de cause, vous devez rester dans l'objectif du concours et sur un terrain professionnel en prenant soin d'éviter les réponses passe-partout. Le jury aura très peu d'intérêt à vous entendre dire que votre plus gros défaut est la gourmandise !

ATTENTION

Gardez à l'esprit que l'administration est une force de sécurité publique au même titre que l'armée et la police. Quelle que soit votre personnalité, vous devrez intégrer un cadre régi par la discipline, le respect de règles et de procédures, le respect d'une hiérarchie et d'une chaîne de commandement.
Au quotidien, cela entraîne l'observation de certaines valeurs et d'une déontologie propre à l'administration pénitentiaire, qui gouverne les rapports en service, les comportements face au danger mais également votre vie hors service.

Reconnaissance des acquis de l'expérience professionnelle (RAEP)

Conseils

Les candidats disposant d'une expérience professionnelle minimale de trois ans en rapport avec les fonctions postulées peuvent opter, au moment de leur inscription au concours, pour une épreuve orale d'admission alternative de substitution consistant en la présentation des acquis de leur expérience professionnelle. **Le dossier doit être demandé auprès de la direction interrégionale des services pénitentiaires (DISP) dont dépend le candidat.**

Est uniquement prise en compte l'expérience professionnelle dans des emplois inscrits dans la filière sécurité du répertoire interministériel de l'État ou en relation avec les métiers de la sécurité ou relevant de l'administration pénitentiaire.

1. La constitution du dossier

Le dossier de candidature au titre de la VAE doit être rempli par le candidat. Il le transmet au service de la direction interrégionale dont il dépend après en avoir gardé une copie pour lui-même.

Le dossier est composé de quatre parties.

Partie 1 : Éléments d'identité du demandeur et déclaration sur l'honneur

La déclaration sur l'honneur permet au candidat de certifier que toutes les informations figurant dans le dossier sont exactes. L'administration se réserve la possibilité de vérifier l'exactitude de vos déclarations.

La loi punit quiconque se rend coupable de fausses déclarations.

Article 441-1 du Code pénal :
« Constitue un faux toute altération frauduleuse de la vérité, de nature à causer un préjudice et accomplie par quelque moyen que ce soit, dans un écrit ou tout autre support d'expression de la pensée qui a pour objet ou qui peut avoir pour effet d'établir la preuve d'un droit ou d'un fait ayant des conséquences juridiques.
Le faux et l'usage de faux sont punis de trois ans d'emprisonnement et de 45 000 euros d'amende. »

Article 441-6 du Code pénal :
« Le fait de se faire délivrer indûment par une administration publique ou par un organisme chargé d'une mission de service public, par quelque moyen frauduleux que ce soit, un document destiné à constater un droit, une identité ou une qualité ou à accorder une autorisation est puni de deux ans d'emprisonnement et de 30 000 euros d'amende. »

Partie 2 : Parcours de formation et expérience du candidat au regard du profil recherché

Dans un premier tableau, vous indiquerez votre parcours de formation : la dernière classe suivie au titre de la formation générale et vos études professionnelles et / ou technologiques et / ou universitaires.

Vous indiquerez dans un second tableau les autres formations que vous avez suivies (formations professionnelles civiles et militaires, stages, congés de formation…).

L'expérience au regard du profil recherché est la partie à remplir avec le plus de soins. Elle permet au jury de constater vos aptitudes à exercer les fonctions de surveillant ; vous permet de connaître l'ensemble des connaissances, compétences et aptitudes que vous avez acquises au sein d'un emploi salarié mais aussi au sein de toute autre activité (participation à des groupes de travail, à des instances représentatives, démarche autodidacte, séjours linguistiques, expérience sociale, fonctions bénévoles…).

À partir de ce tableau, vous reprendrez les expériences professionnelles qui vous ont permis d'exercer des activités en relation directe avec l'expérience professionnelle recherchée. Vous pouvez joindre deux documents que vous auriez réalisés au cours de vos activités antérieures et qu'il vous paraîtrait pertinent de porter à la connaissance du jury au regard de l'expérience professionnelle recherchée.

Dans un dernier tableau, vous devrez caractériser les éléments qui constituent, selon vous, les acquis de votre expérience professionnelle et vos atouts au regard des connaissances, compétences et aptitudes recherchées.

Partie 3 : Documents joints à la demande

Vous devez joindre à votre demande les justificatifs, pour un minimum de 36 mois cumulés, consécutifs ou non, d'activités salariées, non salariées ou bénévoles en rapport avec la certification visée par la VAE.

Partie 4 : Fiche administrative de suivi du dossier et accusé de réception

Cette partie est réservée à l'administration après l'envoi du dossier, l'administration vous adressera un accusé de réception.

2. L'entretien avec le jury

L'entretien avec le jury se déroulera dans les mêmes conditions que pour les autres candidats. Le jury aura pris connaissance du dossier que vous aurez au préalable déposé.

Il vous demandera de vous présenter et d'expliquer en quoi votre expérience passée peut vous permettre d'assurer les fonctions de surveillant.

Les membres du jury reprendront les différents éléments que vous avez abordés dans votre présentation. Ils vont souhaiter des compléments d'informations, des explications supplémentaires.

L'entretien diffère peu de ce que subit un candidat aux épreuves normales, sauf que le jury ne doit pas, normalement, interroger le candidat sur ses motivations à exercer le métier de surveillant.

Notez que le jury vous sanctionnera d'une note éliminatoire si vous avez opté pour la validation des acquis de l'expérience au moment de l'inscription au concours (en cochant la case sur le formulaire électronique) et que :

- vous ne déposez pas de dossier ;
- votre dossier est incomplet ;
- vous n'avez pas 3 années d'expérience professionnelle dans des emplois inscrits dans la filière sécurité du répertoire interministériel de l'État ou en relation avec les métiers de la sécurité ou relevant de l'administration pénitentiaire.

Les candidats doivent se soumettre à des tests psychotechniques (le matin) dont les résultats sont confrontés lors d'un entretien avec un psychologue (l'après-midi).

Épreuves physiques

Les candidats ne peuvent subir les épreuves physiques d'admission que sur présentation, le jour des épreuves, d'un certificat délivré par un médecin agréé attestant qu'ils sont aptes à passer ces épreuves.

Les candidates enceintes ainsi que celles venant d'accoucher – bénéficiant du délai légal postnatal – et les femmes allaitant au-delà du délai légal postnatal sont dispensées des épreuves physiques. Elles doivent être en possession d'un certificat médical d'un médecin agréé établissant leur état. Elles sont créditées d'une note égale à la moyenne des notes obtenues par l'ensemble des candidates au concours auquel elles participent.

Si un candidat, en raison d'une blessure survenue au cours de l'une des épreuves physiques, ne peut effectuer la totalité de celles-ci, il lui est attribué une note forfaitaire.

Toute absence aux épreuves sportives non justifiée par un certificat médical d'inaptitude temporaire à la pratique sportive établie par un médecin agréé est éliminatoire.

Tout candidat qui produit le jour des épreuves un certificat d'inaptitude temporaire à la pratique sportive établi par un médecin agréé est crédité de la note zéro non éliminatoire. Les candidats dispensés des épreuves sportives, après présentation d'un certificat médical d'inaptitude au sport feront l'objet, en cas de réussite au concours et préalablement à leur nomination, d'une visite médicale attestant leur aptitude à reprendre des activités physiques et sportives.

Les épreuves physiques comprennent :

Pour les hommes :

Une course de vitesse de 80 mètres

Une course de demi-fond de 1 000 mètres

Un lancer de poids de 5 kg

Pour les femmes :

Une course de vitesse de 60 mètres

Une course de demi-fond de 400 mètres

Un lancer de poids de 3 kg

Les épreuves physiques sont exécutées en tenant compte des indications suivantes :

Lancer de poids (trois essais) :

Hommes : poids de 5 kilogrammes

Femmes : poids de 3 kilogrammes

Demi-fond :

Hommes : 1 000 mètres

Femmes : 400 mètres

Vitesse : course individuelle (un seul essai) :

Hommes : 80 mètres

Femmes : 60 mètres

Les barèmes correspondant aux trois épreuves sont échelonnés de 4 points en 4 points. Chacun de ces points correspond à 0,25 point pour le calcul de la moyenne sur 20.

La note 0 à l'ensemble des épreuves physiques est éliminatoire.

La note attribuée pour l'ensemble des épreuves est affectée du coefficient 2.

En cas de force majeure provoquée par des intempéries et mettant en danger la sécurité des candidats, le jury aura la possibilité d'annuler l'une des épreuves ou l'ensemble de celles-ci.

Dans le cas où le jury devrait annuler l'une des épreuves et afin de pouvoir toujours utiliser la table de cotation, une note forfaitaire sera attribuée aux candidats pour l'épreuve supprimée ainsi qu'il suit :

Candidats surveillants :

Candidats de moins de 30 ans : 26 points

Candidats de plus de 30 ans : 25 points

Candidates surveillantes :

Candidates de moins de 30 ans : 19 points

Candidates de plus de 30 ans : 18 points

Dans le cas où le jury devrait annuler l'ensemble des épreuves, tous les candidats seront convoqués à nouveau.

QUELQUES CONSEILS

- Comme les autres, cette épreuve nécessite une préparation physique. Vous devez posséder une bonne condition physique et vous être préparé de façon spécifique.
- Si vous n'avez pas l'habitude de faire du sport, commencez à vous entraîner dès votre inscription au concours. Débutez les séances de sport au niveau où vous vous sentez le plus à l'aise et augmentez progressivement l'intensité de l'entraînement, le temps et le nombre d'exercices.
- Les épreuves sont difficiles à réaliser chacune prise isolément. Elles le sont encore plus quand elles doivent être enchaînées sur une demi-journée.
- Le jour de la convocation, pensez à vous échauffer avant l'épreuve. Écoutez les conseils des moniteurs de sport qui encadrent le déroulement des épreuves. Selon la saison, veillez à prendre une tenue et des chaussures adaptées aux épreuves.
- Ces épreuves ne constituent pas une compétition. Pour vous, il ne doit pas s'agir d'accomplir une performance mais de réaliser dans un temps imparti et selon un barème fixé une série d'épreuves sportives. Dosez vos efforts et veillez à ne pas dépasser vos limites.
- Pour récupérer et maintenir vos forces, munissez-vous de collations, de fruits, d'eau ou de boissons énergétiques. Évitez les sucres rapides (barres chocolatés, boissons gazeuses...).

Réalisation : So'Graph

Dépôt légal : février 2023 – N° éditeur : MAGSI20220308 - N° Imprimeur : 012374251

Achevé d'imprimer en janvier 2023 en France par Présence Graphique - Monts

PEFC 10-31-2677

FABRIQUÉ EN FRANCE